全国学前教育专业（新课程标准）精品教材

学前儿童社会教育

XUEQIAN ERTONG SHEHUI JIAOYU

主　编　付立芳
副主编　王　英　续　进　刘　锦

浙江工商大學出版社
ZHEJIANG GONGSHANG UNIVERSITY PRESS

图书在版编目(CIP)数据

学前儿童社会教育 / 付立芳主编. — 杭州：浙江工商大学出版社，2016.6

ISBN 978-7-5178-1647-8

Ⅰ. ①学… Ⅱ. ①付… Ⅲ. ①学前儿童—社会教育 Ⅳ. ①G611

中国版本图书馆 CIP 数据核字(2016)第 109874 号

学前儿童社会教育

主　编　付立芳

责任编辑　李相玲

封面设计　宣是设计

出版发行　浙江工商大学出版社

(杭州市教工路 198 号　邮政编码 310012)

(E-mail:zjgsupress@163.com)

(网址:http://www.zjgsupress.com)

电话:0571-88904980,88831806(传真)

排　　版　奥创工作室

印　　刷　北京文良精锐印刷有限公司

开　　本　787mm×1092mm　1/16

印　　张　11.75

字　　数　301 千

版 印 次　2016 年 6 月第 1 版　2016 年 6 月第 1 次印刷

书　　号　ISBN 978-7-5178-1647-8

定　　价　28.00 元

浙江工商大学出版社营销部邮购电话　0571-88904970

前　言

学前教育是国民教育体系的重要组成部分，是国家教育制度的起始阶段，关系到儿童的身心健康和终身发展。2001 年，教育部颁布的《幼儿园教育指导纲要（试行）》明确指出，幼儿教育是全面的、启蒙性的教育，要根据教育目标，选择和组织对幼儿最有价值又最贴近实际生活的部分构成教育的内容，使幼儿得到良好的发展。

学前儿童社会教育是是学前教育专业的必修课程，是专门阐述学前儿童社会性发展与教育的一门兼有理论性、应用性与实践性的复杂学科。它不仅需要教师理解和掌握本领域的学科特点与基本知识，而且要求教师具备宽广的通识性知识面、丰富的生活经验和深刻的心灵感受。同时，它还是一门身教重于言传的学科，对教师自身的社会品格与社会能力也有一定的要求。

本教材以学前教育理论为依据，以教学改革成果为基础，以学前教育实际工作要求为目标，注重人才培养目标和学前教育专业特点的有机结合。书中的理论知识以阐述基本问题为主，以够用、实用为度；专业技能根据实际理论联系实际，融“教、学、做”为一体。本教材在编写过程中吸收了国内外学前儿童教育领域的先进理念和相关研究成果，内容力求体现以下主要特点：

1. 突出知识的系统性、内容的时代性和技能的实践性。本教材以加强综合素质教育为原则，注重培养幼儿教师必备的专业知识和能力，在保证知识的系统性的基础上，精心提炼了编者多年来在本领域的教育研究与实践经验，力求体现内容的时代性和技能的实践性特点。

2. 突出教材的针对性。针对学前教育专业的学生，在内容安排上突出知识的应用性、技能的操作性；在文字表述上力求简洁和趣味性；在编写体例上突出灵活性。教材每章设有“学习目标”“延伸阅读”“案例分析”“拓展训练”等栏目。

本书共分为 7 章，分别是学前儿童社会教育概述，学前儿童社会性发展，学前儿童社会教育的目标和内容，学前儿童社会教育的原则、途径和方法，学前儿童社会教育活动设计、学前儿童社会教育评价、学前儿童问题行为及指导。

由于时间仓促以及编写人员水平有限，书中难免存在疏漏、不足之处，敬请广大读者批评指正。

编　者

目录
CONTENTS

第一章 学前儿童社会教育概述

学 习 目 标

1. 掌握学前儿童社会教育的基本概念，理解学前儿童社会教育的内涵与学科性质。

2. 理解学前儿童社会教育的意义。

3. 了解我国学前儿童社会教育的发展阶段及其内容变化特点。

任何人在任何社会条件下，他的行为都必然直接或间接地受到周围环境的影响和限制，没有绝对的个人自由。人要在一定社会条件下生存，必须学会适应社会、参与社会生活，才能融入社会、被社会所接纳。

学前儿童进入幼儿园后，需要学会在一个新的群体中生活，学会改变原有的与新环境不适宜的习惯，建立并遵守新的社会规则，这是他们适应社会生活的开始。帮助学前儿童学会积极地适应社会生活是幼儿园老师的主要职责。因此，如何根据学前儿童社会性发展特点及其影响因素，选择适当的教育内容，并通过有效的活动模式及方法、途径来组织和实施，以促进学前儿童良好社会性品质的形成，培养其良好个性特征，使他们健康、完整地发展是我们学前儿童社会教育的主要任务。

第一节 学前儿童社会教育的内涵与学科性质

一、学前儿童社会教育的内涵

澄清学前儿童社会教育的内涵是正确实施社会教育的基础。所谓内涵是指一个概念所反映的事物的本质，这一本质使它区别于其他事物。学前儿童社会教育的定义表述与内涵会因人们对社会教育基本事实与价值认同的差异而有所不同，这也是带来实践混乱的根源之一，澄清其定义表述与内涵将有助于教育实践的顺利开展。

（一）学前儿童社会教育的定义表述

所谓定义即是对概念的内涵和外延做出简要说明。与此相应，教育概念的定义就是要说明教育概念的对象范围与内容要求。

学前儿童社会教育究竟指什么？这是研究与实施学前儿童社会教育首先要澄清的问题。不过，对这一问题学前教育界一直还没形成一个十分统一与确定的说法，因为从不同的视角与立场对这一问题可以做出不同的回答。

有的学者将之表述为：学前儿童社会教育主要是指对幼儿进行社会认知、社会情感、社会行为等方面的教育，具体说来是指帮助幼儿正确地认识自己、他人和社会（社会环境、社会活动、社会规范、社会文化），形成积极的自然情感和社会情感，掌握与同伴、成人相互交往以及与周围环境相互作用的方式，以使幼儿能有效地在社会中生存与发展的教育。也有学者将其表述为：幼儿社会教育是教育者按照社会的价值取向，通过多种途径不断向幼儿施加多方面教育影响，使其逐渐适应社会环境的过程。还有学者将其表述为：以儿童的社会生活事务及其相关的人文社会知识为基本内容，以社会及人类文明的积极价值为引导，在尊重儿童生活，遵循儿童社会性发展规律与特点的基础上，由教育者通过创设有教育意义的环境和活动等多种途径，陶冶儿童性灵，最终实现培育具有良好社会理解力、社会情感、品德与行动能力的完整、健康儿童之目的的教育过程。

结合教育部（原国家教委）1996 年颁布的《幼儿园工作规程》、2001 年颁布的《幼儿园教育指导纲要（试行）》以及 2012 年颁布的《3—6 岁儿童学习与发展指南》中的有关要求，从相对于幼儿园其他课程领域的角度，我们尝试将学前儿童社会教育定义为：学前儿童社会教育主要是指以发展幼儿社会性、促进其良好社会性品质的形成为主要目标，以增进学前儿童的社会认知、激发社会情感、培养社会行为技能为主要内容的教育。总之，幼儿园社会教育就是要引导幼儿在社会认知、社会情感及社会行为方面协调发展，成为适应社会的、健康的、幸福的人。

（二）学前儿童社会教育的内涵分析

在上述定义中，教育者主要是指幼儿园的教师及工作者，他们是进行幼儿社会教育的主导力量。虽然家长也十分重要，但在学校教育中家长是教育的合作对象，而不是主要行动者。

教育的依据是社会及人类文明的积极价值与儿童社会性发展规律，前者是外在根据，后者是内在根据，学前儿童发展是内外因素相互作用的结果。

在这里，我们强调社会及人类文明的积极价值，是从文化与社会发展这一角度来理解教育的作用的，即教育应当是引导社会发展的活动，应当倡导积极的文化价值，自觉引导孩子批判与反思消极的社会文化价值。基于这一认识，我们应从促进社会积极发展的角度来考虑社会教育的目标与内容选择。遵循儿童社会性发展规律也是社会教育的基本出发点，由此仔细研究与掌握学前儿童社会性发展的规律也是有效实施学前儿童社会教育的基本前提。学前儿童社会教育的基本内容是儿童的社会生活事物及相关的人文社会知识。它既包括儿童日常生活中的广泛生活事件，也包括粗浅的与生活事件相关的人文社会知识，如与生活环境有关的地理学知识，与生活时间有关的历史学知识，与生活消费有关的经济学知识等。当然，学前儿童社会教育并不以掌握系统的人文社会生活知识为目的，而以丰富儿童心灵，发展儿童社会性，培育儿童良好品德与社会行动能力为目的，其中心灵的丰富是在对生活的丰富体验中获得的，良好的社会理解力、品德与行动能力是在与社会环境积极互动的基础上形成的。由此可见，学前儿童社会教育的内容应是基于儿童生活事物的人文社会知识，具有启蒙性、基础性与具体性等特点。

在学前儿童社会教育目标上，强调陶冶儿童性灵，培育具有良好社会理解力、社会情感、品德与行动能力的完整、健康的儿童。所谓性灵指儿童的性情与心灵，它是人生而拥有的丰富、微妙、敏感的精神潜能，是儿童生命发展的始基。社会理解力指在人际交往中理解他人并采取明智行为的能力，包括洞察他人心思，理解他人需要的能力；与人相处，建立友善关系的能力；适应环境的能力；自我认识及自我反省的能力。社会情感主要指同情与理解他人的情感。品德是内化于个体的社会道德，良好的品德主要包括爱、尊敬、同情、责任、自制、勇敢等。社会行动能力是一种将社会认知与理解化为具体行动的能力，主要包括调查、了解与分析社会生活的能力；根据信息决策的能力；参与社会生活的能力等。在上述发展目标中，儿童性灵的陶冶是基础。性灵作为儿童发展的精神潜质，是一切秉赋与才能发展的前提，儿童社会理解力、社会情感、品德与社会行动能力的发展都是以此为前提的。儿童性灵作为一种精神潜质，从根本上来说是真纯的，也是充满活力的。《说文》曰："性，人之阳气，性善者也"。这种本初的充满活力的善性是一切道德才能的基础。幼儿教育就是要保护和滋养这种本初的善性，使儿童的成长始终有着丰富的精神资源。品德与社会理解力和行动能力相关，但又超出于它们，是社会理解力与行动能力的方向和灵魂，学前儿童社会教育应帮助孩子养成有品德的性灵、有品德的理解力以及有品德的行动，一切都要以道德和善为原则。

二、学前儿童社会教育的学科性质

性质指一种事物区别于其他事物的根本属性。学前儿童社会教育作为一个课程领域，有什么独特的性质呢？对这一问题的回答需要在与相关教育概念的比较与辨析中才能得到深刻的阐释。

（一）学前儿童社会教育的常识性

学前儿童社会教育的常识性表现在它对儿童适应日常生活所必需的常识性知识与内容的重视上。在《辞海》中，常识是针对专门知识而言的，指"一般人所应有而且能了解的知识"，从字面看指宽泛而又浅近的、日常生活所必须了解的知识。1936 年颁布的《幼稚园课程标准》就曾将"常识"列为一科，由此前的"自然和社会"科修改而来。我国 1981 年颁布的《幼儿园教育纲要（试行草案）》也列有"常识"一科，内容主要包括生活常识、环境常识、自然常识、文化常识与政治常识等。单纯的常识教育的着力点是丰富和扩展儿童对环境的认识，所以有时该科目在幼儿园课程中又被称为环境教育。学前儿童社会教育的提法显然大大扩展了常识教育的内容，它不仅涉及对儿童社会认知的培养，还涉及儿童社会情感、社会行为技能及道德品质的培养，强调情意与认知的平衡，以实现对儿童更为全面的培育。

（二）学前儿童社会教育的道德性

学前儿童社会教育的道德性表现在它对思想品德教育内容的涵盖与融合上。思想品德教育即思想教育和道德教育的总称，是新中国幼儿教育的重要内容之一。1951 颁发的《幼儿园暂行教学纲要（草案）》指出，通过爱国主义和国民公德等教育培养幼儿的道德品质是幼儿园的一项重要任务。1956 年编写完成的《幼儿园教育工作指南》进一步指出幼儿教育的目的是进行全面发展的共产主义教育，包括德育、智育、体育几个部分，明确提出德育的任务是培养年轻一代具有符合社会主义要求的道德品质。《幼儿园工作规程》仍沿用了幼儿德育的提法。《幼儿园教育指导纲要（试行）》（以下简称《纲要》）则从儿童学习与发展的角度，将原来的思想品德与社会常识及与儿童情意发展相关的内容整合为社会领域课程，学前儿童社会教育之名称亦由此而来。《3—6 岁儿童学习与发展指南》（以下简称《指南》）延续五大领域提法，从健康、语言、社会、科学、艺术五个领域描述幼儿的学习与发展。

（三）学前儿童社会教育的生活性

学前儿童社会教育的生活性表现于它对幼儿生活的关注。关注幼儿的生活，以生活的逻辑来考虑幼儿园的教育可以说是《纲要》和《指南》的基本指导思想。《纲要》指出：幼儿园应为幼儿提供健康、丰富的生活和活动环境，满足他们多方面发展的需要，使他们在快乐的童年生活中获得有益于身心发展的经验。《指南》指出：幼儿的社会性主要是在日常生活和游戏中通过观察和模仿潜移默化地发展起来的。幼儿的学习以直接经验为基础，在游戏和日常生活中进行。要珍视游戏和生活的独特价值，创设丰富的教育环境，合理安排一日生活，最大限度地支持和满足幼儿通过直接感知、实际操作和亲身体验获取经验的需要。

关于社会领域的内容和要求，《纲要》更是明确指出："要在共同的生活和活动中，以多种方式引导幼儿认识、体验并理解基本的社会行为规则，学习自律和尊重他人……引导幼儿参加各种集体活动，体验与教师、同伴等共同生活的乐趣，帮助他们正确认识自己和他人，养成对他人、社会亲近、合作的态度，学习初步的人际交往技能"。《指南》则提出："家庭、幼儿园和社会应共同努力，为幼儿创设温暖、关爱、平等的家庭和集体生活氛围，建立良好的亲子关系、师生关系和同伴关系，让幼儿在积极健康的人际关系中获得安全感和信任感，发展自信和自尊，在良好的社会环境及文化的熏陶中学会遵守规则，形成基本的认同感和归属感。"

可见，学前儿童社会教育是源于儿童生活的教育，也是为了儿童生活的教育。当然，学前儿童社会教育与单纯的生活教育还是有所不同，因为社会教育必然会强调社会发展需求对幼儿生活的引领，而不是简单地顺应幼儿生活。

（四）学前儿童社会教育的人文性

学前儿童社会教育的人文性表现在它对儿童人文性情的陶冶上，在这一点上它与人文教育是相通的。人文教育是指通过人文氛围的浸染，为学生将来自身意义的实现与精神境界的提升打好基础的一种人性化、文明化的教育。学前儿童社会教育的重要目标之一是让儿童成长为一个有文化、有教养、有德行的人。人文是学前儿童社会教育的重要基础内涵，人文知识是社会教育内容的重要方面，因而人文性是学前儿童社会教育的重要特性之一。人文教育首先寻求的是人性。丧失了人性，就丧失了人文，也就丧失了"人"之所以为人的价值。学前儿童社会教育的核心与本质就是“成人”的教育，即让儿童成为真正善良与智慧的人的教育，它应当通过人文知识的传授、人文精神的陶冶来实现对人性的拓展，让儿童成为善美真皆备的、完整的、健康的人。但相对人文教育，社会教育有更多的内涵与内容，人文教育侧重精神层面的陶冶，社会教育还需要注重行为习惯的培养与社会技能的训练。

第二节　学前儿童社会教育的意义

一、学前儿童社会教育的意义

学前儿童作为一个发展中的人，他虽然还没有能力承担起社会责任，但他必须按照一个合格的社会成员的样式受到培养，否则儿童就面临无法适应社会的危险，更谈不上去改变与创造社会了。学前儿童社会教育可以引导学前儿童接纳、认同自己，了解自己的社会，了解自己与社会的关系，了解社会中人们之间的关系，完善其人格、培养其良好个性，成为一个社会化的人，同时，社会也需要能够适应社会并变革社会的下一代公民。这就是进行学前儿童社会教育重要意义之所在，但社会化的人以及合格的社会公民都需要以儿童的健康与完整的发展为基础。

（一）学前儿童教育可以实现社会文化的延续与发展，促进学前儿童积极地社会化，为社会培养合格的公民

一个国家公民的素质直接关系到社会能否健康发展、社会群体是否和谐、国家是否稳定等重大问题，而公民素质的高低很大程度上取决于教育，尤其是开始于幼儿阶段的社会教育至关重要。为社会培养合格公民是学前儿童社会教育的又一重要任务。一个公民是承载了一定文化传统，并积极参与现实生活的人，这决定了学前儿童社会教育对公民的培养，既要注重优秀传统文化的继承，也要引导孩子有参与现代全球化生活的眼光。社会教育的目的和内容要受社会要求、社会发展状况的制约。同时，社会教育也必然会将社会要求、社会状况反映在课程内容中，通过这些内容的学习，使幼儿了解自己的社会，了解自己与社会的关系，了解社会中人们之间的关系。如，在人际关系和社会规则中，让幼儿懂得自己与他人的关系、自己与集体的关系，了解并初步掌握基本的公共规则、集体规则及交往规则等。因此，通过社会教育，应使幼儿成为初步适应社会生活的人，为幼儿成为未来社会合格公民打下良好的基础。因此，幼儿园社会教育今后除了要加强幼儿行为习惯的培养外，还要在幼儿公民意识的培养方面有所作为。

学前儿童社会教育可以造就具有特定文化特质的人，可以促进幼儿从“社会人”过渡到“合格的社会公民”。社会教育的目标和内容本身就是在特定文化的影响下形成的。社会教育通过引导幼儿了解、体验、感知“社区人文景观”“民间艺术”“文化精品”等，使幼儿感受自己民族文化的魅力，热爱自己民族的文化，更好地适应自己的民族文化。

有人曾说过：未来企业的竞争，包括国家的竞争，不再是一个（伟）人与另一个（伟）人之间的竞争，而是一个团队与另一个团队，一个民族与另一个民族，一种文化与另一种文化的竞争。可以说，社会教育就是最基础的国防，从小抓好社会教育，就等于抓住了强国之本。

（二）学前儿童社会教育可以促进学前儿童的完整发展，为儿童一生幸福奠定基础

所谓完整发展是指儿童在发展的内容上包括德智体美的全面发展，在心理结构上包括认知、情感、意志的统整发展，在时间上是终身的完整发展。

1. 促进学前儿童的体、智、德、美的全面发展

《幼儿园工作规程（试行）》（以下简称《规程》）中明确指出：“幼儿园的任务是：实行保育与教育相结合的原则，对幼儿实施体、智、德、美诸方面全面发展的教育，促进其身心和谐发展。”《指南》也指出：“《指南》以为幼儿后继学习和终身发展奠定良好素质基础为目标，以促进幼儿体、智、德、美各方面的协调发展为核心。”《指南》还强调：“关注幼儿学习与发展的整体性。儿童的发展是一个整体，要注重领域之间、目标之间的相互渗透和整合，促进幼儿身心全面协调发展，而不应片面追求某一方面或几方面的发展。”

学前儿童的社会性发展对其身体健康等方面会产生重要影响。社会性方面发展得好可避免因精神因素引发的身体疾病。生活在社会中的个体，时刻在接收着来自周围的人、事或自身内部的各种信息，这些信息经过大脑的整理和分析，会对个体产生影响。如果幼儿和小朋友玩得高兴，就说明他的行为被别人接纳，他和小朋友相处得很和谐。在和小朋友和谐相处时，开心、愉快的情绪能使他的内分泌系统处于平衡状态，全身的各种腺体正常工作，这样有利于他的生长发育。而且据医学专家研究表明：心平气和的孩子比生气、烦躁的孩子免疫力更强，更不易患传染病。相反，如果幼儿极不适应他所生活的环境，总与周围的人发生冲突、对抗，那么，他必然经常发火、生闷气，会使他的内分泌系统产生某种程度的紊乱，这种紊乱将对他的生长发育产生消极的影响。由精神因素引起的各种疾病，在幼儿和成人中并不少见，如幼儿由于心情紧张可导致呕吐、腹泻、发烧等，长期精神紧张还可导致幼儿生长发育迟缓等。

不可否认，学前儿童处在一个极具可塑性的阶段，处于智力发展的关键期和加速期，此时若重视学前儿童智力的恰当开发，对儿童的终身发展自是有益之举，但如果没有情感

支撑与道德引导的“聪明”，有可能成为造恶之“聪明”。更为重要的是，唯智力至上会使儿童的身心处于一种发展不平衡的状态，对孩子的身心健康带来危害，会使他们本来完整的天性走向畸形与片面。因此，在发展儿童智力的同时，必须同时关注情意与德行的教育。另外，幼儿社会性发展同样存在关键期。所谓关键期，是指某种心理现象发展出现质的飞跃的时期，在这期间，儿童对某种外界刺激特别敏感，某种心理现象形成发展特别迅速。幼儿阶段是儿童社会性发展的关键期。例如，研究表明，2～4 岁是幼儿秩序性发展的关键期，3～5 岁是幼儿自我控制发展的关键期，4 岁是幼儿同伴交往发展的关键期，5 岁是幼儿由生理性需要向社会性需要发展的关键期。我们要抓住关键期，促进幼儿社会性的发展。

2. 促进学前儿童认知、情感、意志的统整发展

学前儿童的社会性发展有利于其心理的统整发展。《指南》强调：“幼儿社会领域的学习与发展过程就是其社会性不断完善并奠定健全人格基础的过程。人际交往和社会适应是幼儿社会学习的主要内容，也是其社会性发展的基本途径。幼儿在与成人和同伴交往的过程中，不仅学习如何与人友好相处，也在学习如何看待自己、对待他人，不断发展适应社会生活的能力。良好的社会性发展对幼儿身心健康和其他各方面的发展都具有重要影响。”社会性发展得较好的儿童，适应能力和自制力都比较强，在初入园的时候，他们能比其他幼儿更快地熟悉老师和同伴。在平时，他们更容易与老师、同伴融洽相处，有更多的机会与老师、同伴交往，从他们那里得到信息，扩大自己的眼界，在与同伴的合作游戏中提高自己的能力。社会性发展得较好的儿童，往往心态积极、情绪稳定、自信心强，比其他儿童表现得更有毅力，能最大限度地发挥出自己的能力。如在做手工或进行科学探索活动时，他们能坚持较长时间专注地“工作”，遇到小小的困难时，他们也能寻找原因，尽量克服困难，而不轻易放弃。

社会性发展对人的一生发展影响很大。早期经验对个体一生的发展具有重要的作用。儿童一出生，就需要与母亲或看护人相互交往，这种感情是儿童最初的社会化情感。婴儿经常从父母那里得到抚爱，就会比较温和、友爱，形成信赖感；如果婴儿失去母亲的积极关注与照料，就会对儿童心理产生直接不良影响。心理学家斯皮兹对孤儿院研究发现，这里的儿童虽然生理需求能得到充分的满足，却得不到必要的亲子之情，他们表现出痴呆、冷漠、孤僻、智力水平低下的特点。因此，今天的教育能否为幼儿获得积极的情感、态度，良好的社会品质及学会共同生活打好基础，将决定其明天能否得到幸福和良好的社会性发展。

二、学前儿童社会教育与相关课程领域的关系

幼儿园的教育内容是全面的、启蒙的，《纲要》将幼儿园的课程划分为健康、语言、社会、科学、艺术五个领域，各领域内容相互渗透，从不同角度促进幼儿情感、态度、能

力、知识、技能等方面的发展。学前儿童社会教育在五大领域课程中具有重要作用。

健康教育与社会教育相互联系、相互促进。健康问题是社会教育所关注的内容。传统的健康观是“无病即健康”，现代人的健康观是整体健康，不仅是躯体没有疾病，还要心理健康，社会适应良好和有道德。对于学前儿童来说，健康包括身体健康、情绪情感健康、心理健康以及社会适应能力良好，这正是社会领域所关注的问题。反过来，体育活动可以磨练幼儿的意志，培养幼儿勇敢、坚强、进取的品质。

语言教育是社会教育的基础，社会教育是语言教育的灵魂。语言既是人们思维的工具，也是人们沟通和交流的工具。语言教育中的故事、寓言等，往往蕴含着丰富的生活常识和深刻的生活哲理，是对儿童进行社会教育的有效方式。在语言教育过程中，教师要引导儿童学会表达自己的情感和思想，体会故事、儿歌、寓言里的美与丑，领悟其中的道理和内涵，从而丰富自己的心灵。所以，语言教育的过程，同时也是社会教育的过程，在语言教育的过程中，儿童的社会性也获得了很好的发展。反之，如果抽掉了语言教育中的这些思想内涵，语言教育就变得空洞和苍白。

科学教育需要社会教育给予价值上的引导。学前儿童科学教育的重要任务是引导孩子探索和认识周围的客观世界。但是，科学本身是客观的，是我们认识世界的方式和手段。在科学教育中，在让儿童了解周围的客观世界，获得一定的科学知识的同时，更重要的是让儿童学会如何理解和运用这些科学知识。所以，科学教育不仅要让儿童获得知识，而且更要培养儿童的科学态度、科学精神和科学意识，有了这些，科学才能更好地服务于社会、服务于人类，反之，科学则会成为悬在人类头上的一把利剑。

艺术教育与社会教育的目标高度统一。艺术教育是一种美的教育，其教育的核心是让儿童感受美、领悟美、表现美、创造美，而这同时也是社会教育的真谛。所以，艺术教育与社会教育息息相关，艺术教育需要社会教育，社会教育也需要艺术教育，二者相辅相成，相得益彰。

综上所述，在学前儿童教育的五大领域中，社会教育是一根主线，贯穿其中，把五大领域联系在一起，共同促进儿童全面、和谐地发展。社会教育处于核心的地位，是学前儿童教育的思想和灵魂，为其他领域的教育提供价值上的引导，从而在根本上保证了学前儿童教育的方向。

第三节　我国学前儿童社会教育的发展

一、我国学前儿童社会教育的孕育和萌芽

学前儿童社会教育作为一个独立的课程领域在我国学前教育中提出是在 20 世纪。其

实，在我国，学前儿童社会教育的思想自古就有。我国古代的慈幼教育、胎教及家庭教育中，就蕴含着丰富的儿童社会教育的思想。

（一）古代慈幼观

慈幼观念是我国古代学前教育思想的特定组成部分。慈幼就是慈爱幼小的意思。根据生物学原理，动物都有保护和延续自身物种的本能，人类也具有这种本能。但人类对生育后代的重视，对年幼一代的保护和慈爱，不仅仅是动物的一种本能，更是一种自觉，体现了强烈的教育意图。我国古代的慈幼观念中，对幼儿的慈爱既体现在对幼儿身体的养育上，也体现在对幼儿良好的教育和培养上，强调“爱而有教”“爱而会教”，极其重视对幼儿良好品德的培养和礼仪的养成。为了对儿童进行良好的教育，对幼儿的教育开始得越早越好，甚至可以从胎儿开始。女人怀孕后，就要“立而不跛，坐而不差，笑而不喧，独处不倨，虽怒不骂”，这样生出的婴儿才会中正不邪。“凡生男女，自赤子以至长大，皆当随时教训，而教从母始，乳母之教，所系尤切。盖乳母有贤否，所饲之子，性行多似之。故生子必择乳母，取其宽而德量有容，裕而临事不迫，慈而仁爱有恩，惠而性顺不拗，温而言动和蔼，良而平易无伪，恭而容貌端庄，敬而存心不二。有此八者，加之以谨慎寡言，此妇人之全德。使为子师，教以善道焉。自能食能言，而应对之声，般带之用，为之分别刚柔，顺其天性而导之。”意思是说，儿童从小到大，都要对其施以合适的教育。对儿童的教育，从胎教就要开始了，其中乳母对孩子的影响非常大，所以要精心选择乳母，使儿童在乳母的精心照料下，身心获得良好的发展。

（二）古代礼仪伦常教育

我国古代的家庭教育和学校的童蒙教育，都非常注重对儿童进行礼仪伦常教育。礼仪指各种行为礼仪，即洒扫、应对、进退之节。伦常指人伦之常，即仁、义、礼、智、信。孔子说：“非礼勿视，非礼勿听，非礼勿言，非礼勿动。”要求人们的一言一行、一举一动都要符合“礼”的要求，而“礼”的规范在很大程度上要依据教育来贯彻，所以，对儿童自幼进行礼仪伦常教育就成为古代教育一个重要的方面。

对儿童进行“礼”的教育，首先是生活常规的培养，即“幼仪”或“童子礼”，尊长敬上是对儿童进行常规训练最重要的内容。在幼儿手足能自主活动时，就要教他作揖拱手，每日清晨和黄昏向父母请安，逢年过节及长辈寿诞时叩头行礼。其次，养成卫生的习惯也是古代培养儿童家庭生活常规的重要内容。朱熹在《童蒙须知》中说：“大抵为人，先要身体端整，自冠巾、衣服、鞋袜，皆须收拾爱护，常令洁净整齐。”除注重个人卫生之外，还要求保持环境卫生，“凡为人子弟，当洒扫居处之地，拂拭几案，常令洁净”。

（三）古代道德教育

我国古代的教育以道德教育为中心，儿童教育也不例外。我国古代儿童道德教育主要是立志、孝悌、崇俭、诚信、为善等方面。立志就是教育儿童树立远大的志向，以时时鼓励和鞭策孩子，使其有奋斗的动力。孝悌是指敬重长辈、友爱兄弟。孔子主张父子之间讲孝，君臣之间要忠，兄弟之间要悌，朋友之间要信，从而建立起君臣、父子、兄弟、朋友之间正常的关系。孟子则指出，教育就是要“明人伦”。崇俭是指提倡节俭，让儿童自幼养成勤俭的习惯。诚信是要求孩子从小说真话，不说假话，做错了事要勇于承认错误，以老实的态度对待人和事，不欺骗别人。为善是教育孩子为人处世要心眼好，多做善事，不做有害之事。“善有善报，恶有恶报”，“勿以恶小而为之，勿以善小而不为”。

（四）古代社会文化常识教育

我国古代对幼儿的社会教育也包括丰富的社会文化常识。如秦汉时编写的《急就篇》收纳了关于自然、社会、人自身的各种常识，包括100多个姓氏，400多种器物名称，100多种动植物，60多种人体部分、器官，70多种疾病所用的药物，还有官名、地理知识等。明朝成书的《幼学琼林》涉及天文地理、身体、服饰、日用品、鸟兽、花木等34门内容。《三字经》中也广泛涉及自然常识、文化常识和社会常识的内容，如“三才”“三光”“四时”“四方”“五行”“六谷”“六畜”等内容。

总的来说，我国古代的幼儿社会教育是以礼仪伦常教育、道德教育为主，辅之以社会生活常识教育，教育的内容非常丰富。

二、我国学前儿童社会教育的形成和创立

（一）清朝末年至20世纪30年代

1904年1月，清朝政府出台了我国第一个幼儿教育法规——《奏定蒙养院章程及家庭教育法章程》（以下简称《章程》）。其中第一章第一节“保育教导要旨”中有四条要求，第一、第三条提出了培养幼儿身心健康、个性良好、行为端正的目标和要求，第二、第四条则提出了量力适宜、正面教育、运用榜样和环境的原则和方法。这一保育教导要旨凸显了蒙养院应实施做人教育的目标和任务。第一章第二节则规定应设置幼儿易懂的、有趣的、与小学迥然有别的条目，如游戏、歌谣、谈话、手技等，这些活动均应围绕学前儿童爱众乐群、涵养德性的宗旨进行，尤应以游戏和谈话为主。由此足见《章程》对学前儿童社会教育的重视程度。之后创办的蒙养院和幼稚园基本上遵循《章程》的要求，在幼儿园设置的有关科目中，直接呈现或间接地蕴含《章程》的目标、内容与方法等。

1919年后，在“五四”思想解放运动的影响下，我国涌现出一批学前教育革新家，其主要代表人物是陈鹤琴、张雪门、张宗麟等人。他们开辟了学前教育中国化、科学化的道路，并开始创建我国学前儿童社会教育。陈鹤琴先生非常关注学前儿童的社会教育，在他的活教育理论体系中，把“做人”作为三大纲领之一，即做人，做中国人，做现代中国人。他把“社会”和“生活”作为组织幼儿园课程的两大中心。另外，陈鹤琴注重幼儿

行为习惯的培养，把行为习惯视为社会领域教育的主要内容。1925 年成立的南京鼓楼幼稚园，从儿童出发，以自然社会为课程内容中心，在课程中设有常识课，其中的社会常识是专门的社会教育内容。张宗麟先生在 20 世纪 30 年代初出版了《幼稚园的社会》一书，这是我国幼教史上最早全面、深入地论述学前儿童社会教育课程及其实施的著作。在这部著作中，他论述了儿童的"社会"的特征、儿童的社会适应等理论问题，还讨论了社会领域课程的目标、内容、方法和原则，并介绍了他的实验过程。其中，他对幼儿园社会领域内容的选择及实施策略的选择、教育环境的匹配等论述具有较高的科学价值。

（二）20 世纪 30 年代至新中国成立

1932 年，我国颁布了第一个正式的《幼稚园课程标准》，它确立的幼稚园教育的总目标为：①增进幼稚儿童身心的健康；②力谋幼稚儿童应有的快乐和幸福；③培养人生基本的优良习惯；④协助家庭教养幼稚儿童，并谋家庭教育的改进。它设置的课程范围有七项：音乐、故事和儿歌、游戏、社会和常识、工作、静息、餐点。其中与社会教育相关的是社会和常识这一科目，该科的目标是引导幼儿对自然环境和人民生活的观察和欣赏，增进利用自然、满足生活、组织团体等最初步的经验；引导对于人和社会与自然的关系的认识，养成爱护自然物和卫生、乐群、互助、合作等好习惯。内容包括对环境的了解，日常礼仪的演习，纪念日和节日的研究，集会的演习，党旗、国旗等的认识，自然现象的认识与研究，身体的认识与卫生习惯的养成。同时，在其他活动中也渗透着丰富的社会教育内容，如音乐中有社会内容的歌谣，故事中有历史、生活和爱国故事，游戏中有社会角色的表演，工作中有自信、自重、坚韧、专心、勤奋、互助、热心服务、不浪费、守秩序、爱护公物等良好品德和习惯的培养。

总之，这一时期，社会教育和社会课程作为幼儿教育、幼儿园课程的有机组成部分逐渐得到确立，社会课程的结构、目标、内容、方法等在实践中得到了较大的发展。

三、学前儿童社会教育的变革与发展

（一）新中国成立至改革开放前

新中国成立以来，社会领域课程在幼儿园的地位经历了复杂的演变过程。在新中国幼教发展的大部分历程中，社会领域课程是与德育课程画等号的。从幼儿德育到幼儿社会教育，从最初融合、散见于其他课程领域，到如今成为课程中相对独立的组成部分，每一个发展阶段都折射出当时的社会背景对社会领域课程的深刻影响和幼教工作者对社会领域课程认识的不断深入。

1951 年，教育部制定了《幼儿园暂行教学纲要（草案）》（以下简称《暂行纲要》），规定幼儿园教育项目有六项：体育、语言、认识环境、图画手工、音乐、计算。其中，认识环境包括日常生活环境、自然环境和社会环境，并增加了对简单时事的了解，认为通过爱国主义和国民公德等教育培养幼儿的道德品质是幼儿园的一项重要任务，提出老师要注意培养幼儿的集体主义精神、爱国主义思想和以爱劳动为中心的国民公德。其主要内容有：认识自己的身体部位，认识本班和园内环境，认识幼儿园附近的地区和街道，节日教育，热爱领袖和军队，英雄教育，时事教育，观察普通人的劳动，学习文明礼貌用语，等等。与1932年颁发的《幼稚园课程标准》相比，《暂行纲要》在幼儿社会教育方面的变化主要是：突出爱国主义思想教育，反对以儿童为本，否定以活动为中心的单元教学；偏重幼儿社会认知的内容，对儿童生活经验的关注不及以前，教学更多具有成人化的特点。

1954年，教育部委托北京师范大学编写《幼儿园教育工作指南》（以下简称《幼教指南》）。1956年，《幼教指南》初稿完成，由教育部下发全国各地征求意见。《幼教指南》对德育的任务做了一些调整，明确提出幼儿园"培养儿童有组织的行为是全部幼儿园教育工作的基础"，同时还要注重培养幼儿互助友好的关系、热爱劳动的意识以及热爱祖国的品质，其中"热爱祖国"是共产主义道德教育的中心环节。《幼教指南》还强调要通过各种教育活动培养儿童愉快、诚实、勇敢、自信及坚韧、顽强等良好意志品质。这些德育目标与《暂行纲要》相比有较大的进步，德育目标的政治色彩有所减弱，对儿童道德行为和良好性格培养的重视都在很大程度上突破了原有的德育框架，符合幼儿品德发展的要求。《幼教指南》还阐述了德育与其他教育的密切关系，强调不能脱离其他教育任务和内容孤立地谈德育。遗憾的是，1958年教育领域受当时极"左"政治路线的影响，《幼教指南》受到无端的、错误的批判，使幼儿德育课程发展的良好趋势未能延续下去。

（二）改革开放以后至20世纪90年代末

1981年颁布的《幼儿园教育纲要（试行草案）》一直沿用到2001年，20年间对我国幼儿园教育产生了非常大的影响。这份开启新的教育视野的文件将思想品德作为一个独立的教育内容提了出来，指出品德教育要向幼儿进行初步的"五爱教育"，培养幼儿具有优良的品德、文明的行为、活泼开朗的性格。该草案与1951年颁布的《幼儿园暂行教学纲要（草案）》和1956开始执行的《幼儿园教育工作指南》相比，可以看出这一时期的品德教育对幼儿的年龄特点、身心发展和生活等方面已有所考虑，而且在品德教育的目标、内容与方法等方面具有了初步的系统性，从生活卫生习惯、体育活动、思想品德、语言、常识、计算、音乐、美术八个方面，按小班（3岁）、中班（4～5岁）、大班（5～6岁）分别制定了不同的目标要求。有学者认为，"这是新中国成立以来首次对幼儿德育目标做如此系统、具体的规定"。1996年的《规程》对幼儿品德教育的目标和方式进行了补充，确定了德育的总体目标：萌发幼儿爱家乡、爱祖国、爱集体、爱劳动、爱科学的情感，培养诚实、自信、好问、友爱、勇敢、爱护公物、克服困难、讲礼貌、守纪律等良好的品德行为和习惯，以及活泼、开朗的性格。《规程》第26条指出：幼儿园的品德教育应以情感教育和培养良好行为习惯为主，注重潜移默化的影响，并贯穿于幼儿生活以及各项活动之中。但是《规程》并没有对《幼儿园教育纲要（试行草案)》存在的问题进行修正，在课程目标的设置上，仍然忽视了幼儿社会技能的培养，没有意识到知识、经验和能力发展的统一性。课程内容缺乏对多元文化、自我认知、自我管理、社会交往、社会适应等方面的渗透。在课程的具体实施上，仅仅局限于显性课程，缺乏对幼儿一日生活各个环节的渗透，忽视幼儿对经验的学习。事实上，学前儿童社会教育并不等同于品德教育。品德作为个体依据一定的社会道德行为规则行动时所表现出来的某些稳定的特征，只是社会教育发展目标中的一部分，是社会道德在人身上的具体化。因此，作为个人社会品质的灵魂，品德不可能泛指或涉及所有个人生活的社会属性，它只能包含在社会性之中。社会性作为人的心理特性，比品德有更宽泛的内涵，应包括社会认知、社会情感、社会行为等方面。这样，品德教育也只能包含在社会性教育之中了。由此可见，品德不是社会性发展的全部，而是社会性中与社会道德有关的部分，社会性涉及的是生存与生活的问题，思想品德是社会性发展到一定程度的产物，涉及的是是非善恶的价值问题，社会性比品德的内涵更为宽泛。在学前儿童社会教育中，有很多不涉及品德但与学前儿童社会性发展密切相关的内容。如果我们将二者割裂开来，在实践中就会使两者都得不到应有的发展。

20 世纪 90 年代开始，随着基础教育改革的深入，以及国外幼儿教育研究的新成果，尤其是儿童发展心理学关于儿童社会化、社会性发展等研究成果的引入，我国幼儿教育领域开始关注儿童个性和社会性的研究，幼儿教育中的品德教育思路开始突破原有的框架，注重向幼儿的社会性发展层面延伸。品德教育的内涵得到了极大的丰富。经过 10 年的学习和研究，幼教界认同了个性、社会性等概念在幼儿德育领域的地位，以及个性发展、社会性发展、品德发展的基本渊源和关系。一个标志性事件是，1994 年人民教育出版社出版了《幼儿园教育活动》，推出了一个新的教育领域——社会领域。随后，南京师范大学出版社出版了《幼儿园课程指导丛书——社会》。这两个版本的教材不仅开始使用社会领域代替品德课程，而且开始了分层次的目标体系架构，既提出了社会领域教育的总目标，又分解出幼儿小、中、大班各年龄阶段目标、单元（学期或月等）目标，同时还提出了相应的内容。这无疑增强了幼儿园社会教育的可操作性，为社会领域课程在新世纪幼儿园课程标准中的诞生做了充分的理论和实践上的准备。

（三）21 世纪以来

2001 年 7 月，教育部制定并发布了《幼儿园教育指导纲要（试行)》。这是新世纪第一个幼儿园课程文件，它延续并发展了《规程》的基本价值取向。《纲要》把幼儿园的教育内容相对划分为健康、语言、社会、科学、艺术五大领域。从此，社会领域课程正式成为幼儿园课程重要的组成部分。

学前儿童社会教育的提法显然大大扩展了常识及品德教育的内容，它不仅涉及对儿童社会认知的培养，还涉及儿童社会情感、社会行为技能及道德品质的培养，强调情意与认知的平衡，以实现对儿童更为全面的培育。

《纲要》提出的社会领域目标是："能主动地参与各项活动，有自信心；乐意与人交往，学习互助、合作和分享，有同情心；理解并遵守日常生活中基本的社会行为规则；能努力做好力所能及的事，不怕困难，有初步的责任感；爱父母长辈、老师和同伴，爱集体、爱家乡、爱祖国。"这个目标涵盖了幼儿社会认知、社会情感、社会行为等维度，显示了社会教育应该促进儿童在社会认知、情感、行为等多方面的和谐发展。而且，用社会发展维度涵盖品德教育，既弥补了以往品德教育在儿童个性和社会性发展方面的缺失，也为作为社会性核心成分的品德发展奠定了坚实的基础。《纲要》中的社会领域部分将社会教育的目标、内容和要求、方法和途径等进一步具体化，使幼儿园学前儿童社会教育课程的设计和实施有了明确的原则和方向：从此，学前教育学界开展了大量的理论和实践研究，许多学前教育工作者创造性地设计和实施了一系列社会教育活动，有效地促进了我国学前儿童社会教育活动教学和科研的开展。

2012 年 10 月，教育部颁布了《3—6 岁儿童学习与发展指南》（以下简称《指南》）。《指南》和《纲要》中的社会领域目标在表述上不完全一样，但两者的一致性程度很高。《纲要》社会领域除了在"目标"部分提出了五个目标之外，还在"内容与要求"部分通过指出教师"应该做什么、怎样做、最终希望达到什么结果"的方式将一些比较具体的目标表述出来。最终希望达到的结果就是对幼儿学习与发展的期望，换句话说，也就是"目标"。而《指南》对目标进行了更高层次的分类概括，它将社会领域的所有目标归纳为"人际交往"与"社会适应"两部分，提纲挈领，条理更加清楚，重点更加突出，更好地反映了幼儿社会领域的学习与发展的实质，即在交往中学交往，在适应中学适应。更突出幼儿的主体地位，更反映问题的实质。同时，《指南》提出了 3 ~6 岁各年龄段儿童包含社会领域的学习与发展目标和相应的教育建议，"帮助幼儿园教师和家长了解 3 ~6 岁幼儿学习与发展的基本规律和特点，建立对幼儿发展的合理期望，实施科学的保育和教育，让幼儿度过快乐而有意义的童年"。

学前儿童社会教育的核心与本质就是"成人"的教育，即让儿童成为真正善良与智慧的人的教育，它应当通过人文知识的传授、人文精神的陶冶来实现对人性的拓展，让儿童成为真善美皆备的、完整的、健康的人。但相对人文教育，社会教育有更多的内涵与内容，人文教育侧重精神层面的陶冶，社会教育还需要注重行为习惯的培养与社会技能的训练。

从我国学前儿童社会教育发展历程来看，我国学前儿童社会教育历经了从单纯重视社会常识到将品德教育和情感教育放在首位，再到目前的关注幼儿生活，强调对社会认知、社会情感及社会行为技能的全面和谐教育。这种变化和我国社会生活的变迁和政治文化的重心转移是联系在一起的。这说明学前儿童社会教育本身也是具有社会性的。因此，可以说学前儿童社会教育是一门兼有常识性、道德性、生活性和人文性的综合课程，这对于幼儿园教师自身的素质来说也是一种要求和挑战。

延伸阅读

21世纪的中国教育必须走的道路

当前，我国教育界已注意到，“偏重发展社会性而忽视发展个性”的教育已不能适应中国改革开放的需要。这种“社会本位”的教育观，失误在于把教育的社会功能当成了教育本体，压倒了教育中个人的价值，束缚了个人天赋的发挥和个性的发展，反过来也扭曲了教育的社会功能。而西方那种“个体本位”的教育观，失误在于把教育的培养目标当成了教育本体，结果导致了人类普遍文化范式的遗失和丢弃。

21世纪的教育必将走发展人的个性与社会性统一的道路。为了使人的个性与社会性得到统一的发展，我们必须注意以下几点：

1. 向外国学习

西方教育重视人的个性的发展，有许多值得我们借鉴的地方。例如，在美国，高校的价值目标之一，就是以多样化来满足每个求学者个人的需要、利益、兴趣，在这方面美国的高校做得比较成功。21世纪的教育必须面向世界。一个国家的教育要发展，必然要同其他国家互通有无、取长补短。我们要站在历史的高度，对西方教育采取“拿来主义”精神，吸取其精华，抛弃其糟粕，在前进的过程中，既不夜郎自大，也不崇洋媚外。

2. 向历史学习

我国传统教育中有我们必须继承和发扬的部分。例如，重视对学生加强集体主义教育，坚持个人的利益服务集体利益，重视社会价值取向的传统，是我国教育的优势。这一点，西方已经认识到“西方人为了消除个人主义产生的精神危机，开始把目光转向以‘群体主义’文化传统为主体的东方，一些有识之士纷至沓来到东方寻求答案”。

3. 切实搞好教育改革

通过改革促使教育实现发展人的个性与社会性统一。

首先要树立正确的考试观。传统的学科考试过分强调死记硬背的知识，忽视学生的动手能力、应用能力、创造能力。要改变这种状况，必须树立正确的考试观。必须明确考试不是为了排名次，而是为了给教师、家长以及学生本人提供一个依据，发现学习中存在的缺点和弱点，以便采取适当的措施，使每个学生都充分发挥潜能，更好地发展。学生学习是为了进步，而不是为了应付考试，只有这样才能产生兴趣，养成积极主动的习惯。

其次要树立正确的学生观。在教育过程中，学生不仅是教育活动的客体，而且是教育活动的主体，然而目前的学校教育并没有真正把学生置于主体地位。实际上学生的主体地位并没得到真正的体现。例如，传统的班级授课制，虽然可以提高教学效率，有利于多出人才，但集体教育和统一要求不利于学生个性的发展。因此，必须对班级授课制进行适当变革，通过适当分组活动，讲授、谈话、实验、演示、参观等教学方法综合运用，把学生的积极性、主动性调动起来，使学生学得愉快。

还要重视开展课外、校外活动。通过丰富多彩的活动，培养学生的群体意识，使学生学会处理人际关系，增强对社会、对集体的负责精神，培养自主自律、自尊自爱、团结互助，合作共事的品德。丰富多彩的活动，还有利于培养学生的兴趣、爱好、性格、意志等非智力因素，为了使人的个性与社会性得到统一的发展，我们的教育要鼓励个人发挥才能，而不助长个人主义；要密切关注每一个人的独特性，而不忽视创造也是一种集体生活：教育要培养既对自己负责，也对社会负责的全面发展的高素质的人才。

[资料来源：郑桂芳.教育中人的个性与社会性发展的统一[J].邢台师范高专学报,1999(3).]

案例分析

获得诺贝尔奖的老科学家的故事

1978 年，75 位诺贝尔奖获得者在巴黎聚会。

人们对于诺贝尔奖获得者非常崇敬，有个记者问其中一位：“在您的一生里，您认为最重要的东西是在哪所大学、哪所实验室里学到的呢？”

这位白发苍苍的诺贝尔奖获得者平静地回答：“是在幼儿园。”

记者感到非常惊奇，又问道：“为什么是在幼儿园呢？您认为您在幼儿园里学到了什么呢？”

诺贝尔奖获得者微笑着回答：“在幼儿园里，我学会了很多很多。比如，把自己的东西分一半给小伙伴们；不是自己的东西不要拿；东西要放整齐；饭前要洗手；午饭后要休息；做了错事要表示歉意；学习要多思考，要仔细观察大自然。我认为，我学到的全部东西就是这些。”

所有在场的人对这位诺贝尔奖获得者的回答报以热烈的掌声。

事实上，大多数科学家认为，他们终生所学到的最主要的东西，就是幼儿园老师教给他们的良好习惯。

（资料来源：小精灵儿童网站，http：//www. 060s. com. 有改动）

从这个小故事中你能得到什么启示？谈谈你对幼儿园教育的看法。

拓展训练

结合实际论述学前儿童社会教育的意义。

第二章 学前儿童社会性发展

学 习 目 标

1. 理解并掌握学前儿童社会认知、社会情感及亲社会行为的发展特点。
2. 了解学前儿童社会性发展的主要理论。
3. 理解几种因素对学前儿童社会性发展的重要影响。

社会性发展是幼儿心理发展的重要方面，它对一个人的人格、心理健康、智力发展等具有重要影响。现代社会所需要的人才，不仅应当具有健康的身体、聪明的头脑、丰富的社会经验，而且更应具有良好的人格、个性品质和社会适应能力。只有充分理解并掌握学前儿童社会性发展特点及其规律，才能利用这些特点及其规律有针对性地对学前儿童进行社会性教育。

第一节 社会性及其对学前儿童发展的意义

一、社会性简介

当一个人独处时，是谈不上“社会”的，但身边只要再有一个人，“社会”就构成了。一个家庭，就是一个小社会；一个单位，也是一个小社会。凡是有人群的地方，就有各种各样的“社会”，人的生存一天也离不开社会。人每天都在各种小型的、中型的、大型的社会群体中，充当着各种角色，表现着自己的“社会性”。你跟别人打交道的方式、你对别人的态度、你怎样受别人的影响、你怎样影响别人……所有这一切，都是一个人社会性的表现。

（一）社会性的产生

人的需要是多种多样的。大多数学者实质上都是把人类各种不同的需要归属于两大类，即生物性（生理性）需要与社会性需要。生物性需要是指保存和维持有机体生命和延续种族的一些需要，如对饮食、运动、休息、睡眠、觉醒、排泄、避痛、配偶、嗣后等的需要。因为动物也有这类需要，所以这些需要也叫生理性需要或原发性需要。社会性需要是指与人的社会生活相联系的一些需要，如劳动需要、交往需要、认知需要、审美需要和成就需要等。社会性需要是后天习得的，源于人类的社会生活，属于人类社会历史的范畴，并随着社会生活条件的不同而有所不同。社会性需要也是个人生活所必需的，如果这类需要得不到满足，就会使个人产生焦虑、痛苦等情绪。比如，人自出世之后便成为各种社会团体中的一分子。从婴幼儿时期起，人就想与他人亲近、与他人来往，希望得到别人的赞许、关心、友谊、爱护、接受、支持和合作。随着年龄的增长，人们不但没有因为自身力量的壮大而削弱这种需求，反而还增加了这种需求。有人对绝对孤立状态下的人（如一些宗教团体成员、遇难船上的人、隔离实验的志愿参加者）的个案研究表明，长时间的孤独隔离会产生突然的恐惧感和类似忧虑症发生的情感，并且隔离时间越长，产生的恐惧和忧虑就越重。美国社会心理学家沙赫特也曾做实验说明：人是很难忍受长时间与他人隔绝的。所以，社会性需要是作为人类的一种基本需要，也是人类区别于动物的一个根本特征。

我们这里所说的社会性，就是源于人类社会性需要而产生的。

首先，社会性是社会生活中人际交往的产物，人在交往中获得了社会性。当人出生时，由于他的身上还没有任何人类社会的烙印，他只是一个自然的客观存在，即人们通常所说的“自然人”。但是，由于这个自然人生活在人的社会环境中，他就要与人进行某种形式的交往，学习该社会所认可的行为方式、价值取向等，并把这种行为方式、价值取向等内化，变为自己的行为准则，使自己逐渐适应周围的社会生活。假如一个人远离了社会生活，失去了人际交往，那他只能是个自然人，而永远不具有社会人所具有的社会性。

其次，社会性是人的社会化的内容和结果。作为从自然人向社会人转化所获得的特征，社会性几乎涉及了人自身智能以外的所有内容，即使狭义地界定社会性，它也涉及社会生活中的各种个人属性，如情感、性格、交往、社会适应等。

（二）社会性的内容

关于社会性的内容，心理学家、教育学家、社会学家、人类学家都在关注，但关注的角度有所不同。

心理学家重视个体在社会性发展和演变中的那些心理规律，试图发现人的遗传因素、情绪、气质、智力特征等怎样在其中发挥功能，以及个体之间、不同性别之间的差异。教育学家重视教育对儿童社会化过程的影响作用，试图寻找有效的措施和训练、组织方法，因此他们非常重视心理学家所发现的那些个体社会化的规律。

社会学家重视的是人类生活、学习、工作、娱乐的所有基本单元：各种人的群体，如家庭、工作单位、非正式群体、临时群体，而不是个体；他们最感兴趣的是所有这些群体怎样对人的社会化产生影响和发挥作用，这些群体怎样演变；还包括社会大环境、大背景，如政治、经济、法律、传播媒介等怎样影响人的社会化过程以及群体的演变。

关于社会性的具体内容，东西方学者均有不同论述。

西方有些学者认为，人的社会性主要包括人的社会知觉和社会行为方式。通过社会知觉，人们觉察他人的想法，向他人表达行为的动机和目的；通过社会行为的学习，人们掌握约定俗成的举止方式、道德观念，从而能够适应自己所生存的社会。

我国有些学者则认为，社会性的内容应包括：运用语言的交际能力，友好相处的能力，自律的能力，表现与理解的能力，对环境的适应能力，良好的生活、卫生、学习习惯，等等。总之，尽管对社会性的描述不同，但其内容实质都是一致的，即如何学习与别人友好相处并适应环境的能力。所以，如果要对社会性下一个定义，我们可以这样描述：社会性是指个体在掌握社会规范、形成社会技能、学习社会角色的社会化过程中所产生的一种心理特征。由于这种心理特征的发生和发展，儿童由自然人逐渐变为能适应生活环境、能与周围人交往，并以自己的独特个性对他人施加影响的社会人。

人在不同的年龄阶段，其社会性要求也是不一样的。作为人生之初的学前儿童期，其社会性内容有哪些呢？本书从心理学角度出发，选取社会认知、社会情感、亲社会行为和道德发展等几个方面，作为学前儿童社会性的内容。

二、社会性对学前儿童发展的意义

人们经过长期的观察和研究发现，同样是智力中等或智商水平较高的人，有的人与他人的关系和谐，懂得乐群合作、礼貌谦让，受人欢迎；有的人却与他人的关系紧张，攻击性强、孤僻易怒，受人排斥。经过比较后得出结论：有的人适应他们所生活的社会；有的人不适应他们所生活的社会，与周围人格格不入，甚至逆反、对立。一言以蔽之，两种人的社会适应程度大不一样，即他们的社会化程度不一样。对于学前儿童，社会性同样是其生存发展的必需内容。

（一）社会性是学前儿童社会性情感及社会交往的需要

儿童自出生的那一天起就生活在社会之中，也就是说，儿童一出生就预示着其社会性发展的开始。按照美国心理学家亚伯拉罕·马斯洛的需要理论，儿童除了基本的生理需要外，还有社会性的需要，如安全的需要、归属和爱的需要等。安全需要表明儿童间接地需要情感支持及社会交往，襁褓中的婴儿因为感到温暖、安全，进而产生与成人主要是母亲的亲近需要。随着儿童的发展，儿童的社会性情感及社会交往的需要也越来越强烈。美国心理学家卡尔·兰赛姆·罗杰斯也指出，儿童有“积极关注”的需要，即对诸如温暖、爱、同情、关怀、尊敬及获得别人承认的需要，而“积极关注”是儿童在社会性情绪、情感交流及社会交往过程中获得的。

同时，哈佛大学心理学博士丹尼尔·戈尔曼的研究表明“孩子的未来20%取决于智商，80%取决于情商”。卡耐基也曾说过，一个人的成功，所学的专业知识所起的作用是15%，与他人的交际能力却占85%。放眼现实世界，我们确实可以感受到：成功的管理者或企业家都具有很高的情商。在生活中，我们也常常会遇到这样的现象：一些智商很高的人并不见得会成功，婚姻生活也并不一定美满；而情商很高的人则必定事业成功、家庭幸福。智商高的人一般来说是专家，情商高的人却具备一种综合与平衡的才能。而情商的核心就是与别人进行情感交流和社会交往的能力。

因此，好的教育并不单单只是智力的训练。因为相比较而言，社会性水平的高低更能决定孩子未来生活中获取幸福和成功的能力，其中也包括家庭关系的成功与幸福。澳大利亚人史迪夫·比道夫说过：“无论成人或儿童，不可能总是快乐无忧，但我们都希望能够帮助孩子学会控制自己的情绪，使之向快乐的方向转化。”也就是说，如果想让儿童获得爱的情感、与人相处愉快，良好的社会性是必不可少的。

（二）社会性影响学前儿童身体、心智的发展

首先，良好的社会性会促进孩子的身体健康。因为人生活在社会环境当中，他时时刻刻在接收着来源于周围人、事或自身内部的种种信息，这些信息经过大脑的整理和分析，会对情绪、情感产生影响。与此相反，如果有一个儿童社会性发展不良，不适应自己所生活的周围环境，总是与周围的人发生冲突、对抗，那么，他必然感到闷闷不乐甚至生气发火。不论他发火或是生闷气，都会使自己的内分泌系统发生某种程度的紊乱，这种紊乱将对他的生长发育产生消极的影响。

其次，社会性还会影响学前儿童的心智发展。社会性发展得比较好的孩子，适应能力和自制力都比较强，他们往往心态积极、情绪稳定、自信心强。相反，社会性发展不好的孩子，不仅不会学习如何做人、“学做真人”，还会导致不真诚、虚伪、道德水平低下等。而良好社会性中的自制力、适应能力、毅力、真诚等心理品质，对一个人的学习和工作都是极其重要的，这虽然不能直接提高智力程度，但是它们能使心智能力得到充分的发挥。据教育专家的研究发现：智力水平中等的孩子，如果非智力因素发展得很好，那么，他的学业成就完全可以比智力水平高而非智力因素发展得不好的孩子高许多。同样道理，智力水平很高的孩子，也会因为非智力水平的低下而导致智力水平发展一般甚至很差。

（三）社会性认知的需要

儿童很早就表现出对社会事物或现象的兴趣，并在此基础上形成认知的需要。但儿童的社会性认知不等同于对一般客体的认知，它是儿童主体观念（是非观念、价值观念等）形成的过程：不是简单地接受成人的观念，或记住现行的社会规则、规范，而是在了解它们的基础上做出自己的判断、抉择，形成自己的认识。换言之，社会性教育的价值不在于“塑造”儿童，而在于为儿童形成自己的观念提供相应的“材料”，促使儿童自我塑造。

如果能成功培养孩子社会性中的某些能力，其他能力也会随之得到滚雪球一样的提高。据研究表明，越早发展孩子的社会性，越有助于孩子在同伴关系中处于领导地位，形成孩子的领导气质，也有利于孩子在将来激烈的社会竞争中培养良好过硬的素质。良好的情绪控制能力还能帮助孩子养成良好的学习习惯，掌握以后需要的知识才干。控制自我、倾听他人、与人合作等这些社会性技能，是品学兼优的孩子必须具备的。

第二节　学前儿童社会性发展的特点

学前儿童社会性发展体现在很多方面，不同的研究者有着不同的分类。本教材从操作层面，把学前儿童社会性发展的内容分为社会认知、社会情感、亲社会行为和道德发展等

几个方面，主要体现在自我意识、对他人认知、对社会环境及规则的认知、情绪社会化、依恋、道德感、亲社会行为等方面。当然，儿童的社会性发展是一个整体的发展，这样的划分只是便于研究和学习。

一、学前儿童社会认知发展的特点

社会认知是学前儿童在参与社会活动中获得发展的，认知所获得的经验影响其社会行为，学前儿童社会教育要帮助学前儿童得到积极的社会知识经验。学前儿童社会认知发展的内容包括对自己的认识（即自我意识）、对别人的认知及对社会环境的认知三个方面。

学前儿童社会认知发展总的来说有以下特点：

（1）学前儿童社会认知发展是一个逐步区分认识社会性客体的过程。区分人与物的不同，区分照顾者的不同情绪，区分不同的意图与行为等。

（2）学前儿童社会认知各方面的发展是非同步、非等速的。

（3）学前儿童社会认知的发展遵循认知发展的普遍规律，但不完全受认知发展的影响。

（4）学前儿童社会认知的发展水平与社会交往密切相关。

（一）学前儿童自我意识发展的特点

1. 学前儿童自我意识发生与形成的标准

自我意识也称自我，指个体对自己作为客体存在的身心活动的觉察，即自己认识自己的一切，包括认识自己的生理状况（如身高、体重、形体等）、心理特征（如兴趣爱好、能力、性格、气质等）以及自己与他人的关系（如自己与周围人们相处的关系、自己在集体中的位置与作用等）。从形式上看，自我是由知、情、意三方面统一构成的高级反映形式。包括自我认识（自我观察、自我分析、自我评价）、自我体验（自尊、自信）、自我监控（自我检查、自我监督、自我控制）等。

我国学者指出，学前儿童自我的发生与形成具有以下标准：一是儿童在动作对象中能够区分自己的动作，并逐渐意识到自己的动作、动作的目的和动机，这就产生了初级的自我意识；二是儿童能把自己和动作分开，知道自己是活动主体；三是儿童能使用自己的名字，即儿童能用自己的名字或他人对自己的称呼如“宝宝”来称呼自己，这说明儿童产生了概括自己的愿望和关于动作表象的自我感觉；四是儿童能使用第一人称“我”来代表自己，这表明儿童已经完成从自己的表象向抽象的发展，儿童的自我意识逐步形成，另外，此时的幼儿开始出现自尊心，当他们遭遇不公正待遇时，会出现哭闹、反抗等行为。

婴儿期是自我意识发生的时期，在婴儿前期，婴儿还是物我不分，啃自己脚还以为是在啃其他的玩具。婴儿末期开始才能把自己的身体与其他物体区分开来，才能意识到自己的存在。例如，儿童开始知道由于自己扔皮球，皮球就滚了；由于自己拉床单，小猫就给吓跑了。儿童从这里认识了自己跟事物的关系，认识了自己的存在和自己的力量，这就使他产生了某种“自豪”之感。但是，这时的所谓自我意识，实质上只能算是一种自我感觉，还不是明确的自我意识。2 岁左右是自我意识形成的时期。此时的儿童能把自己和“别人”明显地区分开来，能够在镜子中识别自我。能够准确地使用代名词“我”，但最初儿童提到自己时，还往往像谈论别人那样，如说“宝宝要抱”“贝贝吃糖”等。当儿童开始掌握“我”这个词的时候，在儿童自我意识的形成上，可以说是一个质的变化，即儿童开始从把自己当作客体转变为把自己当作一个主体的人来认识。从此，儿童的独立性开始大大增长起来，这在儿童常常说的“我自己来”这句话中获得明显的表现。

苏珊·哈特尔总结了众多学者的研究，将婴儿自我认识的发展分为五个阶段，前三个阶段是主体自我的发展，后两个阶段是客体自我的发展。这一结论受到学术界的公认。

第一阶段（5 ~8 个月），无我状态。婴儿对镜像感兴趣，但对自己的镜像或他人的镜像并不能区分，说明这一阶段的婴儿不能区别自己与他人。

第二阶段（9 ~12 个月），初步的主体自我。婴儿以自己的动作引起镜像的动作，主动以自身动作与镜像匹配，表明婴儿对自己作为活动主体有了初步的认识。

第三阶段（12 ~15 个月），主体自我发展。婴儿能区分由自己做出的活动与他人所做活动的区别，对自己的镜像与自己活动之间的联系有了明确区分，主体自我得到明显发展。

第四阶段（15 ~18 个月），客体自我初步发展。婴儿开始把自己作为客体来认识，认识到客体特征来自主体特征（如自己的鼻子上的红点与镜像中的红鼻子的关系），对主体特征有了稳定的认识，客体自我得到初步发展。

第五阶段（18 ~24 个月），客体自我形成。婴儿开始用言语标示出自我，如使用代词“我”“你”来区别自己与他人，是客体自我形成的重要标志。这时的儿童已经能意识到自己的独特特征，能从照片中认识自己，用言语表达自己。

主体自我和客体自我的形成，是婴儿与物理世界和社会环境相互作用的结果。自我的发展有助于儿童妥善处理自己与环境、与他人的关系，如认识到人的态度、体验他人的情感、建立平等关系、共享社会经验、实现共同目标等。这对于一个生活在高度社会化条件下的个体是十分重要的。自我意识的发展，是儿童社会化的转折点，也是个性最终形成的必要条件。

2. 学前儿童自我意识的发展

（1）性别角色的发展特点。所谓性别角色，是指属于特定性别的个体在一定的社会和群体中占有的适当位置，以及被该社会和群体规定了的行为模式。换言之，性别角色是指特定社会对男性和女性社会成员所期待的适当行为的总和。

幼儿期的自我意识有了进一步的发展，表现在对自己性别的认识，可自我观察到身体特征、动作、能力、爱好、所有物。3 岁以后逐渐开始认识自己，并逐渐形成性别角色和社会角色意识，幼儿的性别稳定性一般在 3～4 岁的时候就出现了。这一年龄的幼儿能够认识到性别在一生中是稳定不变的。5 岁左右形成比较明确的性别角色意识。儿童一般要到 6、7 岁才能获得性别一致性的认识。

劳伦斯·科尔伯格把儿童性别守恒的发展划分为三个阶段。

第一阶段：性别标志。早期的学前儿童能正确标志自己以及他人的性别。但这时的儿童对性别的认识是根据外部的、表面的特征，如头发长度、服饰等。将一个玩偶的服饰或发型改变后，儿童认为它的性别改变了。

第二阶段：性别固定。这时的儿童对性别的"守恒性"有了一定的理解，如知道男孩将来要长成男人，女孩将来会长成女人，但他们仍相信改变服饰、发型等就能导致性别转换。

第三阶段：性别一致性。幼儿园大班儿童和小学低年级儿童开始确信性别的一致性，他们知道即使一个人"穿错了衣服"，也不会改变性别。

儿童获得性别守恒与一致性不仅与认知水平的发展有关，也与他们对性别的知识有关。一个对 3～5 岁儿童的研究发现，学前儿童有无关于生殖器的知识，对区分性别具有显著作用。

（2）自我控制的发展特点。初生婴儿没有自我控制能力。研究表明，2 岁儿童延迟性自我控制行为已经初步上升到主导地位。虽然 2 岁儿童已经具备一定的自我控制能力，但水平较低，且具有明显冲动性。主要依靠外界压力而实现。随着年龄的增长，儿童对自己行为的控制力以及根据外界要求调节自己行为的能力都有显著提高，3～4 岁期间发展较快。4～5 岁是儿童的自我控制迅速发展的时期。随着年龄的增长，大脑皮质的抑制机能逐渐完善，儿童的自我控制能力在这一时期获得飞速发展。3 岁左右的幼儿活动的独立性逐渐加强，儿童已有了独立愿望，喜欢自己做事、自己行动。3 岁左右的幼儿能在短时间内延缓自己要求的行为；4 岁以后能够尝试用语言调控自己的行为并逐渐延长时间；5～6 岁时，能有意识地调控自己的行为，自我控制语言也逐渐从外部语言过渡到内部语言，能维持较长时间。

儿童的自我控制行为受各种因素影响，自我控制水平随年龄增长而不断提高，言语指导和行为的训练在儿童自控行为中起着重要作用，儿童从接受外部言语指导及外部诱因逐渐发展到根据自身要求和内部诱因来控制行为，从不自觉行为发展到自觉行为。研究表明，3～5岁幼儿的自我控制能力存在明显的性别差异，表现为女孩高于男孩。

（3）自我评价的发展特点。幼儿的自我评价主要依赖于成人的评价，常常带有主观情绪性与外在性，同时，幼儿又在不断地脱离自我中心，自我评价的客观度逐步提高。幼儿一般都过高地评价自己。幼儿自我评价与他的认知水平和情绪、情感的发展水平密切相关，因此，幼儿自我评价的发展趋势是：

①从依赖成人的评价到自己独立的评价。幼儿前期的幼儿多数不能对自己做出独立的

评价，幼儿初期对自己的评价往往只是简单重复成人的评价。例如，幼儿评价自己是好孩子，因为“老师说我是好孩子”“妈妈说我是好孩子”等。幼儿晚期开始出现独立的评价。幼儿对成人的评价逐渐持批判的态度。如果成人对他的评价不符合他自己的评价，儿童会提出疑问或申辩，甚至表示反感。

②从对外部行为的评价到对内心品质的评价。根据调查材料，幼儿的自我评价基本上表现为对自己外部行为的评价，还不能深入到对内心品质进行评价。只有极少数大班孩子在自我评价中涉及内心品质，但仍属于过渡的中间状态，还不是真正地对自己内心品质进行自我评价。例如小朋友在回答他是好孩子的原因时说：“我不撒谎，上课坐得好，我不想欺负小朋友。”

③从带有主观情绪性的自我评价到比较客观的自我评价。幼儿在评价别人时常常带有主观情绪性，而在自我评价中主观情绪性更大。他们往往不是从具体事物出发进行评价，而是以情感体验作为评价的依据。如一幼儿认为自己和另一幼儿是最好的值日生，是因为“他值日就发给我带金边的碗，我值日也发给他带金边的碗”。

④从笼统不分化的评价到比较具体细致的评价。有些幼儿的自我评价是比较简单、笼统和不分化的，较少幼儿具有分化的评价能力。有的幼儿还分不清一般行为规则和评价某项活动的具体标准的区别。如有的幼儿认为某一幼儿是“好值日生”，因为他一到幼儿园就拿抹布擦桌子，至于擦得干净不干净，往往并不在意。

（二）学前儿童对他人认知的发展特点

学前儿童对他人和群体的认知往往是从辨别他人的外形特征和外部行为表现开始的，发现他人的装束、发式、性别、高矮或能力与自己的不同，知道他人的称呼和仿效其行为，最后才把他人看作是各种各样的、有独立人格的人，把其他群体区分开来，如幼儿会说“少先队员是戴红领巾的小哥哥、小姐姐”“大班是楼上的班”等。

（1）对他人外形的认知。幼儿对他人的认知，首先关注的是他人的外形特征。2 岁以后，幼儿能逐步发现与他人在外形上的差异。准确地使用“你”“他”这两个人称代词时，标志幼儿已把他人当作独立个体。但是，由于社会性客体比物质客体在时间和空间上有更大的变化，常常导致学前儿童概念的不准确。如幼儿会把电视或图书上所有穿白大褂的人都称为医生，分不清医生、护士等。

（2）对他人心理状态的认知。幼儿能通过行为特征与结果来理解他人内在情绪及推断他人在集体中的地位。如，幼儿看到同伴推开另一个幼儿，就会知道这个同伴不想与另一个幼儿玩。幼儿还会根据同伴幼儿的某些表现说：“我们班×××最坏了，总是欺负小朋友”“我们班×××最漂亮了”等。但对于他人的情感、动机与社会需要，幼儿的认识还很肤浅、粗略，有时甚至是视而不见的。

（3）自我中心的态度。皮亚杰用“三山”实验证明学前儿童正处于自我中心主义阶段，对于社会性客体的反应常产生偏差，如受自己的经验误导，会以为别人都是和自己有一样的想法，如幼儿在捉迷藏时害怕对方发现自己，总是捂紧自己的双眼；或以个人好恶或以外表定本质，缺乏客观、公正态度。

（三）学前儿童对社会环境和规范认知的发展特点

学前儿童对社会环境、社会现象的认知，总的趋势是由近及远，由简单到复杂，逐步扩展和深化。对规则的认识是学前儿童道德认知初步发展的体现。服从是幼儿道德认知的第一个特点，学前儿童认为规则是权威制订的，是必须遵守的，幼儿的自我中心思维使他们还不能完全理解规则的真正目的，在游戏和行动中常常按照自己的规则进行，他们往往首先在别人的行为中发现违规。只是到了幼儿晚期才逐渐形成独立的、主动的动机，开始能掌握一定的道德行为规则。到幼儿晚期，道德判断开始能从社会意义上来判断道德行为，但仍然是具体的。他们还不能把行为动机和行为效果统一起来看，常常只能看到行为的效果，而看不到行为的动机。

二、学前儿童社会情感发展的特点

情绪和情感是人的需要得到满足或得不到满足时产生的主观反应。社会情感是人们在社会生活、社会交往中产生的情感体验。情绪、情感的社会化包括情绪表达与控制、同情心、责任感等。社会情感的教育就是要引导学前儿童在社会认知过程中，形成积极的情感体验，学会认识、调控自己的情绪、情感。学前儿童社会情感发展的主要内容包括学前儿童情绪的社会化、依恋的发展、道德情感发展。

（一）学前儿童情绪的社会化

情绪的社会化就是指在原始情绪产生的基础上，在人际交往和社会行为反馈中，那些蕴涵社会教育意义的情绪产生的过程。情绪社会化是儿童与他人交流感情的基础。

新生儿已有明显的情绪反应，“落地哭”就是由于身体不舒适引起的消极情绪；3个月左右，婴儿开始出现社会性的微笑。婴儿通常用表情与他人进行交流，人们通常把表情称为“情绪的语言”。2~3岁的儿童在讲述一个故事或一件事时，总是一边说，一边做表情和动作。3岁左右的儿童能比较准确地表达出自己的情感，也能正确领会别人表露的情感，并做出相应的反应。情绪的社会化是学前儿童情绪发展的主要趋势。

（1）情绪中社会性交往的成分不断增加。从儿童的微笑看，1.5岁儿童对自己的微笑所占比例较大，对小朋友微笑比例很小；3岁儿童对自己微笑所占比例很小，对老师、小朋友微笑比例很大。

（2）引起情绪反应的社会性动因不断增加。儿童引起情绪反应的动因从主要为生理需要的满足逐渐过渡到主要为社会性需要的满足。如幼儿在园吃穿都没有问题，但同伴排斥他，幼儿会产生痛苦的情绪，若老师对幼儿进行表扬，幼儿会产生愉快的情绪。

（3）情绪表达社会化。儿童从 2 岁开始就已经能够用表情手段去影响别人，并学会在不同场合下用不同方式表达同一种情绪。

随着学前儿童年龄的增长和社会交往范围的不断扩大，其情绪社会化逐渐呈现出丰富性和深刻化及自我调节化特点。

（1）情绪的丰富性和深刻化。情绪的丰富性包括两种含义。其一，情绪过程越来越分化，如类似于尊敬、怜惜等高级情感的出现。其二，情绪指向的事物不断增加，有些先前不引起儿童情绪体验的事物，随着年龄增长，引起了情绪体验。情绪的深刻化，例如，将“亲爱”这种情感对象由父母或者经常照顾幼儿的其他成人发展到家中其他成员。进入托儿所或幼儿园以后，先是对老师，然后对小朋友有了亲爱的情感。

（2）情绪的自我调节化。情绪冲动性逐渐减少，情绪的稳定性逐渐提高（情绪控制、情绪掩饰增加）。日常观察发现，3 岁前儿童一般毫无保留地表露自己的情绪，3 岁后则会根据社会的要求调节情绪表现方式。如幼儿在父母面前摔倒了就会露出痛苦的表情，大哭起来，如在老师面前摔倒了，就会忍住不哭，露出坚强的表情。

（二）学前儿童亲子依恋的形成与发展

在发展心理学中，“依恋”这个术语常常被用来描述婴儿与母亲或其他照顾者之间的那种强烈而深厚的情感联系。由于婴儿的照顾者多为其父母，故又称为亲子依恋。研究者普遍认为，依恋的实质是一种社会性的情感需要，是通过双方交往与相互强化形成的复杂行为系统。依恋包括三个相互关联而又有所区别的概念体系：①依恋情感（相互爱恋的内心体验）；②依恋行为（亲近、依随和互动的外显行动）；③依恋关系（极力保持、维护这种密切的交往关系）。安斯沃斯等人把儿童依恋分为安全型、不安全—回避型和不安全—拒绝型。安全型儿童具有较强的社交能力、人缘好、友善合作。而不安全型儿童在同伴关系中倾向于退缩、被动、交往犹豫、参与活动不积极也缺少热情，而且很多儿童对教师等成人表现出过分的依赖。研究认为，儿童依恋行为的发展过程可以分为以下四个阶段：

1. 对人无差别的反应阶段（0 ~ 3 个月）

这个时期的婴儿对人反应的最大特点是不加区分，没有差别，对所有人的反应几乎都一样，都以抓握、微笑等十分相同的方式对大多数人做出相似的反应。婴儿喜欢所有的人，喜欢听到人的声音，注视人的脸，只要看到人的面孔或听到人的声音就会微笑、手舞足蹈。此时，婴儿的笑并非表示个人的偏爱，他甚至对一个面具也会发出微笑。可以说，婴儿表现的微笑等外显行为还不能说是真正意义上的依恋行为，真正的依恋行为产生的标志是婴儿表现出的认生现象以及他们对依恋对象所表现出的努力接近或接触的行为。

2. 对人有选择的反应阶段（3 ~ 6 个月）

这个时期婴儿对人的反应有了差别，对母亲和他所熟悉的人及陌生人的反应是不同的。婴儿对母亲更为偏爱，在母亲面前表现出更多的微笑、依偎、接近、咿呀学语，而在其他熟悉的人如家庭成员面前这些反应相对就要少一些，对陌生人这些反应则更少，但依然有这些反应。当婴儿看到陌生人时只是注视，如果陌生人对他微笑或抱起他时，他才做出一些反应。

3. 特殊的情感联结阶段（6 个月 ~2 岁）

从6~7个月起，婴儿对母亲的存在表现出特别的关切。7~8个月，这种关注行为更为强烈。当陌生人靠近时，他会哇哇大叫，甚至哭闹不安，并转而寻求母亲的所在。这一阶段的婴儿特别愿与母亲在一起，与她在一起特别高兴，当她离开时则哭喊着不让离开；当母亲回来时婴儿会马上显得十分高兴。只要母亲在身边婴儿就能安心地玩、探索周围环境，好像母亲是其安全基地。这说明此时的婴儿已能敏锐地辨别熟人和陌生人了，这样，婴儿真正的依恋行为就产生了。

7~8个月时婴儿也会对父亲形成依恋。1981年兰姆报告说，许多婴儿会在7~9个月时对父亲形成依恋，特别是父亲花许多时间与之在一起的情况下。但父母亲的作用是不太一样的。母亲更多的是抱他们、安抚他们，与他们一起玩传统的游戏，满足他们的需要；而父亲则给予婴儿好玩的身体刺激，发起婴儿喜欢的出人意料的游戏。虽然如此，婴儿对父亲的依恋还是比对母亲的依恋要淡薄一些。再以后婴儿对母亲的依恋进一步加强，依恋范围也进一步扩大，除父母外，儿童还对家庭其他成员如祖父母等产生依恋的情感。

4. 目标调整的伙伴关系阶段（2 岁后）

2岁以后儿童开始能认识并理解母亲的情感、需要和愿望，把母亲作为一个交往的伙伴，认识到交往时双方都应考虑对方的需要，并据此适当调整自己的目标。这样与母亲在空间上的接近就逐渐变得不那么重要，比如当母亲需要出去干别的事情，或离开一段时间，儿童也能理解，而不会大声哭闹，并可以自己较快乐地玩，相信母亲一会儿肯定会回来。

3岁以后，随着儿童进入幼儿园，儿童把依恋对象逐渐从父母身上转移到老师和同伴身上。此时，儿童依恋行为的发展进入高级发展阶段——寻求老师和同龄人的注意与赞许的反应阶段（3~6岁）。

幼儿对老师的依恋首先表现在更多地寻求老师的注意与赞许，并且年龄越大的儿童在这方面表现得越明显。比如老师上课提问题，不论会还是不会，儿童都会把手举得高高的以引起老师的注意。如果受到老师的表扬则会得意洋洋、喜形于色；如果得不到老师的注意与表扬就会认为教师不喜欢自己，久而久之就会出现郁郁寡欢、不合群等现象。其次，幼儿对老师的依恋还表现在对老师的态度上。这一阶段的儿童会直接说出他对老师的喜欢与不喜欢，幼儿对老师的好恶态度是判断幼儿是否形成依恋的标准。当幼儿对某位老师产生依恋时，会表现出积极愉快的情绪体验，乐于接受老师的教导。

幼儿对同伴的依恋主要是以在游戏或学习过程中能否共享玩具、互相合作以及座位的远近、家庭住址的距离为决定因素。在幼儿园小班，那些手拉手、结伴游戏的儿童一般都是近邻。中班幼儿开始关心同伴的衣着、言行，甚至模仿同伴的兴趣爱好，对同伴形成了同情、谅解、友谊等情感。此时的同伴关系是极不稳定的，但它对儿童学会初步的人际交往、认识与掌握人际关系是不可或缺的。大班幼儿交往范围扩大，不仅在同班交朋友，而且与班外、园外的小朋友进行交往。这种交往有助于增强孩子人际交往的能力与水平，养成同情心、友谊感以及相互信任与帮助的良好情感。

就儿童来说，依恋是社会性的最早表现，也是儿童早期生活中最重要的生活关系。3～6岁儿童依恋行为的发展是其社会性发展的重要环节，它关系到儿童将来心理的健康发展，因此，对幼儿在与老师、同伴的相互交往中形成的依恋之情要特别珍视并加以正确引导，使之能健康地成长。但是，也不能过度夸大早期依恋对儿童心理发展的影响，其影响有一定的限度。

（三）幼儿道德情感的发展

道德情感是人的道德需要是否得到满足所引起的一种内心体验，它反映、伴随并影响着人的道德认知和道德行为。与道德有关的情感主要包括共情、羞愧感和内疚感等。

幼儿期道德情感发展总的特点为：幼儿前期在掌握道德观念的基础上，已经产生了初步的道德情感，如同情心、责任感、互助感等。这个时期的儿童已能关心别人的情绪和处境，因他人高兴而高兴，因他人难受而难受，并想到要安慰和帮助别人。在成人的教育下，随着自我意识的进一步发展，幼儿对他人和自己的行为是否符合道德标准就产生了最初的体验。如当自己和别人的言行符合道德规范受到表扬时，幼儿便产生高兴、满足、自豪的情感体验；当自己和别人的言行不符合道德规范受到批评时，幼儿便产生羞愧、难受、内疚的情感体验。同时，也出现了最初的爱与憎。例如，当看到小人书上的大灰狼、灰狐狸时，就用手、拳头去打它；而当看到小白兔战胜了大灰狼、灰狐狸时，便高兴得拍手大叫。当然，这时婴幼儿的道德情感体验，还是比较浅的、短暂的，一般都是成人要求、评价和强化的结果。在幼儿初期，道德判断带有很大的情绪性、具体性和受暗示性。只要成人认为是好的，自己觉得有兴趣的，就认为是好的，否则就是坏的。

进入幼儿期以后道德情感逐渐得到发展。在道德情感方面，像同情心、义务感等已有明显的表现，为更深刻的道德情感提供了发展的基础。而且现实生活中关于人们行为的道德评价，文艺作品中关于人物行为的道德评价，都能在一定程度上激起幼儿道德情感体验上的共鸣，并激励他们的道德行为的发展。幼儿的道德行为动机往往受当前刺激的制约，基本上仍受具体的道德范例所支配，一般都是照成人所指示的去做，并不理解真正的意义，所以坚持性很差。

1. 共情

研究者认为共情的实质是一种能力，即共情能力，它是指个体能够设身处地地对他人的情感状态进行识别、理解和应对，从而产生与他人相一致的情感体验。研究者一致认为共情是亲社会行为的动机基础，而且对攻击性行为的产生有一定的抑制作用。霍夫曼等人把人的共情能力的发展大致分为以下四个阶段。

（1）普遍性共情。在婴儿出生后的第一年，他的共情是被动的、不随意的。来自母亲或其他人的痛苦或快乐线索会使他感到不适、惊恐或高兴、微笑。这个现象称为“情绪传染”。这些早期的“同情哭喊”类似于先天反应，因为很明显婴儿还不能够理解他人的感觉，然而他们的反应就好像自己也有同样的感觉一样。

（2）自我中心共情。在出生后的第二年，儿童渐渐意识到自己是独立个体，他们对他人痛苦的反应发生改变。儿童面对痛苦的人时，他们能够明白是别人而不是自己感到痛苦。这种认识使儿童能够将注意力由对自身的关心转到对别人的安慰上。因为儿童在以他人的观点思考问题方面存在困难，所以他们试图安慰或帮助别人的行为可能不恰当，例如，他们会把糖果递给看起来难过的父亲。

（3）对他人感情的共情。在2～3岁，儿童逐渐意识到他人是独立于自己而存在，并且具有与自己不同的情感、需要、思维等内部状态的实体，开始运用关于他人和周围世界的信息推测、判断具体的、直接的情境，从他人在此情境下产生的相应情绪表现来理解和体验他人的情绪情感，根据情境的要求，表现出对他人更为有效的共情行为。

（4）对他人的生活情境产生共情。这个阶段一般发生在6～9岁之间。这时儿童不仅充分意识到他人拥有与自己一样的感觉，而且领会到这些感觉发生在范围更广的经历中。处于童年期或者青春初期的儿童，角色获取的能力日益提高，能准确地评估他人的情绪状态及其起因，共情不再拘泥于具体的直接情境，而是扩展到更抽象、概括的情境。

总体而言，婴幼儿时期共情并不是很普遍，但儿童的共情能力也不是随着年龄增长而自然发展的，需要教育者采用具有针对性的方式进行引导。

2. 羞愧感

羞愧感是个人知觉到自己在一定情境中的行动与这种情境要求的合理的、道德的或者公认的行动标准相背离时产生的情感体验。它是道德良知发展的基础。

羞愧感以人的自我意识的产生为基本条件。在人没有自我意识之时，他是不会有羞愧感的。美国心理学家詹姆斯·鲍德温认为儿童的害羞可以分为两个阶段：在早期阶段，由陌生人在场所引起，这在大多数1岁的儿童身上就有所表现，他把它等同于恐惧；到了后期阶段，儿童能够把注意力集中到自己身上，他称之为真正的害羞情感。真正的害羞行为与恐惧无关，直到3岁才普遍地表现出来。达尔文说：“我的一个小孩，在其两岁零三个月时，我就看到他出现那种所谓感到‘羞耻’的痕迹。”我国心理学工作者对学前儿童的情感研究也发现，3岁组儿童有羞愧自我体验的占33.3%。

羞愧感的最初萌芽与儿童的道德认识联系在一起。儿童以后发展的全过程，都是与这种初步道德概念和道德观念的丰富、与道德经验的增长及其与认识到周围人对自己的要求分不开的。新近研究表明，小班儿童害怕别人责备自己的行为，当受到责备又觉得自己确实做得不对时，他会觉得羞愧和难为情。但是，小班儿童这种萌芽状态的羞愧感体验，还不是自然而然地、由于真正认识到自己的过失产生的，而是由于成人影响，由于成人带有责备和生气的口吻的话语而产生的。比如，“这多让人害羞啊!”“你真不害臊!”等等。小班和中班幼儿还不能全面评价自己的行为，他们只是在具体情境中，为一个具体行为而羞愧；而大班儿童则不但在做出某一行为时感到羞愧，而且在做出这个举动之前也会产生羞愧感。因为他们已经知道，这样的行为会使人羞愧。儿童最初是因为撒谎骗人而感到羞愧的，他们还知道，拿别人的东西、打人、说脏话、不把玩具和吃的东西分给别人，这些都是可羞的。随着儿童道德经验的丰富和对人际关系准则的理解与掌握，羞愧感的范围也逐渐扩大，并不断地社会化，社会规则在羞愧感中占有越来越重要的地位，羞愧感的表现越来越依赖于和人们的交往。小班和中班儿童都只是在成人面前才感到羞愧，那么大班儿童即使在同伴面前，特别是在本班小朋友面前，也会感到羞愧。集体舆论，即别人对他们行为的评价，在他们的心目中越来越重要了。这是他们道德认识发展中的一个重要阶段。如果一个儿童在同伴和集体面前曾经为自己的行为感到羞愧，那么在以后的行为中，就会尽力避免再产生那种令人不快的羞愧的体验。儿童还会逐渐记住这种情绪的条件，以后再遇到类似的情境，便会努力克制可能使他再做错事的行为和动机，将成人对他们的要求逐渐变为自己的要求。羞愧感逐渐成为一种制止儿童认为不好的行为、言语、愿望和动机得以表现的制动力。

3. 内疚感

内疚感是个体对自己的过错或过失的感知。当儿童理解他人的观点，并将自己的行为看作他人困境产生的原因时就产生了内疚感。

研究者通过研究发现，内疚感在个体身上的发展经历了一个从模糊到深刻的过程。基本的内疚感可能很早就出现，因为婴儿不能分清自己和他人，当看到他人出现困境时，不能肯定其原因，可能模糊地归因于自己，从而产生类似于内疚感的反应。随后的发展中，儿童能较好地区分自我与他人，并能更好地做出归因。当他理解他人观点并将自己的行为看作他人困境的原因时，就产生内疚了。随着儿童抽象思维的发展和群体共情范围的扩大，儿童可能超越现实情境将自己的某个行动看作他人痛苦的原因，内疚感的来源也更为复杂。

事实上，学前儿童道德感的发展并不是某方面的线性发展，是在多种维度之间交织发展的。它与道德认知、道德行为相互影响，协调发展。

三、学前儿童亲社会行为发展的特点

社会性行为是人们在交往活动中对他人或某一事件表现出来的态度、言语和行为反应。社会性行为根据其动机和目的，可以分为亲社会行为和反社会行为。亲社会行为是指人们在社会交往中对他人有益或对社会有积极影响的行为，如帮助、分享、合作、谦让等。而反社会行为（问题行为）则是指违法行为或为社会所不接受的行为，在学前儿童中体现为打人、骂人、破坏物品等（本章节只讲学前儿童亲社会行为发展特点，有关问题行为的内容放在第七章专门介绍）。学前儿童社会性行为发展的引导主要是促进其亲社会行为、矫正问题行为的一种努力。

儿童很早就表现出利他行为，但这种行为是随着儿童社会化的认知的发展而变化的。儿童的利他规范是一个逐步确立的过程。学前儿童亲社会行为的发展总的来说可分为以下几个阶段：初始阶段——对他人需要的注意阶段；亲社会行为意图确定阶段；意图和行为建立联系阶段；发展阶段——享乐主义的、自我关注的推理阶段；需要取向的推理阶段。

学前儿童亲社会行为主要表现在助人与分享、合作、安慰与保护、谦让等几个方面。王美芳、庞维国对学前儿童在幼儿园的亲社会行为进行了观察研究。结果表明：(1) 儿童亲社会行为主要指向同伴，极少数指向教师；(2) 儿童的亲社会行为指向同性伙伴和异性伙伴的次数存在年龄差异，小班儿童指向同性、异性同伴的次数接近，而中班和大班儿童的亲社会行为指向同性伙伴的次数不断增多，指向异性伙伴的次数不断减少；(3) 在儿童的亲社会行为中，合作行为最为常见，其次为分享行为和助人行为，而安慰行为和公德行为较少发生。

（一）学前儿童助人与分享行为发展的特点

1. 助人行为

助人就是对有困难者或急需帮助者提供各种形式的帮助。有的学者认为幼儿由于受自我中心倾向的影响基本上没有利他观念和利他行为，从而也就否定了学前儿童助人行为的存在。但有的学者通过实验证明学前儿童存在助人行为，只是有一个发展的过程。如，瑞格得的研究就发现，儿童会帮助成人做一些事情。斯陶布认为，儿童助人行为是随着年龄的增长而变化的，并且有其他儿童在场时，儿童会由于恐惧减少而增加助人行为。其研究结果表明，5～8 岁期间儿童的助人行为是随着年龄的增长而增加的。该研究还发现，是否有他人在场对儿童的助人行为的发生有重要影响。单独在场时，只有 31.8% 的儿童表现出助人行为，而两人在场时，则上升为 61.8%。这是因为另一名儿童在场，可以增加相互沟通，从而减少由特定情境引起的紧张与恐惧，解除抑制，表现出较多的助人行为。斯陶布的研究还表明，同成人良好的情感联系以及成人的榜样行为会增加儿童的助人行为，而且，成人的榜样行为可以增加儿童对于规范和正确行为的认知理解。

2. 分享行为

分享是亲社会行为的一种表现，是指儿童在有他人存在的场合能将物品公正地共同享用。分享的对象可以是物质，如食品、玩具、图书等，也可以是情感，情感的分享总是和人联系在一起，如老师、父母等。分享不只存在于幼儿之间，幼儿与成人之间也可产生分享。同伴分享主要存在于幼儿园，因为在独生子女的情况下，家庭中同伴分享机会微乎其微。

有关研究表明，3～6 岁的幼儿存在着不同程度的分享行为，但行为的自觉性、主动性程度有时也会有不同。如有的是完全自愿的，有的是在启发下发生的。如在食物分享中，有的幼儿能主动分享，有的犹豫不决。幼儿分享食品和分享玩具的行为不同，多数幼儿在分享玩具的行为中，独占的较少；在分享食品的行为中，不易与其他幼儿分享。

瑞士苏黎世大学恩斯特·费尔曾主持过儿童分享行为的试验，他指导 229 名 3～8 岁儿童参与三轮不同的糖果试验。研究者在这三轮试验中分别给这些儿童一份、两份、三份糖果，让孩子们与照片中的另一名儿童分享。结果发现，80% 的 7～8 岁孩子在拥有一份糖果的第一轮试验中，愿意与另一名儿童平分；40% 的儿童在拥有两份糖果的第三轮试验中，选择分一份给另一名儿童。不过，仅 9% 的 3～4 岁儿童愿与另一名儿童平分。试验表明：3～4 岁的儿童最“自私”，等到他们长至七八岁时，才慢慢变得慷慨起来。这也是很难从一个 3～4 岁的孩子手上拿走玩具或食物的原因。

出人意料的是，试验还显示，独生子女愿意与人分享的比例更高，比有兄弟姐妹的儿童更慷慨。专家认为，孩子从什么时候学会分享，可能是基因和社会文化共同作用的结果。

（二）幼儿合作行为发展的特点

合作是两个或者两个以上的人共同活动、协同实现活动目标的行为。合作也是一种基本的社会技能。合作作为人与人之间的一种基本的互动形式，一直是个体社会化研究的重要领域。

关于幼儿合作的研究指出，在幼儿出生后的第二年，合作行为开始发生并迅速发展。而研究也表明幼儿合作行为是随着年龄增长而不断增加的。海研究了幼儿与父母的合作游戏，发现 12 个月的儿童很少表现出合作性游戏，而绝大多数 18～24 个月的幼儿产生了合作性游戏，而且在这个年龄阶段，幼儿合作性游戏发生的频率也迅速增加。还有研究发现，18～24 个月的幼儿比年幼的儿童进行了更多的与同伴和成人交往的游戏。24 个月的幼儿在与同龄伙伴交往过程中，他们与同龄伙伴之间能够相互协调行为以达到共同的目标，而 18 个月的幼儿还比较困难；24 个月以后幼儿能更有效地进行社会性交往，更经常地进行合作游戏。我国学者的研究也发现在儿童的亲社会行为中，合作行为最为常见，同伴对幼儿的合作行为多做出积极反应。

布鲁尼尔和卡里基研究了 64 名 12～15 个月、18～21 个月、21～27个月、30～33 个月幼儿的合作与自我—他人区分的关系，其结果同样发现，幼儿的合作性有显著的年龄差异。12 个月的幼儿基本上不能解决合作性问题，半数左右的 18 个月儿童能偶然地解决问题，大多数24～30个月的幼儿能重复性地解决问题。在合作性行为上24～30个月的幼儿更能相互协调，能围绕任务采取相应的相互配合的行为。研究结果还表明，具有高水平区分自我—他人的幼儿更善于和同伴合作。

所以，幼儿早期的合作行为的发展与他们的社会交往能力、社会认知能力和自我概念存在着密切的关系，并且是相互影响的。

（三）幼儿安慰与保护行为发展的特点

幼儿早期就会对他人的悲伤情感做出不同反应，并逐步发展出复杂的亲社会性干预意图与行为。幼儿不仅有能力区分他人的需要和利益而对他人进行分享和帮助，而且还可以对周围其他人的情感性悲伤以亲社会的方式进行反应，瑞德克-耶如、赞-渥克斯勒及其同事对10～29个月幼儿的这些反应进行了研究。他们训练母亲观察幼儿的行为，记录幼儿对自然发生的刺激产生的悲伤反应。结果发现，幼儿早期的反应包括最初的看着悲伤者、哭泣、呜咽、大笑和微笑。这些反应随年龄的增长而增加，并逐渐被其他一些反应所代替，如寻找看护人、模仿和明显的具有利他性或亲社会性干预的企图。这些亲社会性干预也随着年龄的增长变得越来越复杂。如，一个69周的幼儿把她的瓶子递给疲劳的母亲，然后躺在母亲的身边，轻拍她，并让她从瓶子里喝水。尽管这个时期的幼儿，其亲社会互动并不总是适当的，如幼儿把瓶子递给一个疲劳的母亲，或安慰一个因剥洋葱而流泪的母亲等，但他们的行为中明显地包含有真正关心他人的成分。

第三节 学前儿童社会性发展的理论

儿童的社会性不是自然而然地发展的，生物因素和社会性因素都影响着儿童社会性的发展。儿童的社会性学习过程是怎样的呢？行为主义学派或研究条件作用的理论家认为，儿童的社会性学习过程是条件作用的过程，儿童被动的或攻击的倾向、冲动的或有控制的行为、依赖的或独立的反应、高度的或很低的自信，应追溯到父母的养育方法和惩罚技术。社会学研究者则认为，儿童的社会性学习过程是角色榜样作用的过程，儿童的上述特点，则归于父母或其他重要人物等榜样在表现这些反应时，儿童对他们的模仿。精神分析学派的理论学家则认为，儿童的社会性学习过程是自居（或称认同）作用的过程，儿童的上述特点是由于儿童以表现这些行为并且鼓励儿童形成这样的行为的父母自居。这些不同学说都从某一方面揭示了儿童社会性发展的客观规律。儿童社会性发展的研究起源于20世纪初期，到20世纪70年代末期，心理学家提出的关于儿童社会性发展的理论学说主要有三种：精神分析理论、社会学习理论和认知发展理论。

一、精神分析理论

弗洛伊德创始的精神分析理论是儿童心理发展史上第一个关于个体发展的理论学派。精神分析理论认为，人格由本我、自我和超我三部分组成。新生儿人格结构中的唯一成分是本我。弗洛伊德在对他的患者的治疗过程中发现，这些成年病人都不可避免地回忆起童年期发生的一些事件。这一现象使弗洛伊德确信，个体童年期的生活事件在成年期的人格发展中起着十分重要的作用。

在儿童心理发展的连续性与阶段性问题上，弗洛伊德是一位阶段论者。他认为，儿童情绪与动机的发展具有阶段性。他把这些阶段称之为“性心理发展阶段”或“心理性欲发展阶段”。这些阶段是根据儿童在发展过程中身体的哪些器官为儿童提供“力比多”的满足来划分的。由此，他把儿童心理发展划分为四个阶段：口唇期、肛门期、性器期、潜伏期和生殖早期。在上述每一个阶段中，儿童都面临着一个满足自我身体需要与服从社会需要之间的冲突。当社会允许适当的满足时，这种冲突便可以获得满意的解决。但是，如果这种需要得不到满足或满足过度时，个体就会在以后的成人生活中反映出这种遗留行为。例如，如果一个儿童在口唇期（0～1 岁）有过严重断奶的经历，那么，他长大之后就有可能具有固执和坚决的性格特点；而一个幼时得不到足够食物的儿童，长大后就可能会有贪婪追求知识和权利的特点。在儿童心理发展的第二个阶段——肛门期，父母对儿童的大小便训练，如果这方面出了问题，儿童成人后容易具有固执的特点，并且会特别爱整洁。

新精神分析主义者埃里克森，一方面继承了弗洛伊德的人格结构理论，但又认为，在考察儿童发展时既要考虑到生物因素，还要考虑到社会性因素在儿童心理发展中的作用。埃里克森认为，儿童的自我是一种独立的力量，其作用在于帮助个体适应社会。儿童逐渐形成的自我，在儿童与周围环境的相互作用中起着一种整合作用。儿童在不同的发展阶段中面临着不同的发展任务或危机，即儿童心理与社会的矛盾、儿童在每一个阶段中所形成的与环境之间发生作用的模式。或者具体地说，儿童教养者的行为决定着该阶段心理发展的成败，并构成儿童日后社会行为的原型。例如，在人生的第一年中，当儿童在获得他们需要的食物时，他们就要与教养者发生相互作用。在这种相互作用过程中，儿童会逐渐发现父母行为中的某种一贯性和连续性。如果他们发现父母的态度是一致的并且是可信赖的，那么，他们就会对父母产生一种基本的信任感。因此，当他们感到饥饿、寒冷时，就会指望别人来解除自己的痛苦；反之，如果儿童觉得父母的行为与态度是不可预测、不能信赖的，于是就会产生一种对父母的不信任感。当儿童对护理他们的人形成了信任感时，这种情感便会在儿童的行动中表露出来。埃里克森认为，婴儿对母亲的信任感的最初征兆表现在婴儿可以让她脱离自己的视线而不过分地感到焦虑和愤怒。埃里克森根据个体在社会化历程的不同时期中所经历的自我与社会环境之间的冲突，把个体人格和社会性发展划分为八个阶段：基本的信任对不信任，自我对羞怯、疑虑，主动性对内疚，勤奋对自卑，统一性对角色混乱，亲密对孤独，生殖与停滞，自我整合对绝望。

二、社会学习理论

社会学习理论主要代表人物是阿尔伯特·班杜拉和理查德·沃尔特斯。班杜拉在建构其社会学习理论的过程中，行为主义所倡导的客观性原则和认知心理学对心理内部事件的重视都对他产生了很大的影响，他试图在社会学习理论中把个体生物因素和环境因素两者结合起来。社会学习理论区别于行为主义之处在于，它并不反对对个体内部因素如认知因素的研究，并认为个体行为的变化是由个体的内在因素和环境因素相互作用所决定的。社会学习理论关于儿童人格和社会性发展的主要观点可以从以下两个方面来介绍。

（一）关于儿童行为的起源

班杜拉认为，个体社会性起源于以偶然强化为中介的直接学习和模仿。儿童的社会行为，如对他人的信任、对自己的攻击冲动抑制、道德行为以及性别化行为等不是性本能发展的产物，而是直接学习的、模仿和强化的结果。例如，在班杜拉和沃尔特斯对青少年攻击性行为的研究中，他们发现，攻击性行为之所以发生，是因为这些行为受到了强化。过失青少年的父亲与非过失青少年的父亲相比，前者更倾向于对其子女的打架行为给予言语的或物质的强化。此外，他们还发现，当儿童接触攻击榜样时，他们的攻击性会增强。

1. 直接学习

班杜拉认为，对于个体社会行为的掌握而言，与模仿相比，直接学习是一种更基本的途径。在直接学习中，儿童的某种行为所产生积极的或消极的结果直接决定着儿童是否重复这些行为。也就是说，儿童通过观察自己的某一行为所产生的后果，就会逐渐形成“何种行为在何种场合下是适宜的”假设。这些假设指导着儿童日后的行为或行动。在通常情况下，儿童根据这些假设做出相应的行为时，又会得到肯定或否定的结果。肯定是一种强化，会激发儿童继续从事这类行为；反之，如果行为的结果是否定的，儿童就会设法抑制这类行为的发生或设法逃避这种否定的结果。

2. 模仿

班杜拉认为，模仿在儿童行为的习得中是一种更重要的途径或机制。因为人类社会的一些行为是无法直接学习的，而必须依靠模仿。例如，随着儿童年龄的增长，儿童必须学会怎样既坚持自己的权利，同时又服从社会要求。如果仅靠直接学习，那么可以想象，儿童在最终掌握这些社会规范之前不知要受多少惩罚。因此，儿童的许多行为是通过对现实的或象征性榜样行为的模仿中而获得的。社会学习理论中的模仿概念与精神分析理论中的“自居作用”的含义有许多相似之处。精神分析理论所谓的“自居作用”是一种自我防御机制或适应性行为。弗洛伊德认为，儿童最初不懂社会规范，在与父母的交往中，由于害怕受到惩罚或失去父母的宠爱，就对父母的行为、态度产生一种认同的心理倾向。但是，在社会学习理论中，模仿作为儿童掌握社会行为的一种主要机制或途径，则是一个复杂的过程，它由四个子过程组成：注意过程、保持过程、动作表征过程、动机过程。

模仿学习的第一个子过程是注意过程，即儿童对模仿行为的注意。注意的产生是由一系列的变量决定的，其中包括榜样的吸引力、普遍性以及行为发生的环境等。例如，电视呈现给儿童的榜样之所以对儿童有很强的影响力，其原因就在于这种媒体能够有效地唤起和保持儿童的注意。所以，心理学家认为，电视暴力具有增强儿童攻击性的作用。

第二个子过程是保持过程。注意过的榜样事件必须被儿童记住，通过想象或言语表象使观察过的行为在记忆中得以重现。

第三个子过程是动作表征过程。儿童在准确重现榜样行为之前，经常要进行一些错误性的尝试行为。

第四个子过程是动机过程。这一子过程包括相应刺激的出现，以引发儿童观察过的榜样行为。

3. 强化

在社会学习理论中，强化是儿童获得行为的又一重要机制。强化分为直接强化和替代性强化。直接强化是儿童自己的行为所产生的结果对该行为以后重复发生的可能性的影响。在直接学习中，儿童行为的结果构成了对该行为的直接强化；替代性强化则是指榜样行为的结果对学习者的学习所起的强化作用。

（二）自我与社会学习

20 世纪 70 年代末期以后，班杜拉的研究兴趣开始转移到个体自我效能感上来。所谓自我效能感，是指个人对影响其生活的事件能够施加控制的信念。自我效能感与人的行为动机之间有着密切的联系，这是因为人们对自己能力的判断影响着其对自己将来行为的期望。因此，自我效能感通过决定着人试图去做什么以及在做的过程中要付出多大努力的预期，而对个体行为起着重要的引导作用。尤其是个体自己的行为与榜样行为之间存在差距时，其自我效能感就会对差距产生影响。譬如，如果一个人觉得榜样的行为在自己的能力之内，那么，他就会设法去模仿这一行为；反之，如果他的自我效能感很低，觉得榜样行为超乎其能力之外，自己不具备出色完成活动的能力，就会产生消极的情绪，进而妨碍其采取积极的行动。因此，从自我效能感的功能来看，两个具有同样数学能力的人，如果其中一个具有较高的自我效能感，而另一个自我效能感较低，那么，在实际学习中，前者的学习效果要好于后者。

个体的自我效能感来源于两个方面。一是迄今在某一领域他所取得的成就。班杜拉认为，即使儿童也会形成关于自己能力的知觉。如果他能够成功地作用于环境，那么，这些成功便会导致他更加密切地关注自己的行为及其效果。因此，父母的过分保护会损害儿童的自我效能感，因为父母的这些行为会剥夺儿童的成功机会，从而也剥夺了儿童体验成功的机会。自我效能感的第二个来源是对他人活动效能的观察。在这方面，儿童同伴间的比较对儿童自我效能感的发展有着重要的影响。儿童通过对同伴所能够完成的活动的观察，可以为自我评价提供参照。

三、认知发展理论

认知发展理论关于儿童社会性发展的观点，主要体现在皮亚杰和柯尔伯格等人关于儿童道德认知发展和性别认知发展的论述中。众所周知，作为发生认识论领域的专家，皮亚杰主要关心的是儿童认知的发生问题，即个体如何从包括社会世界和物理世界在内的现实世界中获取知识以及如何对这些知识做出解释。虽然皮亚杰理论是以儿童认知尤其是思维发展为核心的，但是他在儿童社会性发展领域同样取得了令人瞩目的成就，对后来儿童社会性发展研究产生了极大影响。

（一）皮亚杰认知发展理论对儿童社会性发展研究的影响

这种影响首先在于它改变了人们对于儿童的看法。行为主义把人看作环境的消极适应者，认为儿童的发展完全是由环境决定的；精神分析主义则把儿童发展看作性本能的生物成熟的过程。对此，皮亚杰均持反对态度。皮亚杰认为，儿童从一出生就是其自身发展的积极的动因。他积极地从环境中寻找、选择适宜自己的刺激，积极主动地与环境发生交互作用。儿童在这种交互作用中，不断地建构着自己的经验系统（认知结构），形成和改变着自己的知识体系。

（二）皮亚杰关于儿童社会性发展的主要观点

关于认知发展与社会性发展之间的关系，儿童的社会性发展和认知发展不是彼此分离的过程，而是相互依存的。但是相对而言，认知发展是一个更为基本的过程。儿童的某些特定社会机能只有在相应的认知机能形成之后才能出现，某一年龄阶段儿童社会性发展的特点都可以从相应的认知发展阶段中找到根源。例如，亲子关系发展中儿童的“分离焦虑”的产生，是以认知发展中的“客体永久性”的形成为基础的；儿童道德判断中的他律特征和自律特征，分别与认知发展中的前运算阶段和形式运算阶段的思维发展水平直接相联系。同样，儿童在自我—他人关系方面的发展也是与认知发展相平行的。在学前期由于“中心化”的存在，儿童在对物理客体的认知中只能注意物体最显著的一些特征或主要的维度，而不能协调不同维度之间的关系，因而在认知发展中表现为无法达到“守恒”。同样，在社会性发展领域由于“中心化”的存在，儿童在自我—他人认知中往往只能注意自己的观点，而不能理解他人与自己不同的观点，表现为自我—他人关系认知过程中的“自我中心主义”。只有在儿童获得了“去中心化”机能之后，儿童才能克服社会认知中的“自我中心主义”，达到对他人观点的采纳。

柯尔伯格在其关于儿童性别化发展的研究中强调，儿童性别概念的发展是性别角色发展的前提，在形成性别恒常性之前，儿童是不可能形成稳定的性别化行为的。

第四节　影响学前儿童社会性发展的因素

学前儿童的社会化是个体在一定的社会环境中，通过与环境的相互作用，不断地由一个自然人发展为一个社会人的过程。学前儿童从一个生物个体到一个社会成员的转化，是由多种因素促成的，哪些因素在影响着学前儿童的发展，哪些因素在起着主要的作用，一直是人们关注的问题。一般认为，影响学前儿童社会化的因素主要有以下几方面。

一、环境

任何人都是在一定的环境中生长的，学前儿童社会性的发展离不开其生活的环境，环境不仅影响着儿童社会性发展的各个方面，而且影响着学前儿童社会性发展的整个过程。对学前儿童的社会性发展有影响的环境主要是自然环境和社会环境。

（一）自然环境

俗话说，一方水土养一方人，人的性格、习惯以及地域风俗等，与当地的气候、地理等自然环境有着密切的联系。研究表明，生活在寒带的人和生活在热带的人具有不同的性格特征：北方气候干燥寒冷、土地辽阔、天空高远、植被贫乏，在这种环境中生活的人大都粗犷、豪爽、强悍、敦厚、淳朴；南方气候温暖湿润、江河纵横、山清水秀、植被丰富，人们的性情也多温柔、委婉、细腻、精明、灵巧。儿童从出生伊始即生活在一定的自然环境中，时时受到大自然的熏陶和影响，在社会性的发展过程中，也就很自然地受到自然环境的影响，形成自己特殊的社会性特征。

（二）社会环境

影响学前儿童社会性发展的主要因素是社会环境。主要包括家庭环境、幼儿园环境、社区环境和大众传媒等因素。

1. 家庭环境

家庭是儿童社会化的最初场所，也是一个重要场所。家庭对儿童社会化的影响是潜移默化的，就像一个无声的老师，时时刻刻在发挥着特殊的影响作用。艾瑞克·弗洛姆曾说：“家庭是社会的精神媒介，通过使自己适应家庭，儿童获得了后来在社会生活中适应其所必须履行的职责的性格。”社会和时代的要求，都会通过家庭在儿童的心灵上打下烙印。学前儿童基本上都在家庭中生活，在家长的抚育下长大，因此，家庭物质条件、家庭结构、家长的教育观念和教养方式以及亲子关系等都会直接影响儿童社会能力的形成和发展。

（1）家庭物质条件的影响

家庭物质条件是满足孩子生存的基本条件，家庭物质条件的好坏，直接影响儿童的社会性发展。实践证明，优越的物质条件可以使儿童拥有充裕的学习用品和社会学习机会，孩子各方面的兴趣和爱好容易得到满足，因而产生积极情感的可能性就越大，这对于儿童的自我意识、独立性以及创造性的发展十分有益。而物质条件缺乏则不仅会使儿童的思维和想象受到限制，他们的情感发展也会受到影响。

（2）亲子关系的影响

父母和儿童之间的亲子关系是儿童最早建立的人际关系，亲子关系的好坏直接影响到儿童对社会的认知，影响儿童将来的各种人际关系，影响儿童的社会行为。研究表明，亲子关系良好的儿童容易受到同伴的欢迎，而亲子关系不好的儿童常常不受同伴欢迎。家长和孩子的关系及其所营造的家庭精神环境对儿童的社会性发展影响较大。实践证明，如果孩子生活在和谐、民主、温馨、和睦的家庭环境中，就具备友好、关心、分享、同情、谦让等品行；如果生活在冷漠、仇视、敌对、忌妒等家庭环境中，就具有谴责、撒谎、固执、暴躁、争斗等特点；如果生活在宁静愉快的家庭环境中，孩子就会有安全感，乐观、信心十足、待人友善；如果生活在气氛紧张、冲突不断的家庭环境中，孩子就会缺乏安全感，总是担心家庭纷争的出现，因害怕父母迁怒于自己而紧张、焦虑、忧心忡忡，就会对人不信任，和同伴的关系很难协调。在亲子关系中，父母对孩子的关爱显得尤其重要。第二次世界大战以后，日本学者牛岛义友、森重敏对孤儿院的婴儿和家庭中的婴儿进行了比较研究，发现孤儿院的孩子不仅在体能、智能、情绪上的发展不如家庭中的婴儿，而且在性格上也表现出了固执、暴躁、撒谎、易冲动、没有同情心、对外界反应冷淡等特点。另外，沙袋育儿、背篓育儿、船舱育儿等也都由于父母对孩子的忽视、孩子缺乏爱护等原因使孩子的各方面发展迟缓。

在亲子关系中，母亲对孩子的社会性发展会产生特殊的影响，可以说是影响儿童社会性发展的关键因素。母婴关系是儿童社会交往的基础，是儿童接触社会的媒介。前苏联教育学家克鲁普斯卡娅指出，母亲是天然的老师，缺乏母爱的儿童容易形成不合群、孤僻、任性、冷漠等特点。日本心理学家也指出，母爱是儿童性格健康发展的必要条件。

父亲对儿童性别角色的形成起着重要作用。父亲不仅给男孩提供了模仿的榜样，也为女孩提供了与异性交往的机会。缺乏父爱的儿童在性别的社会化方面可能会产生缺陷。同时，父亲把男性的勇敢、豁达、进取等特征传递给孩子，使孩子获得更多的体会。还有研究表明，父亲和孩子的交往质量越高，孩子越聪明。

但是，由于生活节奏的加快，家长的工作越来越忙，和孩子在一起的时间也越来越少。传媒与科技的发达，也使得孩子的大部分时间都耗在电视、游戏机、电脑、电动玩具上。从幼儿园回家后，孩子的大部分时间是在家里摆弄这个、摆弄那个，而家长或者还没下班回家，或者忙于家务，无暇顾及与孩子的沟通。吃完饭又得让孩子早点睡觉，以至于亲子间互相交流的时间很少，亲子关系受到了一定的影响。

(3) 家庭教养方式的影响

家庭对儿童社会性发展的影响主要是通过家庭的教养方式实现的，不同的家庭教养方式，对孩子社会性发展的影响也不同。教养方式主要有如下四种类型。

第一，民主型。在民主型教养方式下，父母把孩子当成一个独立的个体，尊重他们的意见，允许孩子表达、表现自己，给予孩子充分的交往机会。孩子既得到尊重，又得到保护，正当的需要可以得到满足，不适当的行为会得到抑制和纠正，宽严有度、管放结合。孩子与父母的关系融洽，孩子的人际交往、独立性、主动性、自尊心、自信心等都发展较好。

第二，专制型。在专制型教养方式下，父母不允许孩子违背大人的意志，不容忍孩子有自己的想法，给予孩子的温暖、同情较少。教育孩子的方法简单、粗暴，强行压服，甚至经常打骂。孩子被父母过多地干预和禁止，合理的要求也不容易得到满足，稍有不顺从就会得到呵斥和责备：孩子害怕父母，亲子关系疏远，也容易变得顺从、压抑、退缩、自卑、情绪不安、优柔寡断、喜怒无常、言行不一，其独立性、主动性、自信心、创造性等发展较差。

第三，溺爱型。在溺爱型教养方式下，父母对孩子百依百顺、宠爱娇惯、过度保护；对孩子的不当行为也不加管束，甚至袒护纵容；对孩子的要求一味地满足，无原则地迁就。孩子容易变得依赖性强，且任性蛮横、胆小怯懦、自私自利、为所欲为、意志薄弱，人际关系不佳，独立性、自主性等发展较差。

第四，忽视型。在忽视型教养方式下，父母对孩子不关心、不热情，忽视孩子的需求，和孩子缺乏交流和沟通。不了解孩子的状态，也不愿为孩子操心，采取任其发展的消极态度，致使孩子对父母采取回避或反抗的态度，亲子关系不佳。孩子的独立性、自主性较强，但自信心较差，对人际关系的认知易出现偏差，交往态度也会受到影响。也有的父母对孩子故意冷落、否定过多，言谈举止中表现出对孩子的失望，致使孩子不知所措、无所适从、自信心受挫，甚至产生自卑、孤独、自闭等心理倾向，自主性、创造性等发展较差。

可以看出，家庭教养方式对儿童社会性的影响较大。民主型教养方式是最理想的一种教养方式，可以使儿童较顺利地适应社会生活。专制型教养方式对孩子干预过多，会在一定程度上限制孩子的发展。溺爱型教养方式对孩子过度纵容，易使孩子变得幼稚、不成熟，社会认知、社会行为等都易出现问题。忽视型的教养方式采取听之任之的态度，对孩子缺乏有效的引导，易使孩子出现社会认知、社会适应方面的问题；但也有可能因为对孩子的限制较少、干涉较少，而使孩子比较自立，社会适应能力强。

在单亲家庭中成长的孩子，有的父亲或母亲因为生活压力大而无暇教育孩子，造成对孩子的忽视；有的则把全部希望都寄托在孩子身上，造成对孩子过分的溺爱或过分的控制。这些都可能会使孩子变得蛮横无理、不懂礼貌、为所欲为，或者幼稚、胆小、神经质，造成社会适应上的困难。在单亲家庭中，也有可能因为缺乏父亲或母亲的影响，在性别行为方面出现问题。男女孩出生后，都会通过对同性别长者的模仿而逐渐形成自己的性别行为模式。而在父亲—女儿、母亲—儿子这样的单亲家庭中，孩子缺乏模仿的对象，长此以往，孩子就可能形成不正确的性别行为：女孩男性化，男孩女性化。还有一些研究表明，早年丧父的男孩依赖性强，缺乏果断性，语言攻击行为较多；而女孩则主要表现为青春期与异性的交往障碍。

再婚家庭对幼儿的社会性也有较大的影响。在这样的家庭结构中，由于只有父亲或母亲一方与孩子有血缘关系，所以人际关系比较复杂，尤其是继父母与继子女的关系不好处理。如果相处得好，则对孩子没有什么不利的影响；如果相处不好，则可能会由于家庭矛盾而影响孩子对人际关系的认识和判断能力，容易使孩子产生暴躁、撒谎、喜怒无常、紧张和焦虑等问题，影响未来的社会生活。

2. 幼儿园环境

在幼儿园环境中，对学前儿童社会性发展产生影响的因素是多方面的，既有幼儿园物质环境带给幼儿的影响，也有教师、幼儿同伴等构成的精神环境的影响。

（1）幼儿园物质环境的影响

幼儿园园舍、活动室和儿童活动材料等构成了幼儿园的物质环境，这些物质的选择、安排和布置等对儿童的社会性发展起到了重要的辅助作用。

研究表明，整洁、优雅的环境，恰当的空间组织方式会使儿童情绪安定、亲社会行为增多，并有助于儿童积极地认知和探索；而肮脏、无序的环境，则会使儿童浮躁，违规行为、攻击行为增多。活动空间的大小会影响儿童的人际交往，如果活动空间过小，则儿童发生争执、打闹的机会越多；活动空间过大，则儿童的交往机会就会减少，不利于相互合作与交流。活动材料的性质和数量对儿童的社会性行为也具有很大影响。例如，类似于枪、炮、棍状的玩具容易使儿童的攻击行为增多，而积木、积塑等玩具则有利于儿童的交流、合作、协商等行为的产生。

（2）幼儿园精神环境的影响

幼儿园的精神环境主要是指幼儿园的人际关系以及由此带来的心理气氛等，具体体现在教师与儿童之间、儿童与儿童之间、教师与教师之间的相互关系等。对于儿童的社会性发展而言，精神环境的影响更为重要，儿童只有在支持性强、控制适度、温暖和睦和宽容友好的精神环境中，才能放松精神、心情愉快，交往积极、主动，容易产生合作、帮助等良好行为。而缺乏支持和关怀、苛刻和冷漠的精神环境则不仅抑制儿童的主动认知，而且可能引发更多的人际冲突和不良的行为，如胆小、怯懦、缺乏同情心、缺乏交流与合作等。因此，幼儿园的精神环境是影响儿童社会性发展的主要因素，对儿童社会性发展的影响很大。教师是儿童在幼儿园的主要交往者，而且每天照顾和管理儿童的生活，传授给他们知识、技能等，使得儿童把教师当成心目中的权威。他们往往把教师当成自己学习的榜样，不知不觉地去模仿教师的言谈举止，通过对教师的观察、模仿等进行着大量的社会学习。教师的言谈举止、情感态度、人生观、价值观等，都会作为直接的示范对儿童的行为、情感、态度等产生潜移默化的、广泛的、深远的影响。儿童年龄越小，受教师的影响越大。教师和儿童之间良好、和谐的关系，是幼儿园精神环境的主要内容。良好的师幼关系，能使儿童精神愉快，积极、主动、大胆、自信，自我意识发展良好，而且具有较强的社会适应能力；反之，则会使儿童畏缩、懦弱、害怕，缺乏社交能力。

教师对于儿童的影响是通过师幼互动实现的。良好的师幼互动可以增强幼儿的安全感和归属感，更利于儿童的自信心、自尊心的发展。通过师幼之间的积极交往、互动，儿童能够拓展社会认知，学习一定的社会行为规范和价值标准，习得分享、合作、谦让等社会行为。儿童在师幼互动中，获得的知识与技能对于儿童适应新环境以及与同伴交往能力的发展等有着积极的意义。研究表明，与教师互动良好的儿童更爱交际，对同伴更为友好，也更为同伴所接受；反之，则容易使儿童胆怯、消极、反抗等。

同伴交往对幼儿社会性发展的影响也很大。随着儿童进入托儿所、幼儿园，他们的交往范围越来越大，与同龄伙伴交往的机会也越来越多。同伴的交往对儿童社会性的影响作用更为重要。曾有实验表明，长大过程中没有同伴交往的灵长类动物往往存在适应能力上的缺陷，如不能摆正与其他动物的关系，对同伴的警觉性和攻击性就会很明显，甚至会不顾忌头领的教训而向头领发起攻击。人类如果没有同伴的交往，其负面影响更大，尤其是独生子女，更容易产生各种社会问题，如缺乏社交意识、缺乏交友能力和技巧、自尊感过强、自我中心比较严重等。安娜·弗洛伊德和索菲·唐的研究指出，同伴关系可以弥补亲子关系的缺失。朱迪思·里奇·哈里斯的群体社会化理论指出，同伴对儿童社会化的影响甚至会大于家庭。可见，同伴交往和良好的同伴关系对儿童的社会性的发展具有重要的影响。

3. 大众传媒

大众传媒就是传播信息的载体。在社会文化的各种传播媒介中，大众传媒的影响最为深广。儿童一出生就处在大众传媒的包围之中，它作为一种社会环境，甚至作为生存环境的一部分，对学前儿童的社会性发展具有独特的重要影响。

随着电影、电视、广播、唱片、报纸、杂志、计算机、网络、电子游戏机、激光影碟、卡拉OK，以及智能手机、平板电脑和多声道媒体的普及，传媒对儿童的影响越来越大。其中，电视是最重要的一种传播媒体，也是最具争论性的一环。自从电视这一强势媒体问世之后，即以不可抗拒之势渗透到社会生活的方方面面，绝大多数的儿童出生后两三个月就开始看电视，到了幼儿期，看电视的时间远远超过了成年人。有调查表明，学前儿童每天看电视的时间平均为2～3小时，节假日会更多。在这相当长的时间里，电视节目内容对儿童产生了巨大的影响。

儿童看电视的过程也是认识事物的过程，通过看电视，儿童开阔了视野，认识了社会角色，并学习相应的行为规范，和现代社会产生了更多的联系。良好的电视节目也有助于培养儿童合作、友好、自制的行为，同时，电视还有利于儿童掌握更多的词汇，提高自己的语言表达能力。但是，电视给儿童带来正面影响的同时，也给儿童带来了不利的影响。因为学前儿童还不能准确地分辨电视节目中的人和事哪些是正确的，哪些是错误的，因而大多数儿童只会模仿他们在电视上所看到的现象和行为，一些暴力的、恐怖的、不适于学前儿童接触的内容，也成为儿童模仿的榜样。因此，电视给儿童的社会化带来了双重的影响。一方面帮助他们更多地认识社会，另一方面则阻碍了儿童社会性的发展。

(1) 电视有可能使儿童在认识上与现实产生距离

学前儿童心灵单纯、思想简单，对电视节目很容易信以为真，久而久之，他们的生活、思想、行为模式等，就容易不自觉地受到影响。尤其是一些不完整、离奇、曲折而又荒诞的内容和画面，易使儿童分不清戏里、戏外，不清楚哪是真实的、哪是虚假的，以至于产生认识上的偏差和误解，加剧不安全感的产生。还有的儿童由于过多地接触成人电视节目而出现“早熟”倾向，过早地失去童年的天真。

(2) 电视可能使儿童变得孤独、冷漠

孩子花在看电视上的时间越来越多，户外活动则相应减少，亲子间、与同龄人之间的接触也会减少，这样可能会造成“电视孤独症”或“电视儿童”等特殊人群。尤其是现代城市中的儿童，电视甚至成了唯一的伙伴。他们长时间地坐在电视机前，不串门，不交往，不去参加活动，只从电视节目中获得依赖和满足，这都极大地妨碍了儿童社会性的发展。还有研究表明，儿童看电视时间太久，也会影响情绪和心情，出现情绪不安或心情烦躁等情况，特别是看了恐怖的画面以后，可能会产生恐惧感，白天不敢独自行动，晚上做噩梦等。而过多的恐惧反应则会造成儿童社会适应方面的心理障碍。

(3) 看电视可能导致儿童攻击行为增加

如果儿童在电视上看到的是友善的、合作的行为，他们就容易学会友善与合作；如果看到的是暴力和血腥，儿童学会的就可能是暴力和争斗。一些凶杀、枪战等成人节目不断地影响儿童，甚至一些儿童电视节目也在不合时宜地宣扬暴力、战争、称霸宇宙等，内容经常涉及打打杀杀，甚至和外星球的人也要打仗。这些都不利于儿童良好社会性的形成。一些节目内容也可能会刺激儿童已有的内心不良感受，加深不满情绪，使儿童出现憎恨、反叛等心理，出现更多的攻击性行为。

另一种对儿童影响较大的媒体就是计算机和网络。随着科学技术的进步，网络已成为人们获取信息的重要工具，它不仅提高了人们的工作效率，而且也给人们的学习和生活提供了巨大的帮助。作为社会生活的一部分，儿童也在不断地受到网络带给他们的影响。网络上丰富的知识可以使儿童轻松地了解各地的风土人情、民间习俗、地域文化，激发了儿童热爱社会文化、参与社会生活的情感。网络也为儿童提供了多媒体学习环境，使儿童在看、听、说、做等方式中接近社会。例如，在认识“春节”的活动中，儿童可以通过下载的一些声情并茂的 Flash 动画，了解中国这一传统节日，了解春节的由来和传说，了解各地的人们怎样过春节，等等；在认识“中国民乐”的活动中，儿童可以从网络上下载著名的民乐曲，以及关于民乐的小知识、小故事、Flash 动画等，更直观、更形象地了解中国民乐的乐曲风格，了解中国的传统文化、人文思想，等等。可以说，网络使儿童进入了一个更新、更有趣的世界，对儿童社会化的影响也在逐渐扩大。

4. 社区环境

社区对儿童社会性的发展有着不可忽视的影响。居住在不同社区环境中的儿童，身心发展也有所不同。例如，城市儿童与农村儿童在人际交往方面存在着很大的差异：农村孩子一般比较胆小、害羞、拘谨，与人交往时不够主动；而大部分城市儿童则比较大胆，敢于表达自己。这和儿童从小所生活的环境有关。一些农村的习俗是家里来了客人，孩子都要躲出去，以免在家里招麻烦。于是，儿童接触生人的机会和时间都比较少；而城市家庭来了客人，往往首先把孩子推出来介绍一番，多数孩子有机会与客人打招呼、交谈。另外，城乡教育意识和教育条件的不同，也造成了城乡儿童的社会性发展的差异。住在楼房区的儿童与住在平房里的儿童社会性发展也有所不同。住在楼房区的儿童由于楼房的相对封闭性，造成了与同伴或与其他人的交往明显减少，尤其是住在高层楼房的儿童，很少接触外人，这就对儿童的社会交往造成了不利的影响。住在平房区的儿童则有机会朝夕相处、相互为伴，这样的居住环境比较有利于儿童社会性的发展。实践还表明，居住在学校附近的儿童与居住在商业区附近的儿童对读书、经商的理解不同，居住在火车站附近的儿童对火车的认识就比其他人多，住在医院附近的儿童对于生老病死的认识要比其他儿童早得多。

另外，儿童所在的社区人员素质、社区配套设施、教育机能、教育资源等，都对儿童的社会性发展有影响。

二、儿童自身的因素

环境的各种影响必须通过每个人已有的心理发展水平和心理活动才能发生作用。正如布特曼所说：“每一个人都是他自己个性的工程师。”任何环境因素要被个人所接受和理解才能发挥其影响作用，产生效果。在儿童社会性发展的过程中，儿童自身的各种因素，如气质、认知水平、参与的积极性等都会影响其社会化的进程。

（一）儿童气质对社会化的影响

气质是儿童社会性发展的最初基础，儿童自身的气质特征在社会化的过程中起着不可忽视的作用。婴儿刚出生时即表现出了气质上的个别差异，有的属于容易抚育的儿童，有的属于抚育困难的儿童，有的属于发动缓慢的儿童。这些差异会影响到儿童未来社会性的发展。

1. 气质影响儿童的社会认知

容易抚育的儿童喜欢探究新事物，容易适应环境的变化，对成人的反应性较强；抚育困难的儿童对新生活很难适应，在新事物、新环境面前容易退缩；发动缓慢的儿童比较温和，但适应新环境比较慢。进入幼儿园后，由于儿童的气质特征更加明显，由此所决定的思维的灵活性、注意力的稳定性、情绪和情感的表现等都不同，因而在认识事物的过程中表现出了更加明显的差异：多血质和胆汁质的儿童，对社会知识、社会规则等认识的速度要快得多，但他们的自制力较差，执行规则时不能持久；黏液质和抑郁质的儿童认识速度较慢，但执行规则的效果高于前两种儿童。

2. 气质影响儿童的社会交往

不同气质的儿童在社会交往方面表现出了一定的差异。例如，在亲子交往方面，容易抚育的儿童由于生活有规律、适应环境、哭闹少、易于教养等而容易给父母带来愉悦的情绪，父母也会给予婴儿更多的关爱，因而亲子关系良好，儿童的情绪和行为也更加积极；抚育困难的儿童由于经常哭闹、情绪不稳定、反抗行为较多、不易教养等给父母带来不愉快的时机较多，容易使父母给予更多的禁止和警告，甚至会打骂孩子或者放弃管教，因而亲子之间的冲突也较多。可以说，气质影响了儿童的行为表现，进而影响了亲子关系和父母的教养方式，又通过父母的教养方式影响了儿童自身社会性的发展。

在幼儿园，胆汁质、多血质的儿童更喜欢参加各种活动，在人际交往上也多采取积极主动的态度，人际交往范围广，但交往对象易变，人际关系维持时间较短。胆汁质儿童主动交往多，但脾气急躁，容易出现攻击行为和交往冲突。黏液质儿童沉静、稳重，不善于主动与人交往，但交往中不宜与同伴发生冲突，人际关系较好。抑郁质儿童性情孤僻、胆小怯懦，人际交往不易主动，而且交往范围小，攻击行为也不易出现。

（二）儿童的认知水平对社会化的影响

一切外界影响，只有在儿童注意并认识了其意义之后，才有可能转化为自己的观念和行为。儿童的认知水平对于其了解社会知识、社会现象，遵守社会规则，产生相应的社会行为等有着直接的影响。例如，教师对幼儿“与小朋友友好相处”的要求，只有在儿童理解了与小朋友友好相处的意义，并且知道了如何与小朋友友好相处的基础上，才能够逐渐克服自我中心，做到和小朋友友好相处。否则，儿童可能因为对这项要求不理解、不清楚而出现言行不一致的情况。守纪律、有责任心等社会行为也都是儿童接受与领会外部社会要求，并逐渐转变为自己的内部要求的结果。

（三）儿童参与的积极性对社会化的影响

环境对于儿童的影响，只有在儿童与环境的相互作用中才能体现出来。儿童只有与环境相互作用，主动适应环境，参与各种活动，才能接受来自环境的影响。如果不参与或参与较少，对环境回应少或没有回应，旁观行为较多，态度比较被动，则可能会使得环境的影响难以进入儿童的主观世界，难以发挥作用。

研究表明，积极参与各种活动的儿童在形成概念、解决问题、社会交往能力、个性品质等方面都有良好的发展。在相同的条件下，主动参与的程度是影响个体心理发展出现性质与水平差异的重要原因。

三、幼儿园教育

幼儿园的社会教育是教师按照国家的教育目标和一定的社会价值取向，针对不同年龄儿童的发展特点，通过有目的、有计划、有组织地实施教育影响，以发展儿童的社会认知、社会情感和社会行为的教育。幼儿园教育的形式多样、途径丰富，在儿童的社会性教育中起着至关重要的导向作用，它引导着儿童社会性发展的方向和水平，是儿童社会性教育的重要场所。

幼儿园社会教育目标明确。《纲要》和《指南》中明确规定了幼儿园社会教育的目标，为幼儿园的社会教育指明了方向。幼儿园社会教育有比较合理的计划。幼儿园的社会教育是一个连续的教育过程，教师会根据儿童的心理特点和社会性发展的需要以及儿童发展的具体情况来制订社会教育计划，使儿童能够在不同的年龄阶段得到有效的发展，而且可以扬长避短，随机应变，使教育更有针对性。例如，对于刚入园的儿童，幼儿园会通过组织一系列的教育活动帮助幼儿尽快适应新的生活，如“我是好宝宝”“我的幼儿园”等；针对大班幼儿即将升入小学的需要，幼儿园会组织“我长大了”等教育活动，帮助幼儿认识自己的现状，认识小学。

幼儿园社会教育的内容全面。幼儿园全面考虑儿童社会性发展的需要和社会现实的需要，为儿童选择适当的内容。选择内容时，不仅要考虑儿童的自我意识的发展、情绪情感的发展需要，而且要考虑儿童的个性、道德以及社会性行为等方面的发展需要，因而教育内容非常广泛而全面。

幼儿园社会教育的途径多样。幼儿园既有教师组织的专门教育活动，又有日常生活中的随机教育，还有比较稳固的家园联系、与社区的联系等。教育途径多种多样，教育资源丰富而集中。而且，幼儿园作为专门的幼儿教育机构，有一定的号召力，能够取得各方面的支持与配合，为儿童社会性的发展提供更为良好的条件，有效地补充家庭教育的不足。幼儿园有比较专业化的、有教育资质的教师对儿童进行社会教育。教师会根据儿童的心理特点，通过直接指导、树立榜样、强化和暗示等多种手段和方法促进儿童的社会化。教师也会站在与家长不同的情感维度上对待儿童及其发展，更有利于儿童的“心理断乳”。幼儿园拥有年龄相似的儿童群体，为每一个儿童提供了更多的交往对象。尤其是独生子女，他们普遍缺乏同龄伙伴，而幼儿园则为儿童提供了与同龄伙伴充分交往的机会，更有利于儿童社会性的发展。同伴多是幼儿园社会教育的一大优势，是儿童社会性发展的有利条件。可以说，幼儿园教育是影响儿童社会化的重要因素，凭借其有利的教育条件和独特的优势，儿童的社会性可以得到更好的发展。

综上所述，影响学前儿童社会性发展的因素是多方面的，既有来自家庭环境的影响，也有来自幼儿园教育的影响，更有社会大环境的影响，而各种影响都要通过儿童本身才能起作用。可以说，学前儿童社会性的发展是多种因素共同作用的结果，是一个长期而复杂的过程。

延伸阅读

孩子从生活中学到什么

多萝西·劳·诺特　雷切尔·哈里

如果孩子生活在批评中，他们将学会指责。
如果孩子生活在敌意中，他们将学会争斗。
如果孩子生活在恐惧中，他们将学会担忧。
如果孩子生活在遗憾中，他们将学会自怜。
如果孩子生活在嘲笑中，他们将学会畏缩。
如果孩子生活在猜忌中，他们将学会嫉妒。
如果孩子生活在羞辱中，他们将学会自责。
如果孩子生活在鼓励中，他们将学会自信。
如果孩子生活在宽容中，他们将学会耐心。
如果孩子生活在赞美中，他们将学会感激。
如果孩子生活在认同中，他们将学会去爱。
如果孩子生活在肯定中，他们将学会自爱。
如果孩子生活在认可中，他们将拥有目标。
如果孩子生活在分享中，他们将学会慷慨。
如果孩子生活在诚实中，他们将学会正直。
如果孩子生活在公平中，他们将学会正义。

如果孩子生活在友爱和体贴中，他们将学会尊重。

如果孩子生活在安全中，他们将学会依赖自己和他人。

如果孩子生活在友善中，他们将知道世界是居住的乐土。

案例分析

1. 美国前总统富兰克林·罗斯福幼年时长着碧蓝的大眼睛，鼻梁挺直端正，一头金色的卷发，显得英俊、神气，很招人喜爱。尤其是他那一头金色的卷发，非常漂亮，妈妈很喜欢富兰克林这头漂亮的卷发，并喜欢用各种服装来打扮年幼的富兰克林。但是，妈妈为他选的衣服，小富兰克林并不喜欢。

有一次，妈妈想给富兰克林穿皱边的衣服，富兰克林大胆地说出了自己的不满。

又有一次，妈妈想说服富兰克林穿苏格兰短裙，富兰克林又拒绝了妈妈的好意。最后，富兰克林和妈妈一致同意穿水手服。

关于这段事，富兰克林的母亲萨拉在《我的儿子富兰克林》一书中这样写道："我们做妈妈的对于衣饰的品位虽然高雅，可是我们执拗的儿女却并不喜爱。"可敬的是，富兰克林的妈妈并没有强迫孩子听从自己的意见，而是非常尊重孩子的意见。萨拉是这样解释的："我们从来不曾试图对他施加影响来反对他的喜好，或者按我们的模式规定他的人生道路。"

（资料来源：http://www.zhjtjyw.com/m/blog/list? u_id=285&b_id=127365.）

结合上述案例，在儿童的社会性教育方面，请你给幼儿家长一些好的建议。

2. 果果是一个中班的男孩，在班里总是有意无意地推搡其他小朋友，表现出攻击性行为。老师对果果的表现经常给予批评，同时告诉其他幼儿不要靠近果果。遭到批评和惩罚已经成了果果的家常便饭，但他的攻击性行为不但没有因此而减少，反而愈演愈烈。

运用班杜拉的社会学习理论分析：果果的攻击性行为是如何形成的？教师的处理方式是否正确？如何纠正果果的攻击性行为？

拓展训练

1. 在幼儿园里，小朋友一起玩玩具，其中一个孩子想要玩某一种玩具，并要立即得到满足，作为幼儿园教师，你应该怎么办？请你设计一些教育活动来提高儿童的自我调控能力。

2. 请你选择一种社会化人格发展理论，试分析自己的人格发展。

第三章 学前儿童社会教育的目标和内容

学习目标

1. 掌握并能科学制定学前儿童社会教育的目标。

2. 理解并掌握学前儿童社会教育目标制定的依据及建构原则。

3. 理解并掌握学前儿童社会教育内容的依据。

4. 理解不同年龄班学前儿童社会教育内容的要求。

学前儿童社会教育是教师有目的、有计划地对幼儿施加教育影响，引导他们积极主动地参与活动，并促进其社会认知、社会情感和社会行为等方面健康发展的过程。其目的性和计划性主要表现在教师在开展学前教育时制定教育目标、确定教育内容、选择教育方法，以及对教育效果的评价等方面。

第一节　学前儿童社会教育的目标

“凡事预则立，不预则废。”目标是一切工作的出发点和落脚点，科学、合理地制订目标可以减少工作的盲目性、偶然性，进一步明确前进的方向。学前儿童社会教育旨在为幼儿提供有计划的社会学习活动，以发展幼儿的社会性为目标，促进幼儿自我意识的形成，发展其人际交往能力、合作能力，激发其社会情感，增进其对社会和世界的理解。

一、学前儿童社会教育的目标

（一）学前儿童社会教育总目标

总目标是学前儿童社会教育的最终目的，是制定其他所有社会教育活动目标的重要依据。教育部的《规程》规定了有关幼儿情感——社会性发展的目标：萌发幼儿爱家乡、爱祖国、爱集体、爱劳动、爱科学的情感，诚实、自信、好问、友爱、勇敢、爱惜公物、克服困难，讲礼貌等良好的品德行为和习惯，以及活泼开朗的性格。在此基础上，2001 年教育部颁发的《纲要》，将社会领域作为幼儿园教育的五大领域之一，明确提出了幼儿园社会教育领域的总目标，目标主要表明了该领域重点追求什么，它主要的价值取向何在。以下为《纲要》中提出的幼儿园社会教育领域的五条目标：

（1）能主动地参与各项活动，有自信心；

（2）乐意与人交往，学会互助、合作和分享，有同情心；

（3）理解并遵守日常生活中基本的社会行为规则；

（4）能努力做好力所能及的事，不怕困难，有初步的责任感；

（5）爱父母长辈、老师和同伴，爱集体、爱家乡、爱祖国。

这一目标的提出主要是从两个维度出发的：一是社会关系的维度，内容包括幼儿与自身的关系（自信、主动、自觉、坚持等）、幼儿与他人的关系（乐群、互助、合作、分享、同情）、幼儿与群体或集体的关系（遵守规则、爱护公物和环境）、幼儿与社会的关系（社会职业、家乡、祖国、世界文化）；二是心理结构的维度，内容包括认知、情感和行为技能。两个维度的结合，构成了幼儿社会学习的内容及其社会性、个性发展的目标。

同时，该目标的提出也体现了幼儿社会生活关系圈不断扩大的特点，即从幼儿自己逐渐扩展到他人、集体及社会。

2012年颁布的《指南》将社会领域的所有目标归纳为“人际交往”与“社会适应”两部分，人际交往子领域包括四个目标：愿意与人交往、能和同伴友好相处、有自尊自信自主的表现及关心尊重他人。这四个目标分别反映交往态度、交往能力以及在交往中形成并表现出来的对己对人的认识、态度和相应的行为表现。社会适应子领域的三个目标则是积极适应群体生活、初步理解并遵守群体生活的基本行为规范、对所在群体形成初步的归属感。

（二）学前儿童社会教育年龄阶段目标

学前儿童社会教育的年龄阶段目标服从于总目标，是总目标的具体化，反映了儿童社会性发展目标的年龄差异性和连续性。

年龄阶段目标的主要特点就是将社会教育目标分化为不同的要求，形成对每一个年龄段幼儿逐步提高要求的具体目标，引导幼儿逐步达到社会教育的总目标，而且不同年龄段的目标之间应该是连续的、衔接的。例如，同样是培养幼儿与同伴交往的能力，但是不同年龄段的要求是不一样的。小班时，只要求能与同伴友好相处，主动礼貌地问候小朋友；而到中班时，希望幼儿逐渐喜欢和同伴游戏，关心弱小同伴；到大班时的目标则是能够主动带年幼的同伴共同游戏，体验大带小的快乐，愿意与众多的同伴合作游戏。我们对学前儿童社会教育阶段目标表述如下：

1. 小班幼儿社会教育目标

（1）帮助幼儿认识自己的性别、年龄，了解自己身体的部位、特征及作用；

（2）帮助幼儿意识到自己是哪个班的小朋友，熟悉生活环境，了解同伴、教师、保育员，初步适应集体生活；

（3）教给幼儿基本的卫生常识，帮助幼儿形成良好的卫生习惯；

（4）帮助幼儿掌握礼貌用语，能运用“你好”“对不起”“没关系”“谢谢”等语言，有礼貌地与别人交往；

（5）引导幼儿用语言表达自己的想法，喜欢和同伴一起活动，能与同伴协商、轮流、友好玩耍，不抢占、独霸玩具；

（6）教育幼儿初步懂得不得提出无理要求，不无故发脾气；

（7）培养幼儿初步的独立性和自控力，保持愉快的情绪，遵守集体的规则，爱护玩具、图书；

（8）教给幼儿粗浅的交通安全知识，使幼儿学会遵守交通安全规则。

2. 中班幼儿社会教育目标

（1）帮助幼儿了解自己和同伴，并能说出一些异同点；

（2）帮助幼儿用语言来表达自己的情绪、情感，并能通过语言、动作、表情来了解别人的情感，初步懂得同情和关心他人，并能与同伴友好相处；

（3）帮助幼儿学会控制自己的情感，不任性，不随意发脾气，引导幼儿懂得不伤害同伴；

（4）帮助幼儿掌握礼貌用语，能较为准确地使用礼貌用语，并能在不同的场合恰当地加以运用；

（5）培养幼儿与同伴轮流、分享、合作、谦让的能力；

（6）增强幼儿的独立性，鼓励幼儿遵守游戏规则，帮助幼儿克服学习中遇到的困难；

（7）帮助幼儿进行自我评价，认识自己的兴趣和爱好，引导幼儿对行为的动机进行评价；

（8）引导幼儿认识社区的公共设施，了解周围人们工作的性质、特点和作用，萌发热爱人民、热爱家乡的情感；

（9）引导幼儿了解周围成人的劳动，鼓励幼儿学做一些力所能及的事，初步养成爱劳动、爱惜劳动成果的习惯；

（10）帮助幼儿初步理解中国的传统节日和民间工艺品，加深幼儿对中国文化的认识和情感；

（11）帮助幼儿初步了解一些外国的文化传统和风俗习惯。

3. 大班幼儿社会教育目标

（1）引导幼儿认识到自己是不断发展变化的，自己的进步是父母和教师教育、帮助的结果；

（2）发展幼儿的独立性，指导幼儿按照社会准则进行自我评价，并能对自己的行为动机进行评价，正确认识自己的能力和优点，克服自己的缺点和不足；

（3）增加幼儿对集体的了解，培养幼儿的集体荣誉感；

（4）培养幼儿的自控能力，要求幼儿自觉遵守各种规则；

（5）帮助幼儿克服各种困难，培养幼儿的责任感；

（6）引导幼儿主动关照、关心小班和中班的小朋友；

（7）引导幼儿初步学会分辨是非，初步懂得应向好的榜样学习，萌发初步的爱憎感；

（8）帮助幼儿形成热爱劳动、爱护公物、珍惜劳动成果的习惯，培养幼儿的内疚感、公正感；

（9）引导幼儿认识社区生活设施和环境，帮助幼儿理解人们的职业分工、工作性质与特点，并学会尊重不同职业的人们，萌生环保意识；

（10）使幼儿认识到我国是个多民族的国家，幅员辽阔、资源丰富，激发幼儿的爱国情感和民族自豪感；

（11）帮助幼儿了解一些世界名胜古迹、工艺美术品、风土人情，使幼儿学会尊重外国的文化传统和风俗习惯，萌发对世界文化的兴趣。

附：《指南》社会领域目标系统（详见书后附录）：

（一）人际交往

目标1　愿意与人交往

目标2　能与同伴友好相处

目标3　具有自尊、自信、自主的表现

目标4　关心尊重他人

（二）社会适应

目标1　喜欢并适应群体生活

目标2　遵守基本的行为规范

目标3　具有初步的归属感

二、学前儿童教育目标制定的依据

儿童发展、社会生活和人类知识是制定课程目标的依据，同时也是课程目标的“来源”。在考虑确定幼儿园课程目标时，应主要从以下三个方面进行分析。

（一）以学前儿童的社会性发展水平为依据

现代幼教改革，一直都强调“以幼儿为本”的基本教育思想。而真正将“以幼儿为本”的教育理念落到实处，便是将幼儿的发展作为制定课程目标的主要依据。此外，引导幼儿社会性健康发展，也是幼儿社会教育的最终目的。因此，幼儿的发展是幼儿教育的前提和基础。幼儿的发展，尤其是社会性的发展水平是确定幼儿社会教育目标的重要依据。幼儿的社会认知、社会情感和社会行为技能的发展，表现出大致的规律和特点，这些反映了某个时期幼儿社会性发展的总体水平。因此，制定幼儿社会教育的目标必须依据幼儿社会性发展的大致特征，才能更好地促进幼儿社会性的发展。如果我们制定社会教育目标时“心中无幼儿”，那么所制定的教育目标就可能过高或过低，既无法实现促进幼儿社会性发展的根本目的，还可能阻碍幼儿社会性的发展，从而降低社会教育的质量。因此，在制定社会教育目标时，尤其是对于制定具体教育活动目标的教师而言，需要经常观察幼儿，以便真正地了解幼儿的社会性发展水平，从而制定出科学的合理可行的社会教育目标。

（二）以一定社会的培养目标为依据

每一个社会都有一定的社会宗旨，这一宗旨要在各个教育领域里贯彻落实。未来的一代应塑造成什么样的人，是幼儿园社会教育领域担负的责任。在制定目标时，应追求能为幼儿终生发展奠定良好的社会性品质和行为基础的长远目标。时代的变革，使社会对人的需求发生了根本的变化。计划经济时期更需要服从型的人，人们对孩子的要求主要是听话，忽视了自我意识的培养，轻视了人的自身价值。如今，时代呼唤人的主动性、创造性、乐学的态度、合作的意识和自觉的责任感、团队精神等；如对话、沟通、融合已成为当今世界政治格局的新态势，全球科技革命使人类生活日新月异，人类间的物理距离相对缩小，不同国家、不同民族间的相互依赖性、制约性正在加强，人类的命运日益受到一些共同因素的制约，“地球村”“地球公民”等名词反映了人类间的相互联系、相互依存日益加强。社会的发展突出了学会合作与分享的重要性。这些社会的变化势必要求幼儿园社会教育做出调整（有的可能是低层目标的调整，有的是总目标的调整），使得人类的下一代了解这个世界、关注这个世界，进而理解这个世界。

因此，幼儿园社会教育目标要反映社会的要求和愿望，并关注社会的变化，关注社会的未来和世界的未来。因此在制定幼儿园课程目标时要充分考虑社会发展的需要，以提高幼儿园教育的社会适应性，培养既符合社会需要，又能主动适应社会并因此体验到成功、自主和自信的人。

（三）以学前儿童社会教育学科的发展为依据

幼儿社会教育涉及的学科众多，如历史学、社会学、地理学、人类学、经济学等。每一个学科中的基本目标或启蒙性目标，都将在一定程度上影响幼儿社会教育目标的选择和确定。如社会学中关于了解和理解一定的社会角色，参与社会交往等目标，都将以最基本、最启蒙的形式影响幼儿社会教育目标的确定。又如人类学中关于不同的民族有不同的文化，应理解其民族文化自身的合理性，并学会尊重他人的文化，这也会以最基本、最启蒙的形式体现在幼儿社会教育的目标体系中。

总之，幼儿园社会教育目标制定的三大依据来源必须相互融合，共同促进幼儿发展成为一个“整体的人”。我国幼儿教育新课程改革中的课程目标所蕴含的课程理念之一，就是要塑造这种“整体的人”。

三、学前儿童社会教育目标的构建原则

学前儿童社会教育目标的建构原则是建构学前儿童社会目标必须遵循的基本要求。学前儿童社会教育目标的建构会直接影响学前儿童社会教育的实施，其建构必须遵循一些基本的原则方能保证其科学性。学前儿童社会教育的建构需遵循以下基本原则。

（一）方向性与基础性原则

方向性原则即指学前儿童社会教育目标的建构要有一定的思想与价值指向。具体来说，是指我国学前儿童社会教育的目标一定要反映我国的教育目的与方针，反映我国幼儿教育的法规政策及政策精神，反映有关儿童教育及儿童保护法律文件的精神，使学前儿童社会教育具有明确的思想与价值指向。如我国教育目的的基本指向是培养全面发展的社会主义建设者和接班人。《规程》中提出幼儿园的任务是：实行保育与教育相结合的原则，对幼儿实施体、智、德、美诸方面全面发展的教育，促进其身心和谐发展。《纲要》进一

步指出：幼儿园应为幼儿提供健康、丰富的生活和活动环境，满足他们多方面发展的需要，使他们在快乐童年生活中获得有益于身心发展的经验。《指南》目标部分分别对 3 ~4 岁、4 ~5 岁、5 ~6 岁三个年龄段末期的幼儿应该知道什么、能做什么，大致可以达到什么发展水平提出了合理期望，指明了幼儿学习与发展的具体方向。

基础性原则是指学前儿童社会教育的目标应当是社会教育领域中最基础的、启蒙性的目标，这种目标是为儿童社会性健康发展所必需的，同时，也是终身持续的发展性的目标，如自信、同情、责任感等，都是作为人必须具备的社会性品格。这种目标应以幼儿社会生活经验为前提，尤其对社会教育中与一定的学科系统知识有关的目标更应注重基础化、启蒙化，这是由幼儿身心发展的特点所决定的。因而，最基本、最粗浅、最初步等限定语经常出现在学前儿童社会教育的具体目标的描述之中。

学前儿童社会教育目标建构的方向性原则保证了目标制定的理想性与价值性，基础性原则保证了目标制定的现实性与合宜性。

（二）整体性与层次性原则

整体性原则即在建构学前儿童社会教育目标时，要确立一种层次结构的整合观。这种整合观包括横向的类别整合与纵向的层次整合。横向的类别整合包括儿童社会认知、社会情感、社会行为三方面发展目标的整合，学前儿童社会性发展是这三方面的协调发展，要避免只重知识传授而忽视情感和行为习惯培养，应把三者有机地协调起来。横向的类别整合还包括各教育系统幼儿社会教育目标的整合，即家庭、社会与幼儿园的社会教育目标要基本一致，以形成教育的合力，促进幼儿健康发展。纵向的层次整合主要指学前儿童社会教育各层级目标的整合，即各相连层级间的目标是相互联系、相互支持的。

层次性原则是指学前儿童社会教育目标的建构是有层次的系列，这是由幼儿社会性发展水平的层次系列所决定的。不同年龄段的孩子有不同的发展水平与要求，在目标制定中应考虑这种层次的差异，不能以同一标准对待所有年龄段的孩子。同时，由于生长环境与自身特质的影响，同一年龄段的孩子也存在发展水平的差异。国家课程标准中对某一学段的统一要求，是绝大多数儿童应达到的标准而不是每一个幼儿必须要达到的标准，教育目标要考虑儿童的层次与个体差异，使目标具有层次性，这是因人施教原则的要求。

整合性原则保证了学前儿童社会教育目标建构的综合系统性，层次性原则保证了学前儿童社会教育目标制定的差异性。

（三）科学性与动态性原则

科学性原则是指学前儿童社会教育目标应当是一个符合幼儿自身发展与教育规律的科学体系。一方面它要反映和遵循幼儿身心发展规律，是适合幼儿发展的；另一方面，它应当具有科学性与可操作性。一个目标体系只有能付诸实践，并能通过实践真正起到引导幼儿健康的效果，才是科学而有效的，因而学前儿童社会教育目标应该是在充分研究儿童社会性发展规律与教育原理的基础上制定出来的。

动态性原则是指学前儿童社会教育的目标并不总是固定不变的，它可以根据具体情况进行调整。虽然教育目标是综合考虑各因素在教育活动展开之前制定下来的，具有相对的稳定性，但教育过程中总有预料之外的情景发生，时有偏离原有目标的情况出现。当出现目标偏离时，我们需要分析到底是目标设计的问题，还是教育策略的问题。如果是目标问题，我们需要适时地调整目标，以适合具体的孩子与具体的情景。目标制定的最终目的是帮助教育者更好地引导孩子的发展，如果在教育实践中，教育者以目标机械教条地去要求孩子，那就违背了教育要从孩子出发的基本原则。儿童的情感、社会性与品德的发展本来就很难有一个精确的目标结果，此时，更要关注儿童的个体差异与即时表现，要根据具体情况及时灵活地调整目标，以促进儿童个性的健康发展。由此，教育目标的制定应有一定的弹性空间，保持目标的动态性与开放性，让教师有更多的创造空间，也让儿童有更多的发展空间。

科学性原则保证了学前儿童社会教育目标制定的合理性，动态性原则保证了学前儿童社会教育目标制定的生成性与开放性。

第二节　学前儿童社会教育的内容

个体社会性发展实际是社会认知、社会情感和社会行为技能的统一。社会认知是对社会中的人、环境、规范的认识；社会情感是人们在社会生活、社会交往中的情感体验；社会行为技能是与人交往、参与社会生活时表现的行为技能。社会性教育的内容往往紧紧围绕自我意识、人际交往、社会环境与社会规范及社会文化（民族文化和世界文化）等方面展开。

一、选择学前儿童社会教育内容的依据

社会的丰富与复杂性决定了和社会教育相关的内容是相当广泛和丰富的，但在儿童经验和学习能力有限的情况下，并不是所有的内容都适合进入课程内容。这需要我们对课程内容加以选择，使幼儿习得这一阶段的理想生活经验，以便适应社会生活。由此，社会教育内容的选择是一个十分重要的问题。

（一）以学前儿童社会教育目标为依据

在选择学前儿童社会教育内容时应该首先符合《纲要》中提出的社会教育领域方面的要求，然后再根据当地的实际情况及当地政府对幼儿社会领域方面的具体要求，确定社会

教育的内容。因此，在选择社会教育内容的过程中，应努力避免对教育目标的遗漏、偏倾及无效重复，而应力争使所选的教育内容能最有效地实现教育目标。任何只重内容，不重目标，或以活动形式等下位要素确定内容的方式都是不足取的。学前儿童社会教育内容的选择要尽可能全面涉及儿童社会性发展的内容。

（二）依据学前儿童所处的现实社会及生活环境

幼儿社会性的发展离不开一定的社会生活现实，幼儿是通过现实生活及其表象来增进社会认知，发展社会情感及完善社会行为的。学前儿童社会教育的内容应当尽可能从儿童的生活出发，选择基于儿童生活经验与生活实际，为幼儿所熟悉的内容并能丰富儿童生活经验的内容。社会生活现实与幼儿的社会性发展有千丝万缕的联系。无数事实表明，与现实生活联系越紧密的内容，越是容易被幼儿掌握。幼儿对社会机构、社会成员、社会现象、社会文化的感知、理解无不通过具体的社会生活实现。幼儿园社会教育离开了社会现实，这一课程也就失去了存在的根基。因此，社会教育的内容应主要来自社会生活现实并应与社会生活一致与协调。另一方面，社会生活现实是使幼儿对于社会教育课程中的学科知识具有可接受性的重要条件。因而，社会生活现实进而又成为学科知识选择的一个重要依据，学前儿童能与之“对话”的学科知识才有引入社会教育内容的价值。社会生活现实作为一种不断延伸、不断扩展的载体同学科知识结合起来，形成一个综合体进入课程之中。

社会的发展、变化也是课程内容选择的重要依据。我们生活的时代是不断发展变化的时代，从社会成员的价值观念、社会理想到社会成员之间的关系，从社区中各种物化的社会产品到人们的生活方式、行为方式都在发生或大或小的变化。社会教育内容的选择必须充分了解和反映社会生活的变化，使课程内容真正成为反映时代、反映社会的内容，使课程内容起到引导儿童主动适应变化着的社会的作用。

如科技的发展带来了负面效应，人类的生存环境受到了前所未有的破坏，空气污染、水污染、光污染以至食品污染已到了十分严重的地步；人类对自然的索取已到了破坏生态平衡，引发“生态报复”的境地。社会教育应引导幼儿认识到自己不仅仅是班集体的一员、幼儿园的一员抑或家庭的一员，同时也是社会的公民、国家和地球的主人。认识并体验自身所处的小环境、社会发展的大背景以及人类所共同面临的各种局面，使幼儿理解人类在命运共同体中的地位，知晓人类所共同面临的生死问题，引导他们对整个世界产生一种归属感，并体验到“个人—社会—族类”三位一体的本质；对于多元文化的背景下，应引导幼儿感悟多元文化在日常生活中的渗透，并逐渐养成一种理解和宽容的态度，能够认识到多元文化之间的关系。这既有利于幼儿形成丰富的社会性情感和经验，更有利于幼儿对人类社会多元文化的宽容、理解和尊重；社会教育应引导幼儿认识到未来的公民应该成为国家的主人，能够关心国家的发展、成长，意识到维护国家的民主与自由是每一个公民应承担的责任。凡此种种，社会、世界的变化应该作为选择课程内容的重要依据。总之，学前儿童社会教育的内容既要体现时代发展的特点，同时又要体现传统文化的特色，坚持发扬民族优秀的文化传统。

（三）依据学前儿童发展水平及其存在的问题

我们在选择教育内容时，必须考虑学前儿童的身心发展水平，主要是指儿童的年龄特点，本园、本班儿童的发展水平及儿童的个体发展水平。学前儿童社会教育内容的选择，要根据目标、儿童发展及社会文化发展需要选择有助于幼儿发展、同时也能为幼儿所理解的内容。学前儿童社会教育的内容应是浅显的、具体的、启发性的知识，是为儿童发展所必须学习的基础性的知识。

教师还应该观察儿童的日常生活，发现儿童在生活中存在的问题，例如目前幼儿普遍存在的交往能力差、情绪智商低、劳动锻炼机会少、公德意识弱等现状，有针对地确定教育内容，对学前儿童进行教育。另外，目前，我国幼儿园社会教育虽然关注了幼儿个性品质的发展，但在实践中对幼儿个性品质的某些方面重视还不够，如对幼儿的自信心、自我判断力、自主性、承受挫折的能力、责任心等重视的程度都不够，尤其是后三者。教师应根据幼儿存在的实际问题有针对性地引导幼儿，促进其良好社会性品质和个性品质的发展。

二、学前儿童社会教育内容的具体分类

（一）《纲要》和《指南》对学前儿童社会教育内容的表述

《纲要》中提出了幼儿园社会教育的内容，该部分说明了为实现教育目标，教师应该做什么、该怎样做。

（1）引导幼儿参加各种集体活动，体验与教师、同伴等共同生活的乐趣，帮助他们正确认识自己和他人，养成对他人、社会亲近、合作的态度，学习初步的人际交往技能。

（2）为每个幼儿提供表现自己长处和获得成功的机会，增强其自尊心和自信心。

（3）提供自由活动的机会，支持幼儿自主地选择、计划活动，鼓励他们通过多方面的努力解决问题，不轻易放弃克服困难的尝试。

（4）在共同的生活和活动中，以多种方式引导幼儿认识、体验并理解基本的社会行为规则，学习自律和尊重他人。

（5）教育幼儿爱护玩具和其他物品，爱护公物和公共环境。

（6）与家庭、社区合作，引导幼儿了解自己的亲人以及与自己生活有关的各行各业人们的劳动，培养其对劳动者的热爱和对劳动成果的尊重。

（7）充分利用社会资源，引导幼儿实际感受祖国文化的丰富与优秀，感受家乡的变化和发展，激发幼儿爱家乡、爱祖国的情感。

（8）适当地向幼儿介绍我国各民族和世界其他国家、民族的文化，使其感知人类文化的多样性和差异性，培养理解、尊重、平等的态度。

《指南》提出的社会领域内容大致包括：交往态度和交往技能；对自我和对他人的认知、态度和行为；对群体、群体生活及我群关系的感受、态度和行为几方面。其核心价值在于逐步引导幼儿学会共同生活、建立和谐的社会（包括人际）关系、形成良好的社会性和个性品质。

（二）学前儿童社会教育内容的分类表述

学前儿童社会教育的内容几乎涉及了幼儿社会生活的各个方面，一切有助于达到教育目标，能使儿童获得必要的情感体验、知识经验和生活方式经验的东西，都可以作为学前儿童社会教育的内容。我们将学前儿童社会教育的内容分为四个相互联系的方面，即自我意识、人际交往、社会环境与社会规范和社会文化。

1．自我意识

有关自我意识的内容主要包括幼儿对自己的意识和对他人的态度，比如幼儿对自我存在的认识和体验，知道自己的名字、性别、简单特点，自信、自尊等。

2．人际交往

人际交往是人类社会生活的必然，通过人际交往，人才能逐渐从生物学意义上的自然人成为适应社会生活的社会人。幼儿也是从人际交往中逐渐获得社会性，只是幼儿人际交往的范围很小，交往的程度很浅，交往获得的结果具有很大的后续性，即交往产生的作用不是立即全部体现出来，而是成为后面的经验。对幼儿而言，人际交往的内容主要有两类：

（1）与成人交往。父母的名字、职业、亲子之间的情感是人际交往教育选定的最初内容。随着幼儿进入幼儿园，老师的姓名、师生的情感又成了新的教育内容。

（2）与同伴交往。除了与成人的交往，幼儿在家庭中（多子女家庭）及走出家庭所进行的交往主要是与同伴的交往。同伴主要有两种：随机而遇的同龄玩伴、伙伴；幼儿园中的同班、同园伙伴。同伴由于身心特点的相似，更具有交往的平等性和体验的共鸣性。他们彼此支持，相互模仿学习，因此，同伴的姓名、性别、体貌、爱好、特点，与同伴交往的规则和技能都成为幼儿社会教育的内容。需要强调的是，目前多数幼儿（尤其是城市幼儿）的生活环境中缺乏与同伴交往的机会和条件，幼儿与同伴交往的欲望、经验和技能均存在相应的缺失和问题，应引起社会教育的重视。

3．社会环境与社会规范

人不能离开人类群体而单独生活，个体一进入社会，便接受社会方方面面的影响，完成从“自然人”向“社会人”的发展。为了适应和创造社会，学习有关社会环境与行为规范的知识是每个个体所必需的。对幼儿而言，可纳入其学习内容的应是最贴近幼儿生活、最具有启蒙价值的东西。具体应包括以下四点。

(1) 家庭。家庭是幼儿十分熟悉的生存环境，对家庭及其行为规则的学习是社会教育中必有的内容。家庭地址、通讯方式（如电话号码）、家庭用品、家庭一般成员之间的简单关系（如血缘关系）、家庭中一般的行为规则（如相互服务）均可成为教育的内容。幼儿对家庭的认知是比较容易的，况且家庭的样式各不相同，因此，绝无必要在认知上费时太多，重点应是激发幼儿热爱关心父母及祖辈的情感，引发幼儿对家庭最初步的责任感、归属感。

(2) 幼儿园（所）。幼儿园是幼儿最早接触的家庭以外的社会环境，这方面的教育可为其将来适应更复杂、更广阔的社会生活奠定基础。包括幼儿园的名称、地址，幼儿园的环境设施、班上的同伴，幼儿园的老师，幼儿园基本的集体生活规则、游戏规则，等等。

(3) 社区与家乡。随着幼儿年龄的增长和生活经验的增加，他们的活动范围不再满足于家庭—幼儿园之间，他们的视野、活动范围已扩展到生活的社区和家乡，比如自己生活的居民小区、街道、居民小组、乡镇、城市等，这时，幼儿身边的行政区划（如城市、县乡、小区、街道等）的名称、主要设施（如道路）、著名风景名胜、特产等就成了对其社会教育的内容。对这些内容的教育重点是培养幼儿的认识兴趣，关心周围社会，热爱自己的家乡，理解人与环境之间相互依存的关系，培养其爱护、保护环境的意识。需要强调的是，不能随意扩大认识范围，只可选择幼儿接触过的、能感知到的内容。

(4) 公共场所及其行为规则。幼儿接触社会必然要走进公共场所，如公共交通、医院、商店、公园、市场、银行、邮局等。在公共场所必然要有公共行为规则，因此教育幼儿认识公共设施、遵守公共行为规则（最简单的，如不大声吵闹、不乱扔杂物、不破坏公物等）是必要的教育内容。这方面的学习几乎是幼儿步入社会的预演。通过学习，幼儿会逐步感受到自己和他人、个人与社会的关系，形成公共道德印象和简单的行为习惯，逐渐萌发社会小公民的意识。

4. 社会文化

社会文化的教育内容主要包括中国文化与世界文化两部分。比如我国的国名、国旗、国歌等；主要民族、人文景观、风景名胜、民间艺术；主要的世界人文景观，引导幼儿主动接触和了解不同国家、不同民族的外国人，感受他们的风俗习惯等。受幼儿生活经验及活动范围的制约，这部分的内容只能是提要式的、代表式的，绝不可无限扩展教育内容的含量与细节，以免造成课程超载，加大幼儿负担。

综上所述，无论从什么角度确定幼儿社会教育的内容，无论对这些内容如何概括分类，都应铭记两条：一是生活经验是教育内容的来源，二是幼儿能与之“对话”的学科知识才有引入教育内容的价值。核心仍是从幼儿出发，从幼儿的生活出发。

对于学前儿童社会教育内容而言，无论是纵向划分，还是横向划分，都应包含社会认知、社会情感和社会行为技能这三部分内容。为了方便理解，这里用二维表格（表3－1）来举例说明。

表3－1　学前儿童社会教育内容

心理结构 社会关系	社会认知	社会情感	社会行为
自我意识	引导幼儿正确认识和评价自己。如，认识自己的身体外貌、兴趣爱好、自己的情绪反应等	增进幼儿自我价值感和自信心，激发积极情感的产生。如，自尊心、自信心、自豪感、成功感等	增强幼儿自我控制能力和行为。如，坚持性、自我延迟满足等；初步学会调控自己的情绪、会适当地表达自己的情绪等
人际交往	要求幼儿知道父母、老师的姓名、职业生活及与自己的关系；知道同伴的姓名、年龄、性别、简单的外部特征和内心特征，知道与他们相处的技能，如礼貌、协商、分享、轮流等	帮助幼儿正确理解他人的情绪情感并产生积极情感，如同情心、宽容心等；理解、尊重赞赏别人的感受和观点；关心同伴、老师、父母；爱同伴、老师、父母等	引导幼儿掌握一定的社会交往技能。如基本的礼貌用语，助人、分享、合作、谦让、与同伴共同游戏等亲社会行为，会用不同方式表达对父母、同伴及老师的爱等
社会环境与社会规范	引导幼儿了解周围环境中的各种社会机构、社会设施、社会事件以及与其有关的社会成员等。如，掌握家庭地址、电话、用品、成员间的关系等；幼儿园的名称、地址等；了解社区的名称、主要设施，公共场所的名称、物品及其与人们生活的关系等；了解家乡的名胜古迹、特产等；了解我国的国名、国歌、国徽、国家领导人、名胜古迹；引导幼儿知道基本的生活规则、集体规则、公共规则、学习规则、游戏规则的要求等	引导幼儿感受和欣赏周围环境的美、萌发爱周围环境、爱家乡、爱祖国的情感等，产生做中国公民的自豪感；引发幼儿对周围发生的事物表示关心与兴趣；引导幼儿尊重周围的劳动者及他们的劳动成果等；引导幼儿初步形成是非感、做了错事后的愧疚感、规则意识、环保意识、公德意识、社会责任感、集体荣誉感等	培养幼儿积极作用于环境的行为。如保护环境、不乱丢垃圾、积极参与集体活动等；尊重别人及别人的劳动成果，如吃饭不撒饭、不剩饭就是对农民伯伯的尊重；遵守公共场所规则；爱护周围环境、积极参与、关注社会生活的公民行为等

续表

心理结构 社会关系	社会认知	社会情感	社会行为
社会文化	引导幼儿对中国文化和世界文化的基本了解。如，了解中国的文字、传统节日、民族风情、戏剧、民间艺术、历史等；世界的主要人种、主要国家、主要城市、主要人文景观、典型的文化风俗等	使幼儿萌发热爱中华民族文化、萌发爱好世界和平的情感，产生民族自豪感；对我国民族文化、世界文化感兴趣；产生尊重、接受多元文化的情感等	引导幼儿养成尊重我国文化及世界文化的行为习惯。如，积极参与各种传统节日活动、主动接触外国友人等

延伸阅读

未来教育四个“学会”

“学会求知、学会做事、学会共同生活、学会生存”作为教育基础的四大支柱是由联合国教科文组织于1996年4月在《教育：财富蕴藏其中》的报告中提出的。这个报告提出了21世纪教育的战略思考和行动建议。

“学会求知”。“这种学习更多的是为了掌握求知的手段，而不是获得经过分类的系统化知识。”它既可被视为一种人生手段，也可被视为一种人生目的。作为手段，它应使每个人学会了解他周围的世界，至少是使他有尊严地生活，能够发展自己的专业能力和进行交流。作为目的，它应使人乐于理解、求知和发现。由于人类的知识涉及方方面面，并且始终不断地发展变化着，试图做到什么都知道愈来愈不可能，为此，应该注重注意力、记忆力和思维能力等学习能力的培养，以此获得进一步学习的动力。

“学会做事”。随着科学技术的发展，知识和信息量的增加，使工业部门生产过程中的科技含量越来越高，服务行业发生了根本变化。科学技术的运用，使得在生产部门中，专业资格的概念变得过时了，个人能力的概念则被置于首要的地位。个人能力包括交往能力、与他人共事的能力、管理和解决冲突的能力、首创能力等。这些能力清楚地反映出学习的各个方面之间的联系，而这种联系则是因教育才得以引人注目的。在未来高度技术化的社会里，联系上的缺陷可能造成严重的组织机能上的障碍，这就需要人们有一种基于行为表现而非基于知识多少的新型资格——能力资格。如何学会有效地应对变化不定的情况？如何参与未来的创造？这些是目前教育还未予以充分重视的方面。

“学会共同生活”。这种学习可能是今日教育中的重大问题之一。由于当今世界是一个充满暴力、冲突的世界，它与人们对人类进步所寄予的期望背道而驰，而教育未能就改变这种状况做多少事。因此，人们希望有一种能使人们扩大对其他人及其他文化和精神价值的认识，以此来避免冲突的教育。教育的使命是教学生懂得人类文化的多样性，同时还要教他们认识地球上的所有人之间具有相似性且相互依存，特别是随着传统生活方式的深刻变化，要求我们能更好地理解他人和整个世界，需要我们能相互理解、平等交流与和平共处；而这些正是今天我们这个世界所最缺乏的，为此我们必须学会共同生活。教育的责任就是让学生了解人类文化的多样性，认识各民族之间的共性与相互依赖性，从而理解他国或其他民族；此外，通过引导人们去从事一些共同的项目或活动来使他们在家庭、社区、国家乃至国际社会与人合作、和谐相处的实际经验中养成为共同目标而工作的态度和能力，并教育人们用理智和和平的方式处理那些不可避免的冲突。

"学会生存"。它强调世界因技术的发展而出现的非人化现象可能将在21世纪更广泛出现。那时，教育的作用不再是培养儿童为某一特定的社会做好准备，不再是让他们理解周围世界并成为有责任感的人，而是在于保证儿童享有他们充分发挥自己的才能和尽可能牢牢掌握自己的命运而需要的思想、感情和想象方面的自由；教育应当促进每个人的身心、智力、敏感性、审美意识、个人责任感、精神价值等方面的全面发展。"学会生存"的目的就是要充分地发展自己的人格，并以不断增强的自主性、判断力和人的责任感来行动。为此，教育不应忽视人的任何一种潜力：记忆力、推理能力、美感、体力和交往能力。

（资料来源：张岩莉. 学前儿童社会教育[M]. 上海：复旦大学出版社，2004.）

案例分析

大（1）班有一位男孩钢琴弹得很好，常得到老师的赞扬。一天，老师请别班的一位女孩到大（1）班来弹琴，女孩的琴也弹得很好，也得到了老师和其他幼儿的赞扬，只见这位男孩噘了噘嘴说了句"有什么了不起"，就趴在钢琴上哭了。小女孩站在一旁不知所措，其他幼儿则议论纷纷。

思考：本案例中这位男孩的表现说明了什么问题？

拓展训练

1. 查阅有关资料汇总"幼儿自我控制能力训练的主要方法"，并与同学交流。

2. 查阅相关资料并结合幼儿园实习见闻，总结幼儿告状行为的类型，并分析其心理动机及思考该如何对待不同类型的告状行为。

3. 结合幼儿每个年龄段特点，尝试制订以下活动内容的活动目标：

①有关挫折教育的活动目标（大、中、小班）；

②有关感恩教育的活动目标（大、中、小班）；

③有关性教育的活动目标（大、中、小班）。

第四章 学前儿童社会教育的原则、途径和方法

学习目标

1. 掌握学前儿童社会教育的基本原则。

2. 掌握学前儿童社会教育的途径，并能在教育过程中实施。

3. 掌握学前儿童社会教育的基本方法，并能根据不同情况选择适当的方法。

任何教育活动都有几个基本要素：教育活动主客体、教育目标、教育内容、教育方法。学前儿童社会教育也同样是教育者和受教育者围绕共同的目标，通过一定的内容，在相应方法的指导下展开的。可见，教育目标的实现、教育内容的实施，都离不开教育方法参与其中，教育方法是教育过程的纽带，在教育活动中起着非常重要的作用。科学、合理、灵活地选择并创造性地运用教育方法，才能使学前儿童的社会教育顺利开展，才能实现学前社会教育活动的目标，才能取得良好的教育效果。

学前儿童的社会教育内容涉及广泛，既有认知的提升，又有情感的丰富，还有行为习惯的培养。又由于社会教育过程是受多种因素影响发展的过程，因此要想实现这些教育目标，就必须灵活地、创造性地运用教育方法，并将这些方法有机地结合起来。

第一节 学前儿童社会教育的原则

幼儿园社会教育旨在通过为幼儿提供有计划的学习活动，促进其形成自我意识，发展交往合作能力，增进对社会和世界的理解。社会教育具有潜移默化的特点，因此，幼儿社会态度和社会情感的培养尤其应渗透在幼儿园一日活动的各个环节之中。让幼儿在与他人共同生活和探索世界的过程中，逐渐积累知识和技能，改善态度和价值观，形成良好的社会行为和习惯。

一、专门教育和渗透教育相结合的原则

社会教育是幼儿园教育五大领域之一，有自己专门的教育活动。为了发展幼儿的社会性，教师会专门设计一些社会教育活动，有目的、有意识、系统地培养幼儿良好的社会性。但是，幼儿社会性的学习和发展有很强的随机性和无意性，相当一部分学习过程不是发生在专门的教育活动中，不是在教师的直接引导下进行的。所以，在进行学前儿童社会教育时，社会教育领域要与其他教育领域密切配合，把社会教育渗透于其他教育领域及幼儿的日常生活中，让幼儿在潜移默化中获得良好的社会性发展。比如，要培养幼儿的合作意识和能力，除可以设计专门的社会教育活动“团结力量大”以外，还可以在语言教育中通过讲故事、唱儿歌等让幼儿体会互相帮助的力量；在体育活动中让幼儿合作进行一些活动，让他们体验合作可以带来成功；在美工活动中，引导幼儿合作完成一幅画；等等。

二、正面教育原则

正面教育是一切教育的最基本的要求，其核心是在尊重的前提下对儿童提出的要求，是“以人为本”教育理念的具体体现。正面教育就是希望儿童“这样做”而不是“不那

样做”，按照“这样的方式做”而不是“不按照那样的方式做”，直接告诉他们具体如何做和做什么，而不是告诉他们不要做什么。例如，教师组织幼儿盥洗时对孩子们说：“小朋友不要拥挤打闹，不要把衣服弄湿。”另一种方式是，比较温和但坚决地说：“请小朋友保持距离，用正确的方法把你的小手洗干净。”儿童心理学告诉我们，对年幼的孩子不能讲反话，因为他们常常将反话正过来理解。消极的制止和纠正儿童行为容易使儿童产生逆反心理。用积极的正面方式要求和建议有利于避免师幼之间情绪对抗，同时也提高了教师的自信心。能够用积极的方式提出要求，在某种程度上是一个人成熟的标志，显示出他对自己决策的坚持和肯定。

三、生活性原则

生活性原则是指要借助于日常生活来对幼儿进行社会教育。社会教育的目的就是要培养个体适应社会生活的能力，这种能力必须借助于生活的过程才能培养，离开了真实的生活，社会教育就成了无源之水、无本之木。一方面，幼儿的社会学习具有长期性、反复性的特点，只有在生活中长期、反复地对幼儿进行有关的社会教育，才会使幼儿获得真正意义上的社会性发展；另一方面，日常生活中蕴藏着丰富的社会教育的内容和契机，充分地挖掘和利用生活中的教育资源，可以随时随地对幼儿进行社会教育，强化教育的效果。贯彻生活性原则，一要善于利用生活中的细节，把握教育契机；二要长期坚持。

四、一致性原则

一致性原则是指在对学前儿童进行社会教育时，教育者要给学前儿童提供一个连续、统一的影响环境。幼儿社会性的发展是一个复杂的、长期的过程，加之幼儿具有较强的模仿性，这些特征使得幼儿很容易受到身边人们言行的影响，所以，稳定的、一致性的教育环境对幼儿良好行为习惯的养成非常重要。如果周围环境对幼儿的影响不稳定甚至充满了矛盾，幼儿就会无所适从，从而对幼儿的社会性发展带来不良影响。贯彻一致性原则，首先，教育者对学前儿童的教育要求要一致，教育者自身也要做到言行一致。比如，如果一个老师今天心情好就对孩子偶尔犯的小错误不当回事；一旦明天心情不好就对孩子同样的行为大声训斥，结果就会让孩子产生混乱，不知道到底应该怎么做。其次，要协调幼儿园、家庭、社区的力量，使三者对幼儿的要求统一。幼儿生活在社会中，受到幼儿园、家庭、社区的共同影响，社会教育不是单靠一个方面就能完成的，必须将社会教育置于广阔的社会背景下，协调幼儿园、家庭、社区的教育力量，形成教育合力，共同促进幼儿的社会性发展。

第二节 学前儿童社会教育的途径

社会学习是一个漫长的积累过程，需要幼儿园、家庭和社会密切合作，共同促进儿童良好社会性品质的形成。因此，儿童与同伴、成人之间的共同生活、交往、探索和游戏是社会学习的主要途径。

一、通过专门性的教育活动进行社会教育

专门的社会教育活动是指幼儿园教师根据教育目的和教育计划，根据本班儿童的身心发展规律和特点，选择合适的教育内容，采取合理的教育方式和方法，对儿童进行社会教育的形式。专门的社会教育活动具有比较明确的目标和计划性，内容也比较系统和集中，教师对儿童的组织和指导作用更加直接、更加明显，也更具有针对性。

（一）开展正规的社会教育活动

正规的社会教育活动是指教师按照明确的教育目标和教育内容，有目的、有计划、有组织地对学前儿童进行社会教育，循序渐进地引导幼儿获得有益的社会经验的过程，是学前儿童社会教育的重要途径。正规的教育活动是根据儿童身心发展的规律和特点，在明确的教育目标的指导下，精心选择教育内容，采取恰当的方法，在教师的直接指导下进行的，因此教学效果更明确，教育更有针对性。如：有目的地开展国庆节、重阳节、劳动节、教师节等主题活动，让幼儿了解父母、长辈和老师的工作，了解祖国的发展变化，激发幼儿爱父母、爱老师、爱劳动人民、爱祖国的情感；开展“交通规则”“安全标识”等活动，培养幼儿理解并遵守日常生活中的社会行为规则；开展“给生病的小朋友写信”之类的活动，培养幼儿的同情心和关心他人的积极情感；等等。还可以根据日常生活中反映出来的实际问题（如争抢玩具、攻击小朋友等），开展“做个文明礼貌的好孩子”“我们都是好朋友”等活动，让幼儿了解日常生活和人际交往中应遵守的行为准则，学习礼貌待人，以及互助、合作和分享。

（二）在游戏活动中进行社会教育

游戏是幼儿园最基本的活动形式，也是幼儿最喜欢的活动形式，在游戏中，幼儿可以充分地发挥自己的积极性、主动性和创造性，教育要求也最易为幼儿所接受，因此，游戏也就成了学前儿童社会教育的主要途径之一。在游戏中，儿童的社会交往能力、社会问题的解决能力和角色意识都会得到发展和强化，幼儿产生安全感和归属感，从而使幼儿的情感得到健康的发展。另外，游戏还可以给学前儿童提供一个模拟参加社会实践活动的机

会，满足学前儿童参与社会活动的愿望和兴趣，给幼儿提供体验别人的情感及学习社会规则的机会，从而有助于幼儿良好品质的形成。

角色游戏对儿童的社会性发展有很好的效果。在角色游戏中，学前儿童能了解不同角色的身份及行为；能够了解人际关系，学会与不同的角色协商、互助、分享、合作等交往技能；学会与不同的角色沟通；学会了解他人的情绪以及适当地表达自己的意愿和情绪。例如，幼儿扮演教师，可以体验教师对学生的爱；幼儿扮演妈妈，可以体验妈妈对孩子的细心照顾；扮演解放军，可以体验解放军的勇敢；等等。

（三）在区域活动中进行社会教育

区域活动是指教师在一定时间内设置各种区域，让幼儿根据自己的兴趣和需要选择内容和方式的活动。它是幼儿最喜欢的活动之一，体现了自主选择、自主游戏的原生态。幼儿园的活动区域可以是活动室、睡眠室、走廊等，教师在这些区域投放材料和设施供幼儿活动使用。

区域活动为幼儿营造了一种宽松、自然的活动氛围，让他们在自主选择的活动区域内，通过与材料、环境、同伴的充分互动而获得学习与发展。因此，区域活动能增强幼儿的自我意识，使幼儿学会自己来选择安排自己的活动内容，学习如何与同伴交往并在交往中满足自我发展的需要；同时，区域活动能促进幼儿“去自我中心”的发展，活动区域有很多，幼儿在活动中自由分组、交流，从而认识到自己和集体的关系，增强幼儿集体荣誉感和责任感，培养幼儿团结合作的良好社会品质。

区域活动的方式大体有三种：把区域活动视为分组教学，把区域活动视为集体教学的延伸，把区域活动视为自由活动。把区域活动视为分组教学指教师重点在某一区域指导幼儿学习新内容，其余幼儿在其他区域做自己最喜欢做的事。把区域活动视为集体教学的延伸是由于考虑到集体教学不容易满足不同幼儿的需要，或有些教学内容需采用多种形式配合完成而采用的形式。把区域活动视为自由活动，就是幼儿按自己的兴趣、爱好选择活动，从而获得课堂上得不到的有关经验。

教师要重视区域活动的创设和指导。教师要根据幼儿园的具体情况和幼儿的实际需要创设丰富多彩的活动区域：利用各班的活动空间，开辟一个个有利于幼儿发展的活动区域，如小的空间为幼儿个别活动设立，大的空间为幼儿小组活动设立；空间的材料要注重教育的暗示性。

同时，在区域活动中，教师要引导幼儿建立规则意识。可以用标识控制进区人数，避免拥挤而影响活动，如用“小脚丫”“戴花镯”等方式告诉幼儿标识用完了，活动区内的人就满了；可以用图示暗示幼儿遵守进区后的活动规则，如阅读区“安静”图示、“请勿随地乱扔东西”图示等；还可以用约定俗成的活动规则，如“借材料必须获得对方允许才可取走”等。注意规则要顾及实用与实效，避免约束太多，规则是为幼儿的活动提供方便的，而不是为方便控制幼儿活动的。

二、通过随机教育活动进行社会教育

儿童的社会性发展和教育是一个长期的过程，在这个过程中，除了教师有目的、有计划的社会教育活动以外，儿童的日常生活、自由活动、意外突发的事件以及其他领域的教育活动等也可能蕴含了很多社会教育的机会。因此，除了专门的社会教育活动外，教师还应重视各种情况下、各种活动中的随机教育，使儿童的一日生活及各项活动都成为社会教育的途径。

（一）在日常生活中融入社会教育

生活无小事，处处是教育。日常生活是教育的载体，蕴含许多社会教育内容，其随机性、生成性更易于为儿童所接受。养成教育是指综合多种教育方法和途径，按照一定的道德规范、行为准则培养一个人的道德品质和行为习惯的教育。学前儿童时期正是行为习惯养成的关键期，重视和抓住这一时期的社会教育，可起到事半功倍的效果。例如，来园、离园活动中的文明礼貌、自我服务、人际交往教育；盥洗时的卫生习惯教育、节约环保教育；进餐时的珍惜粮食、“粒粒皆辛苦”，尊重劳动的教育；睡眠时不打扰他人的礼仪教育。

（二）在其他领域教育活动中渗透社会教育

幼儿园几大领域教育的内容是相互渗透与交叉的，其他领域的教育活动中同样蕴含着丰富的社会教育契机。但是，社会教育的内容和过程常常被忽略，教师往往只注意实现某一领域的活动目标，而没有考虑到随机性的社会教育，无形中失去了很多教育机会。教师应具有敏感的社会教育意识，善于在其他领域中挖掘社会教育内容并加以利用。科学领域的教育活动中，可以培养儿童对科学积极认知的态度，对科学积极探究的精神，在操作性的活动中还可以培养儿童不怕困难、团结合作的精神。例如关于“粮食”的主题，可以把粮食的用途、对人类的重要意义以及节约粮食等社会性的教育贯穿进去。又如，在“物体的沉与浮”中，让幼儿分组合作实验，学习商量与协作的社会技能，在交流中体验分享。在语言领域，很多文学作品和活动形式都包含了社会教育的内容。例如，故事表演《小羊过桥》可以教育幼儿互相谦让；《狼来了》可以教育幼儿要诚实，不撒谎；《小猫钓鱼》可以教育幼儿做事情不能三心二意，应该专心；等等。在艺术领域的活动中，可以利用各种美术作品和歌曲、音乐欣赏、表演等艺术活动让幼儿体验、表达社会情感，与同伴交流沟通。例如，通过唱歌表演《我的好妈妈》，教育幼儿体贴关心、照顾辛苦工作的妈妈；通过舞蹈《摘果子》教育幼儿热爱劳动等。在健康领域，可以通过各种活动培养幼儿勇敢、坚强、乐观的精神和互相配合的能力。例如，在各类竞赛性的游戏中，可以教育幼儿团结一致和胜不骄、败不馁的精神；在抛接球、跳绳、玩皮球等游戏活动中，可以教育幼儿要互相协助、互相体谅；幼儿不慎摔倒了，或者产生了畏惧情绪时，教师要鼓励幼儿坚强、勇敢。

三、通过幼儿园、家庭、社区合作进行社会教育

幼儿园应与家庭、社区密切合作，与小学相互衔接，综合利用各种教育资源，共同为幼儿的发展创造良好的条件。

家庭是学前儿童生活的第一个社会场所，父母是孩子社会性发展的第一任教师，在学前儿童社会化发展的过程中，家庭所起的作用是最大的。有研究者指出，在学前儿童发展中，家庭所起的作用占54%。在儿童入幼儿园之前，幼儿的社会性已经有所发展。而幼儿园所开展的社会教育活动，也只有得到家长的配合，才能起到实质性的效果。具体来说，首先，要取得家长的信任，家长信任教师，才会接受教师的教育建议和做法。其次，教师要通过各种途径与家长进行有效的沟通，这样不仅可以对幼儿有更好的了解，也可以及时地把自己的教育理念传递给家长，帮助家长树立正确的教育观、儿童观。最后，要让家长在教育观念和教育态度上与教师保持一致，这样才能形成教育合力。

社区是学前儿童在生活中所接触到的另外一个重要环境。《纲要》指出：幼儿园要"充分利用社会资源，以引导幼儿实际感受祖国文化的丰富与优秀，感受家乡的变化和发展，激发幼儿爱家乡、爱祖国的情感"。社区中蕴含着丰富的物质资源和文化资源，社区资源的利用和开发，有利于幼儿良好生活习惯的养成，有利于幼儿情感、态度和交往能力的发展，因此，教育者要充分挖掘社区教育资源，进一步促进幼儿的社会性发展。首先，要充分利用社区的物质资源和文化资源，丰富幼儿的社会认知和社会情感。组织孩子们参观社区的超市、医院等公共设施和场所，通过这些活动，不仅可以丰富孩子们的社会认知，也能让孩子学会与各种不同职业的人打交道。社区里的一些表演活动、传统习俗，也能让孩子们感受到强烈的乡土文化气息，从而让他们萌发爱家乡的情感。其次，让幼儿参与社区服务，培养幼儿良好的品德和行为习惯。让孩子经常性地走进社区，参与各种社区服务，如给社区的小树、小花浇水，打扫社区，保护社区的环境，为社区的老人讲故事、唱歌等，让孩子们力所能及地为社区做些事情，孩子会更开朗、活泼，敢于表现，不仅可以提高幼儿的交往能力，而且也会培养他们的社会责任感，不知不觉中，他们的社会性也得到了发展和提升。

延伸阅读

了解孩子是家长开展教育的基础。很多家长认为，自己难道还不了解自己的孩子吗？实际上不少孩子是家长"熟悉的陌生人"。下面的问卷就是幼儿园为了让家长全面了解孩

子，加强家园合作的效果而设计的。

> 个性倾向方面：您的孩子害怕些什么？什么最能吸引您的孩子？您的孩子常会抱怨什么？什么事情容易让您的孩子发窘？
>
> 特长爱好方面：您的孩子喜欢什么游戏？您的孩子喜欢什么电视节目？您的孩子偏爱什么样的颜色？孩子在哪些方面的表现让您觉得他（她）很棒？
>
> 社会交往方面：您的孩子愿意和别的小朋友一起玩吗？您的孩子最要好的朋友是谁？您的孩子受小伙伴们的欢迎吗？除家人以外，对孩子产生较大影响的是谁？
>
> 饮食习惯方面：您的孩子更愿意选择什么样的食物？您的孩子不喜欢吃什么食物？您通常在孩子吃饭时提供什么样的帮助？您的孩子吃饭通常需要多长时间？
>
> 内心愿望方面：您的孩子心目中的英雄是什么样的？您的孩子最想去哪些地方？您的孩子最想得到什么东西作为自己的奖励？您的孩子长大后想做什么？

教师把问卷分发给家长作答时应该充分发挥指导作用。教师对家长的指导主要表现在：一是要求家长不要急于回答，要充分认识该问卷对于了解孩子的意义；二是要求家长如实反映孩子的状况，教师可以对家长做出具体的方法指导，如怎样使用观察，怎样对孩子进行深度访谈，怎样客观地记录与评价；三是遇到问题时要与教师及时沟通。

为了增强家园合作的实效性，教师在工作中要注意：

第一，家园互动的重心由访问转向探究。以前的家园互动是教师向家长或是家长向教师了解孩子的“表现”，获得的信息是外部的，而且表面化。家长和教师的话题要更多地聚焦在孩子的发展问题上，共同探讨如何促进孩子的成长。

第二，家园互动的方式由单一转向交互。以前的家园互动主要是由教师发起的，家长参与的被动性较大，而家长的消极参与又会影响教师的工作效果。家园互动工作要注意增强家长参与的积极性。

第三，家园互动的空间由封闭转向开放。以前家园互动主要在教室或孩子家中，其实家园互动的发生是伴随着孩子的成长而时刻存在的，家园互动存在于教师的教育教学中，存在于孩子的学习和日常生活中，也存在于家庭教育过程中。

第四，家园互动的媒介由单一的语言转向多种媒介。以前的家园互动主要借助于语言的交流，具有即时性的特点，容易造成互动不深入、时间短等弊端。教师和家长要认识到孩子的成长是一个持续的发展过程，家园互动也应该是及时与持久的、连贯与深刻的。因此，家长与教师可通过多种信息媒介，如幼儿园 BBS、教师博客、QQ、微信等方式进行交流互动。

（资料来源：周世华，耿志涛. 学前儿童社会教育[M]. 2 版. 北京：高等教育出版社，2014.）

第三节 学前儿童社会教育的方法

教育方法是教师为完成教育任务，实现教育目标所采取的策略和手段。表面上看，教育方法是教师工作行为的一种选择，实际上，其形成和发展是特定时代、特定民族文化传统以及特定文明发展水平共同作用的产物。只有选择适宜的教育方法，才能提高学前儿童社会教育的质量、效果和效率。社会教育受多种因素影响，因此教育方法也是多种多样的。下面介绍几种主要的教育方法。

一、以语言引导为主的方法

以语言引导为主的方法主要是教师借助语言来影响学前儿童社会发展的方法。社会文化、社会问题的教育多采用此类方法。

（一）讲解法

讲解法是指教师以口头语言对社会教育内容进行系统和生动的解释，以使儿童较系统地理解社会教育的内容和意义，掌握正确的行为准则和方法，便于指导其行为。这是社会教育中最经常使用的一种方法。

讲解法的优点：①可以使儿童在较短的时间内获得较多的知识；②便于教师控制教育过程，有利于教师发挥主导作用；③主题明确，易于儿童直接接受；④反馈及时，教师可根据儿童的回答得到反馈，便于调整讲解的内容和方法；⑤有利于教师有目的地向儿童进行社会教育。

讲解法的局限性：①儿童以听教师讲为主，没有充分的机会对所学内容及时做出反馈，儿童的学习积极、主动性不易充分发挥；②讲解单调，儿童的注意不易保持；③讲解的内容、方法统一，很难照顾到个别差异。

运用讲解法应该注意以下三点。

第一，讲解的实用性。教师只有对那些儿童不知道、无法实践或体验的、难以理解的内容才适合专门的讲解。而对一些简单的或儿童已熟知的教育内容，教师就无需再去讲解。

第二，讲解的直观形象性。因为儿童的语言水平发展比较低，对一些观念性的、概括性的内容很难理解。所以，教师在学前儿童的社会教育中，应当具体、直观、形象、简单明了地对他们进行讲解，使抽象的内容具体化，以利于儿童理解和接受。

第三，讲解的方式多样化。由于儿童听讲的注意力不可能集中比较长的时间，难以倾听单调的讲解。因此，教师的讲解要清晰，让儿童听得清楚；简练，不啰唆，避免不必要的口头语；准确、明白易懂；生动有趣、有感染力；速度适中、音量合适、声音注意抑扬顿挫；富有启发性和说服力，并且在角色上也富于变化。例如，采用游戏的口吻讲解穿衣方法，教师扮演猫妈妈，要带小猫出去玩。猫妈妈说："小猫们，我们开火车到很远的地方去，现在就出发。"边说边教儿童穿衣服。火车呜呜响（衣服套头），咔嚓咔嚓上山冈；钻山洞，过大桥（穿进袖筒），运客、运货忙又忙（拉拉锁或系扣子）——儿童便会认真按要求去做。

（二）谈话法

谈话法是指在学前儿童社会教育中，师生通过对话的方式对儿童进行教育的一种方法。教师可以向儿童提出问题，也可以解答儿童的问题，不受时间、地点和人物的限制。在课内、课外、个人或集体都可以采用。同时，谈话可充分调动儿童学习的积极、主动性，能够引起学生的认知兴趣；有助于发展儿童的思维能力和口头语言表达能力；教师可以及时获得儿童学习的信息反馈，有利于教师根据儿童对社会教育内容的理解程度和疑难之处进行有针对性的引导。但谈话法也有局限性，主要是费的时间比较多，不易使全体儿童都参加到谈话中来等。此外，儿童需要一定知识准备才能采用这种方法。

运用谈话法应该注意以下六点。

第一，教师要在儿童社会教育的重点核心内容处采用谈话法。谈话法既然比较费时间，那么用它就要用在最能发挥它的优势的地方。一般讲，是在完成社会教育的重点任务时采用。而且完成这一教育任务时，可以用一系列的问题进行引导、启发，帮助儿童理解和掌握这些内容。而一些枝节问题可以不提，那种"好不好""是不是""对不对"之类简单的问题一般不提，或者尽量少提。

第二，谈话的问题是儿童熟知的。因为只有儿童熟悉和知道的内容，才能使他们积极地参与到话题中来，成为对话的一方，在谈话中获取新的社会知识，才能与教师在情感上产生共鸣。所以，只有儿童熟知的谈话主题才能实现教育的目的。

第三，教师要向全班的儿童提出问题，在大多数儿童都积极思考以后，再指名回答。

第四，教师所提出的问题应具体、明确、难易适度。这样才能使大多数儿童进入思考状态，在思考后参与交谈。教师在交谈中，不仅要注意举手要求回答问题的儿童，而且注意那些没有举手的儿童。他们为什么不举手？是因为不会回答，还是没有把握不敢回答，或者是觉得太简单不值得回答？教师要注意没有举手的儿童的数量及原因，并根据实际情况采取对策，及时把他们也吸引到谈话中来。

第五，问题提出后应留给儿童一定的思考时间。因为学前儿童年龄小、社会知识经验不多和思维能力发展有限，他们对谈话中的问题需要时间思考，对此教师不该急于求成，要给予等待。对他们提出的问题和表达的看法要给予积极的鼓励和关注，不论儿童学得好与不好，教师都要耐心倾听。这有利于谈话顺利进行下去，也训练了儿童交谈和倾听的能力。

第六，谈话的最后，教师应用准确的语言进行总结。谈话法在学前儿童社会教育中虽然非常重要，但只有单调的一问一答谈话，很容易使儿童的注意力分散。因此，不要独立地采用谈话法，还应与其他方法结合使用，尤其是教师要和讲解法结合起来，对谈话的内容用准确的语言进行总结。

（三）讨论法

讨论法是指在学前儿童的社会教育中，儿童在教师的指导下就社会性问题、现象互相启发、交换看法以获取知识的一种教育方法。讨论的具体方式有成对交换意见、分小组讨论、全班讨论三种。

讨论法最大的优点，就在于它能在一定时间内增加儿童口头表达自己认识的活动机会，尤其是成对交换、分小组讨论形式，为儿童提供表达意见的机会更多，甚至不必考虑自己意见的对错，在与教师、同伴的讨论中，儿童的认识得以深化，情感能够自然流露出来；而且讨论法还可以使儿童听到各种不同的意见。因此，这种教育方法能够活跃思想、激发认识兴趣，能够比较充分地发挥儿童的学习积极、主动性；还有利于儿童在分析、比较各种意见中，提高独立思考的能力、分析问题和解决问题的能力和口头表达能力。

运用讨论法应该注意以下四点。

第一，选好讨论的主题。讨论的主题应贴近儿童生活，也能引起儿童的兴趣。一般地说，采用讨论法比讲解法和谈话法更费时间，但是它更有利于吸引全体学生参加讨论、积极思考，调动他们学习的积极、主动性。同时，也对讨论的问题提出了更高的要求，要贴近儿童的生活实际，有值得讨论的价值，即主题是完成社会教育任务必须解决的认识上的重要问题，而且儿童对这个问题有不同的看法，能引起讨论的兴趣。

第二，要根据儿童年龄阶段进行讨论。只有当儿童具备一定讨论的口语表达能力和知识经验储备时，才能使讨论交流的问题顺利进行下去。年龄太小的儿童不适合运用讨论法。

第三，教师要引导讨论，不要当裁判、阻碍讨论。教师要创设平等、宽松的讨论气氛，体现师生互动的关系。既然是讨论，就要让儿童自由地发言，敢想、敢问、敢说，让儿童把几种看法都讲出来，然后引导儿童分析、比较几种看法，从而得出正确的认识。教师不要当裁判，匆忙裁定说："不对！""是这样吗？再想想！"一旦有个儿童说出教师希望的答案，教师就马上结束讨论说："对了，好。"这些做法都是不可取的。

第四，做好讨论的结束工作。讨论应该有个结论，教师可以结合讲解法做个讨论小结，起到强化讨论的主题、纠正一些错误认识和鼓励儿童的讨论热情的作用，以利于以后的讨论。但有时为了引起儿童的学习兴趣和发展儿童主动探索的精神，对讨论的问题只要不影响继续学习，可以不做结论，留个悬念，让儿童自己去探讨。有些没有标准答案的问题，主要是开阔儿童的思路，允许有不同看法。

在学前儿童社会教育的实际工作中，孤立地采用讲解法、谈话法、讨论法的情况并不多。在大多数情况下，学习社会性新知识和巩固旧知识，都是边讲解、边提问、边组织讨论，把三种教育方法结合在一起使用的。

（四）强化评价法

强化评价法是指通过对学前儿童社会性行为的评价对儿童进行社会教育的方法。儿童在社会生活中，经常受到各种环境的刺激和影响，有些可能是积极的、正面的影响，使儿童相应地形成良好的社会行为；有些可能是消极的、负面的影响，使儿童相应地形成不良的社会行为。也就是说，在儿童身上存在积极的和消极的两种影响。那么，儿童要想成为符合社会要求的人，就需要成人按照社会行为规则，不断对儿童的行为进行调整。还要用正确的评价，激发儿童的上进心，促进他们良好社会性的形成和发展，同时也能抑制不良社会性的产生和蔓延，这是学前儿童社会教育常用的一种方法。

强化评价多种多样，一般常用的是正强化和负强化。正强化是指对儿童的良好行为表现给予表扬、鼓励、奖励等肯定性评价，它能提高儿童的积极性，激发儿童亲社会言行的出现；负强化是对儿童不良行为给予警告、规劝、批评、惩戒等否定性评价，它能纠正儿童的不良行为。例如，当某一儿童把自己的玩具让给其他同伴玩时，成人及时的表扬和微笑会使他感到这件事做得对，以后还要继续做下去；而当某儿童争抢其他同伴的玩具时，教师及时的眼神或规劝使他认识到这样做是不对的，应该把玩具归还给小朋友，或征求别人同意后再借来玩等。不管运用何种评价方式都应立足在理解、尊重、信任儿童的基础上进行。

教师运用强化法时，应注意以下四点。

第一，强化要及时。即当学前儿童的言行符合社会要求时，教师要及时地称赞表扬、点头、微笑、抚摸等；当学前儿童的言行不符合社会要求时，教师要及时地规劝否定、摇头、表情严肃、纠正等。这样，使儿童良好的言行得到保持，使不良的言行消退等，强化的作用才能真正具有教育意义。

第二，强化要恰如其分。过多地运用表扬和奖励不能使儿童或者集体感到光荣，反而容易使儿童对表扬和奖励产生满不在乎和无所谓的心理状态，有时运用得不好，强化还可能是一种干扰。例如，几个儿童每个人都在专注地做“老鹰抓小鸡”的游戏，教师看到他们玩得好就表扬了他们几句，这打断了儿童的游戏和思维，是一种干扰，完全没有必要。教师若想表扬他们，可在小结会上进行表扬。而教师在运用批评、惩戒时，更要慎重。因为批评、惩戒是一种消极的方法，副作用大，容易使儿童产生消极情绪。所以，除了儿童所犯错误的性质和情节十分严重，不进行惩戒不行时，一般情况下，不要轻易使用。

第三，以表扬、奖励为主。当儿童出现良好的言论或行为时，教师要用表扬、微笑、点头、竖起大拇指、轻轻拍肩、轻轻抚摸一下头、精神奖励等，促进儿童的上进心，激励他们严格要求自己，发扬优点、克服缺点，取得更大的进步。需要注意的是，教师在运用表扬时要适度，特别是对一些表现好经常受到表扬的儿童，要把握表扬的分寸，以避免他们产生骄傲自满的情绪。应该把表扬、鼓励的重点放在那些经过努力做得好，或经常被忽视而自信心不强的儿童身上。

第四，严禁体罚、恐吓、辱骂或变相体罚。

在学前教育机构中，教育法规和职业道德都禁止体罚或变相体罚。教师也不能以劳动、恐吓和辱骂作为批评、惩戒的手段。

二、以情境教学为主的方法

情境教学是教师根据一定的目标，为幼儿创设相应的情境，使幼儿在情境实践中获得情感体验、产生感染与共鸣，促进其社会行为形成的教育方法。幼儿做事经常受情绪支配，还极易受周围情绪气氛的感染，这一心理特点，是我们进行情境教学的重要前提。教师要自然地引导幼儿融入情境，并在情境中将受到的教育转化为现实生活。

（一）榜样示范法

榜样示范法是指在学前儿童社会教育中，教师用他人的好思想、好行动和英雄事迹去影响和教育儿童，形成良好社会品质的方法。因为儿童的模仿性很强，具体、生动、直观的典型易于感染儿童，激发他们向榜样学习的热情。因此，设置一定的社会情境，树立一定的榜样，使儿童有意无意间进行模仿，可以有效地促进儿童良好社会品质的形成和发展。教师在运用榜样示范教育过程中，要选择有教育意义，而且又切合儿童实际的典型人物或事例。

对儿童影响较大的榜样有以下三种。

第一，伟人和英雄模范人物。伟人和英雄模范人物的生平事迹和所建立的光辉业绩是具体、生动、形象的教育材料，儿童们学习以后，不但会产生敬爱之情，而且都会以此为榜样照着去做。例如学了雷锋的事迹后，各个儿童都争着向雷锋学习做好事，培养他们为人民服务的好风尚。

第二，教师本人。教师在学前儿童心目中有崇高的地位，教师的一言一行都在潜移默化地影响着儿童。因此，教师一定要严格要求自己，言行要符合社会的道德规范，用美的语言、美的行为、美的心灵来影响教育孩子，培养儿童良好的社会品质。

第三，同伴。同伴与儿童们的年龄相近，他们中间出现的好榜样或有教育意义的事例更易被儿童所接受，特别是与儿童生活比较接近的那些平凡小事，产生的感染力更强。所以，教师要注意表扬儿童中的好人、好事，树立良好的学习榜样。

（二）角色扮演法

角色扮演是指个人试着设身处地地去扮演另一个在实际生活情景中不属于自己角色的行动过程，从而形成角色所需要的某些经验和行为习惯。在学前儿童社会教育过程中的角色扮演就是教师要创设现实生活中的某些情境，让儿童扮演一定的社会角色，使儿童表现与这一角色一致的且符合这一角色规范的社会行为，并在此过程中使他们能够亲自体验他人的角色，从而更好地理解他人的感受和处境，体验他人在不同情境下的内心情感，以此掌握自己承担的社会角色所应遵循的社会行为规范和道德要求。

现实生活中，每个人都处在一种或几种角色地位，扮演哪种角色都有自己特殊的行为模式。儿童从家庭来到学前教育机构，从家中的“小皇帝”“小公主”变为群体中普通一员，随着角色的转换，要求他们改变在家庭中养成的某些习惯做法，学会遵守集体生活中的行为规范，有利于成功地扮演学前教育机构中小朋友的角色。因此，角色扮演实际上就是儿童的一种学习过程。在日常生活中，教师要创设教育情境，引导儿童进入角色，模拟社会生活，学着像所扮演的角色那样去感知、去体验，有助于利他行为的产生，从而使他们获得一种新的行为模式。

在运用角色扮演法时，应注意以下六点。

第一，教师创设的教育情境使儿童能够熟悉和喜爱，让儿童承担的角色必须为儿童所认知和理解。例如，可让他们扮演妈妈、老师、司机、交通警察等。

第二，角色扮演要有针对性。要根据教育目标和儿童社会性发展的水平来确定目标。例如“我是大班哥哥姐姐”的活动中，儿童扮演哥哥姐姐的角色，他们做出与之相适应的行为，如礼貌对待弟弟妹妹，关心、帮助弟弟妹妹，做弟弟妹妹的好榜样等。

第三，要充分发挥儿童的主动性、积极性和创造性，尊重儿童自主地选择角色、变化角色和创造角色，教师只能指导活动，不应经常去分配和导演角色。

第四，儿童扮演的角色应以正面角色为主，切忌让几个儿童经常扮演反面角色。

第五，教育者尽量与儿童平等地去扮演角色。

第六，情节要简单；内容要短小、活泼；对话、动作要多，适于表演。

（三）移情训练法

移情又叫感情移入，它是指一个人设身处地地站在别人的位置去理解他人的情感、需要及活动。儿童情绪、情感发展的主要特点之一是其情绪的易感染性，因此，移情对发展儿童的社会性有重要的作用。首先，移情可使主体内部产生某种情感共鸣，从而成为推动儿童品德行为发展的内在动因。例如，教师或父母通过对老人、邻居等的尊重和关心，对集体和社会公益事业的热心支持等来影响儿童，使他们在情感上产生感染与共鸣，促进其社会品德行为的形成。其次，移情可以使儿童摆脱“自我中心”，从别人的立场、位置来考虑问题，产生利他思想，逐渐形成亲社会行为。最后，移情还可以使儿童体会助人为乐、合作分享等带来的友爱与欢乐的情绪。但在现实生活中，移情并不是自然而然产生的，它需要在生活中、教育中通过教师、家长等的训练才能够出现。

移情训练法是指教师或家长通过儿童的现实生活事件或通过讲故事、情境表演等方式，引导儿童设身处地地站在别人的位置考虑问题，使儿童理解和分享他人的情绪、情感体验，从而与之产生共鸣的训练方法。例如，一个儿童的母亲会同情、怜悯别人，当儿童遇到他人苦恼的情境时她会对伤害事件进行有感情的说明，帮助孩子理解自己的行为与他人烦恼的关系。这位母亲，就是给孩子进行移情训练。采取这种教养方式的父母，他们的孩子往往会对别人表现出移情，并可能表现出帮助、分享和同情等亲社会行为。可见，移情训练法是社会教育的一种很重要的教育方法。

移情训练的途径很多，主要有讲故事、编故事、生活情绪体验、情境表演等。例如续编故事，让儿童在编故事的过程中去理解和体验故事主人公的情感和心态，儿童在编的部分中已含有对故事中人物的理解与分享，在续编故事中发展了儿童的想象力，也引导了儿童的移情。又如情境演示，是把社会生活中的某些场景状态展现给儿童，如“关心爸爸妈妈”“接待客人”等内容让儿童尝试表演出来，老师和小朋友再给予评价。这些情境演示让儿童从别人的角度去体验他人的情绪、情感，又是发生在儿童身边的事，因此，它具有一定的感染力，并且易于儿童接受其中的教育内容，达到移情的目的。

运用移情训练法应注意以下六点。

第一，创设的情境应是儿童熟悉的社会生活，或者是符合孩子们的年龄特点，孩子们能够理解的，这样儿童才能产生移情。

第二，移情训练要通过换位，让儿童去理解他人的情绪，并以自己本身的情感体验去感受、理解他人的情感需要，以唤起儿童情感共鸣。

第三，在移情训练中，要不断变换移情对象的身份，以训练他们对各种不同人物的移情，扩大移情的对象。

第四，移情训练的目的是为了儿童以后在社会生活中对他人的理解与共鸣，但不能只停留在对情况的理解和分享上，还应对他们进行良好的行为教育，形成良好的行为习惯，用儿童形成的良好社会行为去关心他人。例如，不仅能够理解小朋友受到攻击的感受，而且还能给予力所能及的关心和帮助。

第五，在移情训练中，教育者要真情地与儿童一起进行训练，不能成为局外人。教育者的移情能力和对待移情训练的态度能影响儿童的移情的效果，因为教育者的情绪具有很强的感染力，教育者加入到移情的训练中，会极大地感染儿童。例如“邻居”活动中，李阿姨上夜班需要休息，小毛吵闹影响李阿姨休息，教师扮演李阿姨，表现出自己烦躁不安、生气的情绪，让儿童思考：“如果你睡觉的时候，别人大吵大闹，你心里觉得怎么样？”使儿童把自己的体验与李阿姨的现实情绪联系起来，从别人的角度去体验其感受，引导儿童对邻居有礼貌；要关心、体谅别人；在别人休息、看书的时候应保持安静等。

第六，移情训练法应与角色扮演法、行为练习法等有机结合起来运用，才能取得良好的教育效果。

（四）价值澄清法

美国心理学家、教育学家路易斯·拉斯教授在对传统的价值观教学法进行研究分析的基础上，提出了一种新的价值观教育法，即“价值澄清法”。它针对纷繁复杂的现代社会中，家庭、学校传授的各种做人的行为规范和准则与儿童所见所闻的种种相背离的社会现象，以及现代社会中不断变化的各种刺激导致价值观的混乱，认为只有通过儿童心理内部价值澄清，才能建立自己清晰的价值观和恰当的生活方式。实践证明，这种方法不仅灵活、方便、简单，而且非常生动、有趣、可行，是当前对儿童进行价值观教育的一种非常有效的方法。

价值澄清理论的基本内容是：每个人都有各自的价值，同时每人都按照自己的价值观去行事。价值尽管是个人的、相对的，是不能被灌输的，但有理智的人类应该有能力学会运用“评价过程”进行价值澄清，从而形成个人稳定的价值观，这一理论运用于学前儿童社会教育领域，是一种较为特殊的社会教育方法。

儿童价值观是指儿童在日常生活中，通过与周围人和事的接触逐渐形成比较稳定的待人处事的态度。即通过儿童内部心理活动进行价值选择、价值确定，然后付诸于外部行动的过程。在价值澄清时，有七个评价步骤：让儿童自由选择价值；让儿童从尽可能多的选择内容中选择价值；让儿童对各种选择过程及其后果三思后再做选择；让儿童珍惜和重视自己的选择；让儿童公开表示自己的选择，并求得大家的认可；让儿童根据自己的选择采取适宜行动；让儿童重复根据自己的选择所采取的行动，使之成为个人的生活方式。价值澄清理论强调，儿童价值观的建立是通过儿童自己的内部心理活动、内心情感体验，进而进行意志行动这么一个过程，即一个由内到外、思想言行一致的儿童主动建构价值过程。它对儿童价值行为的重视表现在公众场合与个人独处时，都能保持一致。但该理论也有不足，它忽视了个体价值观的确定，必须在外部的教育条件下进行才能取得成效。对儿童来讲，他们靠自己建立价值观是相当难的，主要是依赖于外部环境的刺激，通过自己的理解深化才能内化为自己的价值观。所以，确定价值的过程应该是在正确教育的影响下，引起儿童自身内部心理活动矛盾冲突的过程。在这个过程中，儿童内心矛盾冲突的不断解决，使他们的正确价值观确立起来。

鉴于上述的认识，我们针对价值澄清法在学前教育机构教育中常用的四种具体教育方法，做如下介绍。

1．澄清应答法

澄清应答法是指教师通过与儿童的交谈引起儿童的思考，在相互的交流中不知不觉地让儿童进行内省和价值评价的方法。它是价值澄清中最基本、最灵活的方法。例如，一次一位孩子在自由活动时说他喜欢计算，教师听到后立即抓住机会与他交谈：

教师：你到底喜欢计算什么呢？

儿童：嗯——，让我想想，我也想不起来，但是，我就是很喜欢计算。

教师：你玩的一些游戏，是不是与计算有关呢？

儿童：不是的。

教师：好，谢谢你，你接着玩，我去那边看看。

这种交谈时间很短，教师适时地把握住了教育时机，交谈虽然很快结束了，但是留下儿童一个人去回味刚才谈话的内容，留下了深刻的印象，这种短论，比长篇大论效果要好。教师走后，儿童可能自己会想一想："我到底喜欢计算什么呢？我为什么不做一些计算游戏呢？"儿童的这些思考对他们的价值观澄清是有帮助的。

教师在运用澄清应答法中，一般要注意以下四点。

第一，针对当时的具体情景，教师要适时、及时地与儿童进行澄清应答，引导和鼓励孩子进行价值思考。

第二，在澄清应答过程中，教师要对儿童的言行表示出一种认同的态度，但这样做并不是对儿童的言行完全赞成，教师在提问和回答时要尽量避免是非的评价与判断。这样做会使儿童觉得老师在注意他、尊重他，而不是忽视他、贬低他。这为以后的师生交谈建立了宽松、融洽的气氛。

第三，教师要鼓励儿童对自己的兴趣爱好、选择、行动进行慎重的思考与评价。如上例中"你到底喜欢计算什么呢？你玩的游戏，是不是与计算有关呢？"这样做的目的是要促进儿童对自己的选择做进一步的思考，进而促进儿童的思维、情感与行为能力的发展。

第四，价值澄清应答的时间不宜太长，只要引发儿童进行有关价值思考就适可而止，要把思考的机会与答案留给儿童。

2．价值表决法

价值表决法是指教师事先拟定一系列儿童关心的问题，让全体儿童一起来表示自己意见的一种方法。例如，围绕培养儿童"独立解决问题"的能力，教师设计了6个价值判断题。

（1）当小朋友从你的许多玩具中拿走了你最心爱的玩具，怎么办？

（2）我想玩的积木，别的小朋友正在玩怎么办？

（3）游戏时我的椅子被别人搬走了怎么办？

（4）我想演的角色被别人担任了怎么办？

（5）我想去活动区，可人数满了怎么办？

（6）玩滑梯时其他小朋友碰了我怎么办？

价值表决的目的就是通过向儿童提供公开自己价值观的机会，让儿童获得他对自己价值的态度。

运用价值表决法应注意：每次让儿童表决的问题不要太多，最好在10个以内；要面向全体儿童，让他们每个人都有表决的机会。

3. 价值排队法

价值排队法是指让儿童以三四种事物为对象，根据自己认为的重要性为它们排名次，并说明这样排的原因的一种方法。在儿童的日常生活中，他们常常会遇到做出选择的事情，价值排队法就是要为儿童提供这些选择的机会，训练他们对其价值进行分析、比较、筛选的能力，帮助儿童进一步了解各种事物的价值，并公开表达自己的选择。下面是一些可供儿童进行价值排队的实例。

（1）小朋友之间重要的关系是什么？

A. 忠诚　　B. 大方　　C. 友爱

（2）下面三种东西你最喜欢哪一种？

A. 玩具　　B. 小朋友　　C. 食物

（3）下面三件事中你最不喜欢哪一种？

A. 没有玩具　　B. 没有同伴玩　　C. 生病

设计价值排队的题目时，教师要注意：排名次事物的数量不能太多，最好不超过4个；排名次事物的内涵上不能相互交叉。

4. 展示自我

展示自我的方法是教师或家长给儿童创造条件和提供自由发言的机会，让孩子们把与自己有关的事情讲出来给大伙听。需要注意的是，儿童每次讲时最好围绕一个题目进行。下面提供几个可供参考的题目。

（1）我是谁？

（2）我觉得自己怎么样？

（3）我最有意义的经历是什么？

（4）我感到骄傲的地方是……

（5）假如我是家长……

（6）假如我是教师……

（7）假如我是市长……

（8）假如我能改变世界……

展示自我的目的就在于系统地为儿童提供审视思索自己的机会，使他们逐渐学会分析自我、检查自我和发现自我。

价值澄清的方法很多，上述的几种是比较典型有效的方法。除此之外，教师可根据有关儿童获得价值观的原则，进一步地设计出一些切实可行的方法，并把多种方法结合起来灵活运用，以便达到预期的价值澄清效果，使儿童养成良好的价值观。

三、以直接知觉为主的方法

直接知觉为主的方法主要是教师借助实物等直观材料的演示，或引导幼儿实际参与活动等，使幼儿形成正确认识和良好社会行为的教育方法。社会环境、社会规则和人际交往等方面的内容的教育，常采用此类方法。

（一）观察、演示法

观察、演示法是指在学前儿童社会教育中，教师依据社会教育目标，向儿童出示的实物、图片、直观教具、录像等可以被他们感知的材料，使儿童通过观察获得相应的社会知识、社会情感及社会行为的一种教育方法。观察、演示法具有直观性、形象性、具体生动性，它有助于儿童了解社会教育内容。因为学前儿童的思维主要是以直觉动作思维和具体形象思维为主，抽象逻辑思维在学前儿童后期才逐步出现并开始发展的，他们对社会规则的掌握需要依靠直观形象的帮助。同时，教师运用直观手段获得的表象，使儿童感到形象清晰、鲜明、生动有趣，印象深刻，便于记忆，容易巩固，容易引起学习兴趣和积极性，运用典型的具体事物可以使一些抽象的规则变得容易理解。例如，认识少数民族，可用各民族的娃娃、图片、幻灯片或画报等向儿童介绍少数民族的服饰、居住情况及不同风格的歌曲和舞蹈，使儿童对少数民族有更直观形象的认识。根据演示的材料可分为实物、图片、教师做的示范动作、幻灯、教育电影和录像等。

无论观察、演示法的效果怎样好，大多情况下也需要与讲解法、谈话法等结合起来运用。

运用观察、演示法时，教师应注意以下三点。

第一，要根据社会教育任务的实际需要，有目的、有针对性地运用观察、演示法，不能为演示而演示，也不能单纯为引起儿童兴趣而演示。

第二，观察、演示前，要做好充分的物质和心理准备；演示过程中，要尽可能地使每个儿童都观察到演示的对象与过程。演示要与教师讲解引导等其他教育方法结合起来使用，使儿童的感知与观察结合，而不只是停留在感知观察上。

第三，教具的运用要适当，避免分散儿童的注意力。例如，不要过早把教具展示出来；或等到需要展示时，应让全体儿童都看清楚后便把它们收起来，以不影响后面的讨论和总结。

（二）参观法

参观法是学前儿童在社会教育过程中，教师根据一定的教育目标组织儿童到学前教育机构外观察社会现象，让儿童在对实际事物或现象的观察、思考中获得新的社会知识和社会规范的教育方法。例如，组织儿童参观少年宫、敬老院、图书馆、超市、邮电局、建筑工地等。参观法能把儿童社会教育活动与社会生活紧密地联系起来，有利于生动、活泼地向儿童进行社会教育，是引导儿童认识社会的主要方法。教师对参观活动的组织、指导，是他们观察了解成人社会、获得社会知识经验的重要保证。

教师运用参观法时，应注意以下三个问题。

第一，参观前要充分做好准备工作。教师要根据社会教育的任务、儿童的实际认识水平及当地的环境条件等，制定出参观的计划。此计划应包括参观的具体目标、对象、时间和地点，通过参观儿童应获得的知识，在参观中教师应如何引导儿童进行观察和学习，等等。同时，教师还必须亲自到参观的现场察看，并要和现场有关人员商量好社会教育活动的参观安排。

参观前，教师应让儿童做好心理上的准备。教师要通过简单的谈话让儿童获取相关的必要知识；让他们明确去参观什么、参观的重点是什么、参观后要完成什么学习作业等问题；也可以让儿童通过观察相关内容的图片或照片等，激发儿童参加活动的兴趣。

第二，参观中要做好指导工作，要注意儿童的安全。参观过程中，教师或参观现场的工作人员要根据儿童实际情况，因势利导地进行讲解，引导儿童注意要观察对象的主要方面。教师还可以围绕参观的内容，启发儿童提出需要了解的问题，或主动地联想过去的知识经验，思考如何解决新问题，或教师给予解答。

参观过程中，教师时时处处都要做好参观访问的组织工作，维持参观的秩序和注意保障儿童的安全。

第三，参观后要做好总结、巩固工作。参观之后的总结是非常必要的，教师通过谈话，能使儿童获得的知识更完美、更有条理。教师还可以让儿童进行绘画或游戏等活动，使他们把参观访问的结果巩固下来。例如，参观服装自选商场后，让儿童用纸和笔把自己最喜欢的衣服画出来；参观邮局后，为儿童准备信封、邮票、笔和纸以及邮筒，让儿童进行邮局游戏。

（三）行为练习法

所谓行为练习法是指教师在学前儿童社会教育过程中，组织儿童按正确的社会行为规范自己，通过参加各种活动和交往受到实际锻炼，以形成儿童良好的社会行为习惯的方法。这种方法是形成和巩固儿童社会行为最有效的方法。

儿童参加行为练习的方式是多种多样的，既有教师人为创设的情景进行行为练习；也有教师组织的多种实践活动练习，如各种劳动、社会活动、整理玩具、值日生等；还有通过各种生活情景中教师组织的儿童行为练习，如来园和离园的礼貌行为练习、用餐后的卫生行为习惯等。儿童良好的行为习惯、生活习惯和与人交往的社交能力，不是靠几次活动和说教就能奏效的，只有经过反复认识和练习，形成自觉行动，使儿童在不必懂得很多道理的情况下，能自觉地按正确的方法去面对周围世界，在实践中不断适应社会。

教师在运用行为练习法时，应注意以下四点。

第一，要明确行为练习的目的和要求，要有严密的组织工作。开展什么活动，受到哪些锻炼，训练哪方面的社会行为和能力，事先都要有详细而周密的计划。

第二，要充分尊重和发挥学生的主动性和积极性，使儿童成为各种行为练习的主人，让儿童在练习中真正体验到快乐，达到练习的目的和效果。

第三，行为练习要循序渐进，练习的内容应为儿童所能接受。

第四，行为练习要反复进行，做到持之以恒。儿童的日常生活，都是他们进行行为练习的机会，不要忽视这个环节，要坚持通过日常的学习、劳动和生活进行反复练习，使儿童形成各种习惯。例如，教师在指导幼儿洗手时，把洗手的动作按顺序编成儿歌，让儿童边洗手、边念儿歌，从而使他们掌握洗手的顺序等。这样一些方法能激发儿童的练习兴趣，带给他们愉悦感和成就感，能充分地调动儿童的练习积极性，提高练习的效率和质量。

“教育有法，但无定法。”上面介绍的学前儿童社会教育的一些方法，各有不同的特点和作用，但它们之间也有其内在的联系，是相互配合、互相补充的，教师在运用这些方法时要考虑到教育对象的不同特点，灵活运用。随着社会的不断变化和发展，学前儿童社会教育的内容和手段不断更新，教育方法上也应有所创新，教师不但要不断学习新的教育理论和其他教师的先进经验，也要总结自己的教育经验，探索新的教育方法，逐渐提高社会教育的水平，促进儿童社会性的发展。

延伸阅读

学前儿童社会领域教育需要注意的问题

（一）注重活动体验，避免简单说教

在幼儿社会学习的发展中，“体验”是一种非常重要的学习方式，特别是情感态度类的学习，绝不是单纯地“讲道理”所能奏效的。原则上讲，态度不是“教”出来的，也不是可以脱离其他内容而单独存在的东西，它是伴随着活动过程而产生的体验。我们以幼儿自尊和自信的形成为例来进行说明。

自尊、自信是个体对自己的一种评价性和情感性的态度，属于自我系统中的情感成分，它是一种积极的品质，也是个体发展极为重要的内在动力。

一般而言，情感态度类目标实现的基本途径是“体验”。自尊、自信属于情感态度类目标，它的形成主要来自交往过程和各种活动过程中的“体验”，与个人的自我价值感和能力感（自我效能）密切相关。

有研究表明，人对自己的态度主要受三个因素的影响。

(1) 别人对自己的态度与评价。别人的态度和评价被自己感知到，就会影响自己对自己的看法。美国著名社会学家库利指出，“自我概念是他人反馈的函数”“人是在他人眼睛中照见自己的”，他人的态度像是自我的一面“社会性镜子”。一个人如果经常感受到别人对自己是友好、关爱、尊重的，那么他的自我价值感就会较高，就容易形成自尊和自信，反之，则容易自卑。

(2) 个人活动经验（自我感觉）。人在活动中的成功感或挫败感会影响到其对自己的看法和态度，经常获得成功的体验，人的自尊、自信就会增强，反之，就会降低。

(3) 社会比较经验。在活动过程中，人常常自觉或不自觉地把同伴作为衡量自己的标准，并根据比较结果对自己做出评价。

幼儿最初的自我价值感来自于父母无微不至的关怀和照顾，最初的能力感与其他动作的发展和对环境的“控制”有关。安全感、归属感、成功感等直接影响幼儿的自尊、自信。

教师对幼儿关爱、肯定、信任、尊重的态度及为幼儿提供的自主、成功的机会等，都有利于提高幼儿的自尊、自信；反之，不考虑幼儿之间的个别差异，用同一难度的任务要求所有幼儿，必定会使一部分幼儿产生挫败感，降低他们的自尊、自信。而拿一些幼儿的弱项与其他幼儿的强项比较，则更是一种严重伤害其自尊、自信的错误做法，一定要加以杜绝。

(二) 理解社会学习的渗透性和综合性，避免单一的“社会课”

如果我们不是简单地将社会学习当作获得“社会常识”，而是将其真正看作是培养幼儿良好的社会性和个性品质的话，就会发现，这个领域确如《纲要》所指出的那样，“往往融合在各种学习活动中，并渗透于幼儿一日生活的各个环节”。

【案例一】 某幼儿园，10点多钟，大一班的孩子们正在活动区自由活动。老师开始把两个装着豆浆的不锈钢罐和一托盘蛋糕卷摆在离洗手池不远处的桌子上。丁丁看到后对莹莹说：“该吃点心了！我们去吃吧？”“等一会儿，我还没插好呢！”莹莹一边用积塑片插着造型，一边说。“那我等你！”

过了一会儿，莹莹插好了。她抬起头来，看了看放在食品桌旁的一个供六人使用的餐桌，发现人已经满了。“丁丁，咱们等一会儿再去吧，你看人都满了，没位子了！”“那好吧，等他们吃完了我们再去！”

又过了几分钟，餐桌边只剩三个小朋友了。丁丁和莹莹一起走过去，先洗洗手，然后每个人拿起一个托盘，从不锈钢罐里倒了一杯豆浆，又夹了一个蛋糕卷放在托盘上的小盘子里，小心地端到餐桌前放下，坐到椅子上，一起吃了起来。吃完后，像其他小朋友一样，漱漱口，然后把杯子、盘子和托盘分别收到放用过的物品的地方。

这是一个生活环节。由于这个幼儿园为幼儿创设了一个有利于培养自理能力的环境，幼儿的自主性、自我管理能力和规则意识都自然而然地培养了起来。

【案例二】 今天，大三班美术活动——画“柳树”。老师和小朋友一起在走廊上、院子里摆一些桌子，几个人一组，幼儿面向那两棵大柳树，一边观察，一边作画。

婷婷画得非常认真，甚至专门跑到树下捡回一片柳叶。仔细看它的叶脉，然后一片叶子一片叶子、一条叶脉一条叶脉地画着。画好后，她很得意地想向身边的浩浩炫耀。可一转身，看见浩浩的图画纸上好像只有用水彩笔涂抹出来的一片绿色。婷婷忍不住笑了起来：“你这画得什么呀！乱七八糟的！”浩浩看了看她，没说什么。突然一阵风吹了过来，浩浩马上抓住婷婷的胳膊说：“你看！”婷婷一抬头，看见柳树随风摇摆起来，像一面绿色的旗子在飘扬。婷婷看看浩浩的画，又看看自己的画，说：“你画的是刮风时候的树，我画的是不刮风时候的树！”

浩浩笑了，婷婷也笑了。

幼儿的表现告诉我们，在这个美术活动中同时发生着社会领域的学习：他们切实感受到人与人的想法、看法可能是不一样的，各有各的道理，要理解、尊重不同，接纳、欣赏差异。教师只要真正理解了社会领域的目标和学习发展特点，就可以将整个社会领域的教育自然地渗透、融入到生活、游戏和各领域的教育之中了。

当然，这不是说社会领域不可以有专门设计的教育教学活动，但必须看到，渗透性、伴随性是幼儿社会领域学习的基本特征。处理好渗透在各种活动中的社会学习和专门的教育教学活动之间的关系，才真正符合幼儿社会领域学习的规律和特点，才能真正有效地促进幼儿社会性和个性的发展。

（三）用辩证的观点看待目标，避免突出一个方面而忽略另一方面

社会领域的某些学习和发展目标具有很强的辩证性，因为这些目标往往既指向个人，又与他人密切相关，不能只强调问题的一个方面而忽视另一个方面。

十几年前，我国一个中小学教师代表团到某国的一所小学去参观。听一年级课时，我们的代表看到了一件令人费解的事。

课堂作业开始了，同学们都安静地拿出铅笔写了起来。一个男生好像忘了带笔，坐在旁边的一位女同学从自己的铅笔盒里拿出一支笔给了这个男生。他刚想开始写作业，就见老师走到他跟前悄悄和他说了几句话。之后，这个男生就把笔还给了那位女生，自己拿着书看了起来。下课以后，我们的代表就此事访问了老师。老师说：“我们也提倡互相帮助，但前提是确实有自己解决不了的困难。上学带齐学习用品是每个学生的责任。这位同学没带笔，如果我让别人帮助了他，下次他可能还是不注意。因此，我让他先看书，回去以后用别人游戏的时间来补作业，这样他就不会再忘了。”

这位老师较好地处理好了“自助”和“互助”之间的辩证关系。其实，社会领域此类的关系还有不少，需要我们注意。如当教育幼儿学会“谦让”时，不要忘记同时让他们学会“维护自己的权利”；当涉及“竞争”问题时，不要忘记“合作”带给幼儿

的共同成长。

（四）杜绝虚假，提倡真诚教育

网上流传的故事：美国一位心理学家在全美选出50位在各自行业中获得了卓越成就的成功人士，同时又选出50个有犯罪记录的人。他去信给这100个人，请他们谈谈母亲对自己的影响。其中两封回信最为深刻：一封是来自白宫的著名人士，另一封来自一个正在监狱服刑的犯人。他们谈的是同一件事：小时候母亲给他们分苹果。

监狱犯人信中写道：

小时候，有一天妈妈拿来几个苹果，红红绿绿，大小不同。我一眼就看见中间的那个，又红又大，非常想要。这时，妈妈把苹果放在桌子上，问我和弟弟，你们想要哪个？我刚想说要最红最大的那个时，弟弟抢先说出了我想说的话。妈妈听后瞪了他一眼，责备地说：好孩子要学会把好东西让给别人，不能总想着自己。于是，我灵机一动，改口说："妈妈。我想要那个最小的，最大的分给弟弟吧。"妈妈听了非常高兴，在我的脸上亲了我一下，并把那个又红又大的苹果奖励给我。我得到了我想要的东西。从此，我学会了撒谎。

那位白宫的著名人士写道：

小时候，有一天妈妈拿来几个苹果，我和弟弟们都争着要最大的。妈妈把那个最大最红的苹果举在手中，对我们说：这个苹果最大、最红、最好吃，谁都想要它。很好，现在，让我们来做比赛，我把门前的草坪分成三块，你们三个人每人负责修剪一块，谁干得最好，谁就有权利得到它！于是我们三个人开始比赛，结果我赢得了那个最大的苹果。我非常感谢母亲，她让我明白了一个最简单也是最重要的道理：要想得到最好的，就必须努力争第一。她一直都是这样教育我们，也是这样做的。在我们家里，你想要什么好东西，都要通过比赛来赢得。这很公平，你想要什么，就必须付出相应的努力和代价！

第一位妈妈可能做梦也不会想到她的分苹果方式会产生这样的结果。她原本希望通过奖励教育孩子学会谦让，但事实上却培养了孩子的投机心理、说谎行为和虚伪人格。

而在我们的传统品德教育中，类似这位妈妈的做法却十分普遍，可是我们却没有意识到它的危害。因此，品德教育要杜绝虚假。

（资料来源：李季湄，冯晓霞.《3—6岁儿童学习与发展指南》解读[M].北京：人民教育出版社，2013.）

案例分析

1. 娃娃家游戏中，三个5岁多的女孩为谁做"家"中的妈妈争执不休。忽然，A女孩找到了理由："今天老师表扬我是能干的人，只有能干的人才能做妈妈。"B女孩马上顿悟："今天老师也表扬了我，我也很能干，我也可以做妈妈。"C女孩只好认输："好吧，我做小孩，你们俩猜拳，谁赢了谁就做妈妈。"结果B赢了，A很不服气，说："我当外婆，反正外婆是妈妈的妈妈。"

请分析三个女孩在这个过程中学到了哪些态度与能力？你认为角色扮演在学前儿童社会教育方面有哪些作用？运用角色扮演这一方法要注意的问题有哪些？

2. 中班社会教育活动——压岁钱

师：压岁钱是谁给你们的？

幼：爸爸、妈妈、爷爷、奶奶、外公、外婆、叔叔、阿姨、舅舅、舅妈……

师：你们想用压岁钱干什么呢？

幼1：我妈妈答应我用压岁钱买毛绒兔。

幼2：我想用压岁钱买玩具飞机。

幼3：我想用压岁钱买动画片。

幼4：我要把钱收起来，长大以后买真的飞机。

师：想想，怎样使用压岁钱最有意义？

幼1：把压岁钱给妈妈买菜。

幼2：用压岁钱买苹果给爷爷吃。

幼3：我想用压岁钱买好多的书，我喜欢看书，妈妈说小朋友多看书会很聪明。

幼4：我想把钱捐给希望工程，给那些贫困山区的小朋友。

分析：

(1) 请分析在以上活动中老师运用的主要教学方法是什么。

(2) 运用这一方法需要注意的问题是什么？

(3) 试对老师的这一谈话活动进行评析。

拓展训练

1. 观察一所幼儿园，举例说明学前儿童社会教育主要通过哪些途径实现？

2. 根据见习经验，举例说明如何在日常生活中对学前儿童进行社会性教育？

第五章 学前儿童社会教育活动设计

学习目标

1. 掌握学前儿童社会教育教学活动的设计方法与思路并能运用。
2. 掌握学前儿童社会教育区域活动设计的思路并能运用。

学前儿童社会教育活动的设计形式有很多，既可以是对一个单元主题活动的设计，也可以是对幼儿一日（或半日）活动的设计，还可以是对一个单位时间内完成的某一具体活动的设计；既可以是对集体活动的设计，也可以是对小组活动或个别活动的设计；既包括对专门的社会教育教学活动的设计，也包括对区域社会教育活动的设计。

第一节 学前儿童社会教育活动的设计

一、学前儿童社会教育教学活动设计的思路及实例分析

教学活动体现了实施教育过程中的目的性和计划性，因此需要教师对教学活动进行设计，并将思考的过程文字化，即写成教案。学前儿童社会教育教学活动的设计主要包括活动名称的设计、活动目标的设计、活动准备的设计、活动过程的设计及活动延伸的设计。

（一）活动名称的设计

活动名称的设计要突出活动内容的特点，反映活动目标，在取名称时尽量符合儿童化、童趣性的特点，同时要直接切入主题，这样幼儿才会感兴趣。还要注意活动名称的前面或后面要附上班次。如“小鬼当家（大班）”“哥哥姐姐真能干（中班）”“高高兴兴上幼儿园（小班）”“学做小客人（中班）”等。

（二）活动目标的设计

教育活动目标是幼儿园目标体系中最为具体的目标，也是教师在教育活动中最常设定的目标，需要每位带班教师发挥自己的才能，根据总目标、分类目标和阶段目标，以及本班幼儿的社会性发展状况，包括近来幼儿在社会教育活动中的具体情况来拟定。

如“熟悉幼儿园环境，能适应幼儿园集体生活”是小班上学期社会领域目标之一。为实现这一目标，教师可设计如下教育活动，包括：“高高兴兴上幼儿园”“我的幼儿园”“老师我爱你”“小鸡和小鸭碰在一起”“谁的队伍最整齐”等。这些教育活动的目标是不同的，但都是围绕“熟悉幼儿园环境，能适应幼儿园集体生活”这一学期目标来设定，更加具体、明确、具有可操作性。比如，“高高兴兴上幼儿园”这一教育活动目标为：熟悉班上的老师和小朋友，知道教师的姓氏和一些小朋友的名字；学习礼貌用语：您早、您好、再见；激发幼儿高高兴兴上幼儿园的愿望。

1．活动目标的内容

活动目标包括三个维度：知识维度、能力维度、情感维度。知识维度的目标是回答

"幼儿学会了什么"的问题；能力维度的目标是回答"幼儿会学了吗"的问题；情感维度的目标是回答"幼儿学得有兴趣吗"的问题。

例：知识维度的目标可包含的内容为：有关自我意识发展的知识、有关社会环境的知识、有关社会文化的知识等，如"知道我是男孩（女孩）""知道自己祖国的名字叫中国""三月八日是'妇女节'"等。

能力维度的目标可包含的内容为：合作能力、交往能力、自主能力、独立能力、生活自理能力、是非判断能力、适应环境的能力等，如"能与同伴友好相处""能与同伴分享玩具""能自己洗手帕"等。

情感维度的目标可包含的内容为：良好的道德品质如同情心、乐于助人、分享、谦让、关爱、感恩、宽容、责任、诚信、爱护公物、爱护环境等；良好的个性品质如意志力、自信心、勇气、自制力、自尊心、自主、耐心、细心等；良好的态度如认真、虚心、有始有终、一心一意、努力探索等。

2．设计活动目标的要求

（1）目标内容要全面

学前儿童社会教育领域的活动目标都应从社会情感目标、社会认知目标和社会行为技能目标去考虑幼儿的发展目标的落实，不能只顾知识方面的要求而不及其余，也不能因突出能力的培养而忽略思想教育。当然，根据具体活动，目标会有所侧重，有的是潜在的、隐性的，即活动目标不一定都包含三个方面；每一个目标也未必只含一个维度的内容。

例如："我来帮助你"的活动目标：①使幼儿初步学会关心别人，体验他们被关心后的快乐；②教给幼儿一些关心别人的简单方法和安慰人的日常用语。

"马路上的清洁工"的活动目标：①使幼儿初步了解清洁工人的工作及其与人们生活的关系；②引导幼儿初步懂得应尊重清洁工人和他们的劳动；③培养幼儿爱清洁、讲卫生的好习惯。

（2）目标的要求要体现幼儿的年龄特点，难易适中

目标的制定应根据幼儿的年龄特点，要求不能太高，否则易流于形式；也不能太低，否则不能促进幼儿的发展。如，大班活动目标：学习准确使用"谢谢""你好""再见"等礼貌用语。这一目标的要求过于简单。又如，小班活动目标：了解有关台湾的基本知识，了解台湾是我国不可分割的一部分。这一目标的要求则难度过高。

（3）目标表述要具体简明，重点突出，具有可操作性

具体教学活动中，目标的表述要避免模糊笼统。如"引导幼儿观察周围生活中常见的标志"，目标笼统，重点不突出，可以改为"引导幼儿观察生活中常见的交通标志"；又如"培养幼儿的社会交往能力"，目标笼统，不具有可操作性，可以改为："知道使用'请''谢谢''再见'等礼貌用语"；又如"培养幼儿自我保护意识"的提法十分宽泛，可以用在多个教学活动中，如果改成"知道不能随便跟陌生人走"就具体而明确了。

(4) 目标的表述方式要统一

目标的表述可以从教师的角度表述，体现教师期望通过教育活动帮助幼儿获得的学习结果，也可以从幼儿的角度表述，体现幼儿在学习以后应该知道的和能够做到的程度。但要切记，目标的表述方式要统一。例：①了解大班幼儿的生活、学习情况；②激发幼儿向大班哥哥姐姐学习，争做大班小朋友的愿望。目标①中的行为主体是幼儿，是幼儿的发展目标，目标②中的行为主体是教师，是教师的教育目标。从教师的角度，可改为：①让幼儿了解大班儿童的生活、学习情况；②激发幼儿向大班哥哥姐姐学习，争当大班小朋友的愿望。或从幼儿的角度，改为：①了解大班幼儿的生活、学习情况；②产生向大班哥哥姐姐学习的愿望，争当大班小朋友。注意：为了使教师对教育活动的关注点更多地放在幼儿的"学"上，放在幼儿的"发展"上，活动目标应尽量从幼儿学习的角度出发，如"初步了解自己是班里的一员"要比"让幼儿初步了解自己是班里的一员"更尊重"幼儿是学习的主人"这一理念。

(5) 目标可适当体现各领域的教育目标

由于儿童发展是整体性的，所以各领域间的目标和内容应是整合的，例如，大班活动"中国丝绸"活动目标：了解丝绸的特点，知道丝绸是中国的特产，增强民族自豪感（科学和社会领域目标）；感受丝绸的柔软、滑爽、漂亮，体验服装表演的乐趣（社会领域和艺术领域目标）。

(6) 目标的数量要适中

一般情况下，目标以3条最为合适。目标制定得太少，说明对"认知""情感态度""能力"等方面的挖掘不够，活动的价值较低。目标制定得太多，易出现书写条理不清晰的问题，并且易出现要求过多，一次活动难以实现的问题。

注意：目标的顺序并不重要，需要把握的原则即是按目标的重要程度排序，最重要的目标排在最前面。但也有其他的排序方法，如按活动进行的顺序排列目标；按情感、能力、知识方面分别阐述目标，不刻意追求顺序。

（三）活动准备的设计

学前儿童社会教育活动要想达到良好的效果，教师和幼儿都应该做好一些活动准备。活动准备主要包括环境创设准备、物质准备和知识准备几方面。

1. 教师的准备

(1) 物质的准备。许多活动需要物质方面的准备，教师根据自己的设想准备好仪器设备，如录音机、幻灯片、电脑、图片等。

(2) 环境创设的准备。教师还要根据活动的需要，提前布置活动场地，如座位的摆放、环境布置、情境表演、角色的扮演等。

(3) 知识准备。教师也应该做好自己教学的知识储备，以免在教学现场被幼儿提出的问题难倒。

2. 学前儿童的准备

（1）知识的准备：儿童是在对原有知识进行同化和顺应中构建新经验的，所以经验的准备尤为重要。如“我的妈妈多辛苦”这一活动，需要幼儿在活动之前观察妈妈的劳动；要让幼儿学习交通规则，就需要让幼儿在活动前有意识地观察马路上的行人、车辆、信号灯、交警等。

（2）物质准备：有些活动需要调动幼儿的积极性和主动参与性，要求学前儿童从家中带来一些材料或者是学前儿童自己动手制作材料等。

（四）活动过程的设计

活动目标确定后，教师在活动设计中要思考可以通过哪些具体的活动内容和活动形式来达成目标。活动过程一般包括开始部分、基本部分、结束部分。

1. 开始部分

开始部分也叫导入，是引导幼儿活动的第一步，主要激发幼儿对学习的兴趣与求知欲，抓住幼儿的注意，刺激他们积极思维，使幼儿在轻松、自主、有趣、愉快的氛围中开展活动。教师可以通过很多方式：

（1）设疑开始。疑问可以由教师直接提出，也可以谜语、儿歌的形式间接提出。如在大班“我长大了”的开始部分是这样设计的：请幼儿结合照片说说自己的身体和穿的衣服有哪些变化，通过提问，启发幼儿思考自己长大了的外部特征。大班常用这种形式，它有利于激发幼儿积极的思维和探究的欲望。

（2）图示开始。教师可利用彩图、标本、实物的出示导入活动。如“中国丝绸”活动的开始，就是让幼儿观察、感受丝绸的柔软和爽滑，从而进入主题活动。

（3）故事开始。让幼儿听一个短小、生动的故事，是社会教育常用的开始形式。它既能直指教育目标，又易于幼儿复述。如大班活动“找快乐”，老师以故事《小花籽找快乐》导入主题，帮助幼儿理解“快乐”的真正含义。但故事开始也有一定局限性，它往往与幼儿生活有一定距离，幼儿对故事的理解程度易受多种因素的影响，同时也不易调动幼儿主动性。

（4）情境表演。创设一定的情境或利用情境来进行模拟表演，把幼儿带入教育活动中。如大班活动“心情预报”，在活动开始时，教师为了引起幼儿兴趣，请愿意模仿的幼儿模仿电视里的天气预报，以此为切入点，进入“心情预报”的讨论。

（5）游戏开始。以游戏的形式开始，即在游戏中社会教育活动已经开始了。如大班活动“小鬼当家”，在活动开始时，教师为了调动幼儿的积极性，组织幼儿玩“小鬼当家”的角色游戏，即成立“三口之家”，幼儿自愿结合，三人为一户家庭，佩戴胸卡标志，标号为“1号家庭”“2号家庭”……进行一系列家庭活动的角色模拟活动，如领工资、交水电费、超市购物等。

（6）经验开始。以已有的知识经验或幼儿熟悉的事例来进入主题，引发出新的教学内容，是教师在教学中常用的一种方法。这种方法易于被幼儿接受。

（7）操作导入。让幼儿以动手操作的形式开始。

注意：开始的形式各有不同，教师应根据教育目标、教育内容和幼儿实际，选择恰当的开始；开始部分时间一般控制在3~5分钟，否则就会影响基本部分的教学效果。

2. 基本部分

基本部分主要是教师引导幼儿进行感知学习和练习的过程，是实现目标的主要部分，承载着主要的教育内容，因此活动的大部分时间应放在这里。基本部分需要教师考虑以下几个问题：这个活动大体分为几个步骤；每个步骤采用何种方式，完成哪些内容；哪个步骤是重点或难点，应如何突破；每个步骤时间如何分配；每个步骤如何进行，该说什么，有什么要求，怎么做小结等。如“中班社会活动——有玩具大家一起玩”，活动设计为三个环节：①提问——只有一个玩具时大家怎么玩；②引导幼儿讨论分享的具体方法；③创设情境，引导幼儿分享玩具。活动把重点放在“如何分享”，通过提问、讨论、分析得出结论；难点放在实践训练上，让幼儿用实践检验社会认识和社会情感，体验分享和交流，促进幼儿社会行为技能的掌握。

注意：教师应为幼儿创设一个确保幼儿健康、安全并富有挑战性的环境；教学内容应有一定的高度和深度，激发幼儿的求知欲，引导幼儿积极思考、主动参与，让幼儿成为活动的主角；教师与幼儿应始终围绕活动目标进行，并最终能实现目标；注意活动的生成性，尊重幼儿的愿望，适当调整教育目标及教学环节；教师的提问要清晰、简明。

3. 结束部分

社会教育活动的结束可以有很多形式。它可以自然结束，引导幼儿自然过渡到下一个活动（其他领域的活动：音乐、美术等），让幼儿在轻松愉快的情绪中自然而然地结束活动。如，在“我们都是好朋友”的活动中，以玩“找朋友”的游戏来结束整个活动；也可以用专门的形式结束，如总结式结束，如果要在结束部分对活动进行小结评价，应做到简洁、精炼，对幼儿在活动中的表现以积极的态度进行评价，对问题本身留有一些思考的余地，使已有的活动能够有效地延伸。

（五）活动延伸的设计

一个教育活动结束了，但是这方面的教育并没有完，还在继续，幼儿的生活在课内、课外都是有教育意义的，是一个有机的整体，所以，活动延伸的设计是不可缺少的一环。活动延伸指在教育活动后，教师继续设计一些与此相关的辅助活动，使教育内容渗透到一日生活中，使学前儿童受教育的时间能够持续，使教育的目的能够更好地实现。活动延伸的形式可以是家园共育、领域渗透、区角活动、游戏等。

（六）幼儿社会教育活动实例分析

按本书前面对社会教育内容的论述，这里将从社会认知、社会情感及社会行为技能三个方面介绍一些有新意的教育活动设计与评析。

★社会认知方面的案例分析

1．关于幼儿“自我意识”方面的教育活动设计与评析

案例1

我有名片了（小班）

【设计意图】

小班幼儿需要完成从家庭到幼儿园的环境变迁，其人际交往活动需从亲子互动转向更广泛、有趣的同伴交往活动。以下活动设计旨在引导幼儿萌发自我意识，喜欢同伴游戏，学习一些简单的交往技巧，懂得一些集体规则，使之逐步摆脱“自我中心。”

【活动目标】

1．尝试主动、大胆地向同伴介绍自己的名字、年龄。

2．知道自我介绍的基本方法，并能简单地自我介绍。

3．喜爱自己的名字，乐意用美工形式制作、装饰自己的名片。

【活动准备】

布袋木偶一只、每个幼儿的名字卡、各种彩色纸屑、亮片、胶水、棉签。

【活动过程】

1．幼儿围坐在教师身边，教师手持布袋木偶小猴向小朋友问好，介绍自己的名字叫小聪明猴。

2．教师以小聪明猴的口吻告诉幼儿，它的脑袋特别灵，只要看一看，就能猜出小朋友叫什么名字。小聪明猴看看幼儿，猜出三个幼儿的名字，并请这三个幼儿大胆说出自己的名字，大家为小聪明猴拍拍手，小聪明猴看看幼儿故意说错两个幼儿的名字，请两个幼儿响亮地说出自己的名字，小聪明猴请全体幼儿教它。

3．小聪明猴夸小朋友真能干，谁知道自己好听的名字，小聪明猴就和谁握手。

4．制作自己的“名片”：教师在白板上书写幼儿的名字，并让幼儿知道这个是自己的名字。

5．说说可以怎么装饰自己的名字。

6. 教师出示装饰好的名字，进行示范。

7. 幼儿制作，在自己名字的轮廓内涂上一层薄薄的胶水，在上面洒上亮片和纸屑等，可以一个字一个字地做。

8. 班级幼儿名片展。

【活动延伸】

把自己做名片的过程给爸爸妈妈讲一讲，并与爸爸妈妈一起分别给他们各做一张名片。

评　析：《纲要》中指出，从社会性发展的角度出发，一个良好、积极的环境是一个能够诱发、维持、巩固和强化积极社会行为的环境。而这个良好的环境不是教师直接影响幼儿的行为，而是教师所创设的条件、机会能够影响幼儿活动的方式，通过幼儿的活动方式间接地影响幼儿的社会性行为。本活动通过制作名片的方式，经历“游戏—教师示范—幼儿制作”等环节，帮助幼儿认识自己的名字，整个活动过程衔接紧密，有助于活动目标的完成和实现。

（资料来源：彭海蕾. 学前儿童社会教育与活动指导[M]. 北京：教育科学出版社，2012. 略有改动）

案例2

我长大了（大班）

【活动目标】

1. 感受自己体形、容貌、能力等各方面的成长、变化，树立自信心。

2. 加深对自己的了解，进一步增强自我认识。

3. 乐于与同伴交流、分享自己成长的快乐，对长大的自己能提出更高要求。

【活动准备】

1. 准备幼儿从小到大的照片若干张，整理成册。

2. 收集一些幼儿小时候的衣服、鞋袜、帽子。

3. 向父母了解自己小时候的一些趣事。

4. 准备自己要向大家展示的内容。

【活动过程】

1. 猜猜这是谁。

（1）互相看小时候的照片，请幼儿猜猜是谁。

（2）试试小时候的衣服、鞋袜、帽子，看看有什么效果。

（3）互相讲讲小时候的趣事。

2. 我长大了。

（1）用自然测量的方法让幼儿量量自己小时候穿的衣服、鞋袜与现在的衣服、鞋袜有什么不同，量量自己现在的身高。感受自己长大了。

（2）启发幼儿谈谈自己小时候跟现在有什么不同，形体、容貌上有什么变化，再让幼儿谈谈没有变化的地方。如小时候是男孩，现在还是男孩。

3. 自我展示。

（1）鼓励幼儿说说自己有什么本领，有什么长处，激发幼儿敢于表现自己。

（2）分组活动，让幼儿根据自己的兴趣选择展示的方式。如“画幼儿成长标记图”“制作本领树”“小手真能干”等。幼儿可以互相说说彼此的长处，使幼儿确实感受到自己长大了，增强幼儿的自信心。

4. 教师和小朋友共同小结。

如，小朋友会一年一年地长大，学会更多的本领，越长越高，越来越聪明、懂事，成为爸爸妈妈的好宝宝，老师的好孩子，朋友的好伙伴。

【活动延伸】

1. 自我展示可以扩展成一次亲子联欢活动，使家长感受到自己孩子的成长、变化。

2. 可以分别以“小时候的我”“现在的我”“自我展示”为题举办展览角。

评　析：该设计体现了以下三个特点。

1. 注重发挥幼儿的主体性，让幼儿积极参与整个活动。教师巧妙地设计了丰富多彩的幼儿感兴趣的活动，尽量满足幼儿的心理需求，抓住了培养大班幼儿自我认识的切入点，以生动、直观的形式让幼儿体验自己的各种变化。

2. 给幼儿以展示自我的机会。幼儿表现欲强，又有较强的自尊心。给幼儿展示自我的机会，无疑会使幼儿感到亲切、兴奋，自然会主动去做。

3. 在活动中激发幼儿积极思考。让幼儿自己去发现自己什么有变化，同时去找还有什么不变（比如性别），从而更全面、深入地了解自己、正确认识自我。

（资料来源：杨丽珠，吴文菊. 幼儿社会性发展与教育[M]. 沈阳：辽宁师范大学出版社，2000. 略有改动）

2. 关于“社会规则”方面的教育活动设计与评析

案例1

垃圾回家（小班）

【活动目标】

1. 学会遵守公共场所的规则，会将垃圾放到垃圾筒里。

2. 认识垃圾筒，知道它的用途。

3. 养成不乱丢垃圾的好习惯。

【活动准备】

1. 请家长和幼儿一起观察生活中人们将垃圾扔在哪里，什么地方有垃圾筒。

2. 故事《香蕉皮的家》；头饰小猫、小兔、香蕉皮。

【活动过程】

1. 听故事

提问：

(1) 故事里有谁？幼儿回答，贴出相应头饰。

(2) 小兔为什么差点滑倒？哪里来的香蕉皮？

(3) 小猫这样做对吗？为什么？

(4) 香蕉皮的家在哪里？

2. 了解垃圾筒

(1) 你在什么地方看见过垃圾筒？

(2) 垃圾筒有什么用？

(3) 为什么要把垃圾放到垃圾筒里？

3. 看幻灯片判断垃圾是否回家

播放幻灯片，幼儿观察垃圾是否回家。

6 张幻灯片内容：小朋友进餐时桌上掉了一些饭粒和菜；小朋友将擦鼻涕的纸扔到地上；草地上有人扔了几个空塑料袋；有人将垃圾扔在人行道上；乘客将垃圾从车窗里扔到马路上；花园里有一些废旧报纸和空饮料瓶。

提问：你看到了哪些照片？照片中的垃圾都回家了吗？你应该怎么做？

【活动延伸】

拾垃圾。“小朋友，我们来当清洁小卫士，帮幼儿园里的垃圾找家。”

评　析：本活动价值明确，主要采用了对话的方式，通过师幼对话、同伴间的对话，激发幼儿社会认知、情感，掌握社会文明的基本行为规范，知道怎样做一个讲文明的人，从身边做起，从自己做起。活动开始前，教师在知识与材料方面做了较充分的准备，包括幼儿与家长一起观察生活中人们将垃圾扔在哪儿，什么地方有垃圾筒等，帮助幼儿直观形象地理解怎样养成一个不乱丢垃圾的良好习惯，充分达成目标。

（资料来源：重庆沙坪坝区实验幼儿园　王璐）

案例2

参观食品店（中班）

【活动目标】

1. 产生对参观食品店的兴趣，尊重营业员的工作，形成礼貌待人的品质。

2. 初步形成给食品分类的能力。

3. 了解食品店里的主要商品，知道食品可以分类，了解营业员的工作与我们生活的关系。

【活动准备】

1. 选择好参观地点。

2. 制定好参观路线。

【活动过程】

1. 通过谈话，引起幼儿对参观食品店的兴趣，并提出参观要求；参观食品店里卖什么东西，营业员是怎么卖东西的。

2. 带幼儿参观食品店

(1) 引导幼儿参观食品店的食品，告诉幼儿每种食品的名称。

(2) 引导幼儿观察食品店除了卖糖果、糕点还卖什么，从而使幼儿知道食品店是卖吃的东西的地方，建立食品店的正确概念。

(3) 引导幼儿观察食品店里营业员和顾客的活动。请幼儿记住营业员和顾客之间的简单对话。食品店里有什么人？他们在干什么？营业员是怎样卖食品的？她们是怎么对待顾客的？

(4) 请幼儿仔细观察营业员是怎么放置食品的，使幼儿知道不同的食品要分开放置，建立初步的分类概念。

3. 幼儿在教师带领下进行购物活动，感受营业员对大家的热情服务。

4. 参观活动结束后，幼儿与营业员礼貌道别，组织幼儿回园。

5. 参观后让幼儿进行谈话活动。

(1) 请幼儿回忆食品店里卖什么？

(2)“没有食品店会怎样？”

【活动延伸】

收集与食品有关的东西，各种包装袋，在活动区开展“食品商店”游戏。

评　析：该活动选择的参观对象是与幼儿的生活紧密联系的食品店，是结合幼儿的生活经验开展的。参观的步骤清晰，任务明确。参观的形式多样，既观察静态的食品，也观察营业员与顾客之间的活动，还让幼儿实践，进行购物活动，这样既让幼儿进行了社会认知（食品店的食物、食品的摆放、营业员与顾客的活动），又发展了幼儿的社会行为（学会购物、学会与营业员打交道）。活动延伸则巩固了幼儿的社会学习，以便幼儿在实践中正确应用。

（资料来源：刘晓红. 学前儿童社会教育[M]. 郑州：郑州大学出版社，2014.）

★社会情感方面的案例分析

案例 1

幼儿园里真快乐（小班）

【活动目标】

1. 引导幼儿用乐观的心态面对生活，捕捉生活中的快乐，体验快乐。

2. 培养幼儿活泼开朗、积极乐观的性格。

【活动准备】

1. 照片：幼儿照片每人一张；幼儿家庭生活照片数张。

2. 幼儿园一角布置成“快乐城堡”。（投放玩沙工具、沙包、海洋球、泥巴等）

【活动过程】

1. 导入

（1）幼儿听《快乐舞》旋律跳着来到“快乐城堡”。

（2）（做完这个律动，老师问幼儿觉得心情怎么样？引导幼儿说出一些表示心情愉快的词，如：开心、高兴、快乐等。）教师向幼儿介绍“快乐城堡”。

2. 展开

（1）体验快乐。

①幼儿从由气球组成的大门进入。

②幼儿在“快乐城堡”中玩耍。

幼儿任意选择自己喜欢的器械、材料，或自己玩，或找朋友一起玩。教师要与幼儿一同玩耍，特别是性格内向的幼儿，注意观察他们的情绪，尽量让他们玩得高兴。

③询问幼儿的感受。

教师带幼儿坐在草地上，引导幼儿分享自己的体验：“你喜欢玩吗？高兴吗？你最喜欢玩的是什么？为什么？”

（2）讲述快乐。

教师：有一群小朋友，他们也很快乐，他们为什么感到快乐呢？

①根据图片内容讲述。

提问：图片中有谁？在哪里？他们在干什么？他们快乐吗？你是怎么知道的？

教师提醒幼儿注意观察人物的表情，鼓励幼儿大胆发言。

②启发幼儿讲述幼儿园里的还有哪些快乐的事？

例如，认识了一位新朋友；学会了一首歌；发现植物角里的小苗发芽了；春天到了，和老师、小朋友一起去放风筝、春游……

（3）寻找快乐。

①引导幼儿发现身边有哪些快乐的事。

通过观看幼儿的家庭生活照片能体验到：有一个幸福的家感到很快乐；过生日时很快乐；和爸爸妈妈一起游戏很快乐等。

②扩展活动的内容。

例如，帮助别人是一种快乐；遇到困难不退缩，成功了是一种快乐。

再次带幼儿来到“快乐城堡”，寻找新的快乐。

3. 活动结束

教师让幼儿知道：只要你天天快乐，你就会成为“快乐小天使”。

【活动延伸】

1. 幼儿每天讲出令自己快乐的事，由家长代笔，写在小纸条上，然后由教师贴在主题墙上。

2. 教师请每个幼儿把快乐的事读出来，和小朋友们一起分享。

环境创设：主题为“争做快乐小天使，天天有个好心情”。由手状图形组成快乐树，于墙壁四周布置3~4棵，每个小手的手心贴有幼儿的照片，每个手指贴有5张纸条，供幼儿写快乐事之用。

评　析：(1) 积极情感的培养过程本身就应该是充满快乐的和幼儿感兴趣的。激发兴趣是培养幼儿积极情感的前提。只有当一个人对他从事的活动产生兴趣时，他才会全身心地投入到活动中。案例中，教师在导入部分用《快乐舞》，并设置了“快乐城堡”，这些都是能触发幼儿快乐情绪并引发幼儿参与兴趣的刺激源。

(2)《纲要》要求，要引导幼儿“体验并理解基本的社会性规则”。案例中，教师贯彻落实了两点；自始至终把体验贯穿在整个活动过程中；体验内容明确且安排有序。

(3) 案例中的教师用心设计了主题为“争做快乐小天使，天天有个好心情”的墙饰。让主题墙饰与幼儿活动间形成互动，有力支持了幼儿的课堂学习，很好地遵循了幼儿社会情感教育潜移默化的原则。在积极情感的培养上，课堂活动教学与主题墙饰的结合不失为一种全面、有效的感染教育方式。

（资料来源：彭海蕾. 学前儿童社会教育与活动指导[M]. 北京：教育科学出版社，2012）

案例2

我的家人（中班）

【活动目标】

1. 增进对家庭成员之间的了解和亲爱之情。

2. 学习用连贯的语言介绍自己的家人并表达自己与家人之间的情感。

【活动准备】

1. 请家长为幼儿准备一张“全家福”照片。

2. 请幼儿平时在家注意观察，家里的人谁会什么，谁喜欢什么。

【活动过程】

教师自然地引出与家有关的话题。如问：“今天早上谁送你来幼儿园的？晚上谁来接你？”然后开始谈话，话题可以是：

(1)“我家都有谁？”请幼儿拿出“全家福”照片，向大家介绍自己的家人。

(2)“平时我们在家里干什么?”

(3)“家里谁最喜欢我，我最喜欢谁，为什么?”

(4)“家里人有什么爱好、特长?”(如果有的幼儿说不出来，请他们回家后再仔细观察)

(5)教师引导幼儿小结：我们和家人在一起很快乐，我们应该爱我们的家人。

【活动延伸】

可以组织幼儿在自愿的前提下，制作“我的家人”画册，然后讲给大家听。

评　析：活动所选择的话题是与幼儿的生活紧密联系的，每个问题都简单易懂，开放性强，问题的程度由易到难。幼儿容易回答，且都有自己不同的见解，可以发表不同的意见。通过这个谈话活动，幼儿表达了对家人的认识，感受到与家人在一起的愉快情绪，逐步学会爱自己的家人。

(资料来源:刘晓红.学前儿童社会教育[M].郑州:郑州大学出版社,2014.)

★社会行为方面的案例分析

1. 关于学前儿童社会交往方面的教育活动设计与评析

案例1

一起玩更快乐(小班)

【活动目标】

1. 萌生与同伴分享玩具的意识，并乐意分享。

2. 学习各种与同伴合作分享的方法，在尝试中体验一起玩的快乐。

【活动准备】

1. 幼儿围坐在一起，呈半圆形。

2. 各种各样幼儿自带的玩具。

3. 人数安排：没带玩具的幼儿占总人数的1/3。

4. 合作分享方法图例：A. 一起玩；B. 交换玩；C. 等待着玩。

【活动过程】

1. 在自由玩耍中重温玩具带来的快乐

互动问题：

①小朋友，今天你们带玩具来了吗?是什么玩具，怎么玩，能告诉大家吗?(引导幼儿介绍玩具的名称和玩法)

②你们的玩具都很好玩，现在我们都来玩玩吧。(幼儿自主玩耍自带的玩具)

教学反思：在这个环节，玩玩具的幼儿特高兴，都兴致勃勃地玩自己的玩具，充分体验玩具带来的快乐。

2. 在同伴的不悦中萌生一起玩的意识

互动问题：

①（提问玩玩具的幼儿）小朋友，你们玩得开心吗？（引导幼儿表达自己的快乐心情）

②（提问没有玩具的幼儿）小朋友，你们开心吗？为什么呢？（引导幼儿表达因没有玩具玩耍而产生的不悦心情）

③原来是没有玩具玩，怪不得不开心呢。小朋友，有什么办法让他们也高兴起来呢？（通过提问及同伴不开心的表情，引发幼儿萌生与同伴一起玩玩具的意识，并表达出自己的分享愿望）

3. 在与同伴的玩乐中探究一起玩的方法

互动问题：

①小朋友，现在你玩得快乐吗？你愿意和他一起玩吗？

②呀，现在有那么多的小朋友愿意和大家一起玩，老师真开心，现在快去找个朋友一起玩吧。

③真奇怪，一个玩具两个人玩，能告诉我你们是怎么一起玩的吗？（引导幼儿用简单的语句讲述自己和同伴的玩乐过程）

④原来你们是这么玩的，那怎样一起玩更快乐呢，让我们来看看小动物们是怎么做的吧。（出示一起玩的图例，让幼儿在看看说说中了解一起玩的各种方法）

4. 在再次的尝试中体验一起玩的快乐

互动问题：原来一起玩有这么多好方法，那就请小朋友再来试一试，和你的好朋友玩得更快乐些，好吗？

指导幼儿再次合作玩耍，在尝试中体验一起玩的快乐。

5. 在总结中让快乐延伸

教师：小朋友，一个人玩很开心，大家一起玩会更快乐。现在，让我们找更多的朋友一起玩，好吗？（带领幼儿继续到户外进行分享合作玩耍，让快乐持续）

【活动延伸】

组织幼儿做“找朋友”游戏，在游戏中体验大家一起玩的快乐。

评　析：这次活动主要是针对班上孩子经常出现的纠纷而设计的。拒绝分享和合作的行为，在小班孩子身上非常典型，有时，即使出现了分享和合作的积极行为，但技能上也是缺失的。为此，教师就以孩子们这种常见的纠纷为内容，采用巧妙的活动形式，让他们在玩乐中萌生与同伴分享的意识，习得合作的技能，在玩乐中悟得：一个人玩很快乐，大家一起玩更快乐。

（资料来源：幼教网，http://www.youjiao.com.）

案例2

自己被别人打了怎么办（中班）

【活动目标】

1. 明白在日常生活中应与人友好相处的道理。

2. 培养初步分析问题的能力。

3. 能选择一种较好的处理问题方式。

【活动准备】

情景表演道具。

【活动过程】

1. 导入

组织幼儿观看情景表演：两个小朋友在玩一盒玩具，玩着玩着，他们同时发现了一件新玩具，都要玩这个玩具，为此吵了起来，后来又动手相互打对方。

2. 展开

(1) 引导幼儿分析解决问题。

①教师请幼儿举手发言，知道这是一种不好的行为。

教师："录像看完了，我请小朋友说说，这两个小朋友做得好不好，为什么？"

②帮助幼儿分析问题。

教师：他们两个都不对。他们互相争、抢、打，只会浪费时间，结果他们谁玩到新玩具了？（谁都没有玩到）谁都玩不到新玩具，大家还都不高兴。小朋友，谁能帮他们想个好方法？教师请幼儿动脑筋想办法，说出自己的想法。

教师小结：幼儿园里这种事情经常发生。解决的办法：a. 小朋友要是相互谦让，也可以一起玩；b. 可以商量，相互轮流玩；c. 可以利用"石头、剪刀、布"的游戏轮换着玩。

(2) 组织幼儿再看段情景表演，引出新问题。

教师：请小朋友仔细看表演，他们俩又发生了什么事情？

表演内容：户外游戏时，一个幼儿往前跑时朝后面看，不小心撞了前面的小朋友，他赶紧说："对不起。"被撞的小朋友不原谅他，动手又打了他一下。

①看了表演，请幼儿判断：谁做得对，谁做得不对？并请幼儿说出自己的理由。

②教师教幼儿学会分析：如果别人打了你一下，你要看他是不是有意的，如果他是无意碰到你，又向你道歉，应该原谅他，说："没关系。"

(3) 教师提出一个新问题，请幼儿思考：你站在那儿玩，别人跑过来故意打你一下，你怎么办？

教师帮助幼儿分析：

①他为什么打你？你是不是妨碍了他？是不是他和你逗着玩？

②他打疼你了吗？疼说明了什么？不疼说明了什么？

③他打疼了你，你怎么做？

④他总是那么做，你怎么办？

教师启发幼儿回答：a. 告诉老师，请老师解决；b. 学会躲闪；c. 给他以有力的回击，保护自己。

3. 结束

在日常生活中，小朋友要团结友爱、相互帮助，不允许欺负别的小朋友。当别人打了你，你要了解清楚是“为什么”，然后再选择合适的、好的解决办法。

【活动延伸】

组织幼儿听故事。

评　析：人际问题解决能力是发展幼儿人际关系的关键因素。中班幼儿处于社会化的关键时期，抓住时机进行教育也是幼儿最需要的。案例中的教师通过观看情景表演的方式让幼儿体验情景中角色的感情和心理活动。针对两种情景，老师给予不同的指导。尤其是在第二种情景中，教师指导幼儿对不同的情况要区分处理，无形之中教育了幼儿具体问题具体分析，培养了幼儿客观、公正的价值观。其实，只要方式合理，价值观教育在幼儿阶段也是可以成功的。

（资料来源：周世华，耿世涛. 学前儿童社会教育[M]. 2版. 北京：高等教育出版社，2014.）

2. 关于学前儿童社会适应方面的教育活动设计与评析

案例 1

有事告诉老师（小班）

【活动目标】

1. 培养幼儿大胆表达自己意愿的能力。

2. 激发幼儿爱老师的情感，并有事敢于向老师求助。

【活动准备】

1. 布袋木偶：山羊老师、小猫、小狗、小猴。

2. 木偶台，背景：“小班班牌”，一台电视机。

【活动过程】

1. 幼儿欣赏木偶表演：《小猪尿裤子了》。（点评：通过观看木偶表演，激发幼儿的学习兴趣）

2. “小猪”扭扭捏捏，不好意思地问小朋友：“小朋友，你们知道我为什么会尿裤子

吗?”（点评：激发幼儿思维，调动幼儿学习的主动性）

3.“小猪”很谦虚地向发展水平不同的幼儿咨询：“我怎样才不会尿裤子呢?”请幼儿相互讨论，并向幼儿表示谢意。（点评：通过进一步提问，可以使幼儿间相互学习，共同寻找解决问题的方法）

4. 请幼儿再看一遍表演。

5.“小猪”从木偶台后探出身来，好奇地询问：“小朋友，我们还遇到哪些事情也应该主动告诉老师，寻求帮助呢?”重点提示遇到以下情况应主动告诉老师：(1) 生病了；(2) 争抢；(3) 出现事故；(4) 有大、小便。（点评：通过进一步提问，开拓幼儿思路，启发幼儿回答与木偶表演时小动物遇到的不同困难）

【活动延伸】

组织幼儿表演情景剧《小猪尿裤子》。

评　析：首先，教师选择的表演故事《小猪尿裤子》非常贴近幼儿的生活实际，并且很能吸引幼儿的眼球，因为这个故事中小猪的角色，幼儿能感受到自己和小猪有同样的表现。教师活动内容的选取完全源于幼儿的生活需要，并能创造性地设计成课堂活动，非常值得肯定。

其次，教师借助故事情节，生动、真诚地向幼儿发出信息，老师就像妈妈一样爱小朋友，你们有事可以告诉老师，让老师帮助你们。这样的教学是师幼高品质情感交流的教学，带给小班幼儿的将是如沐春风般的享受。在教学方法上，改变传统教学中教师教、幼儿学的教学方法，通过观看木偶表演，教师以“小猪”的身份贯穿始终，帮助幼儿主动体验，充分体现幼儿主动探索的学习方法，使幼儿懂得有事情或困难应主动告诉老师。

（资料来源：幼儿学习网，http://www.jy135.com.）

案例2

我不怕黑（中班）

【活动目标】

1. 引导幼儿正确认识“黑”，并学习用各种方法克服怕黑的心理障碍。

2. 鼓励幼儿平时积极动脑，不胆怯、不退缩，勇于克服各种困难。

3. 培养幼儿独立入睡的好习惯，提高自理能力。

【活动准备】

将活动室一端用黑布、大型木板等布置成黑乎乎的山洞。与幼儿人数相等的动物玩具、小猫头饰若干，猫猫的胸饰一支，音乐磁带一盒，课件动画片《小兔迷路了》。

【活动过程】

1. 以游戏的口吻和形式导入活动

教师："小猫们，今天妈妈带你们到那边森林里去玩，我们一边唱歌一边走吧！"（伴随《找小猫》的音乐，幼儿做律动进入场景）

教师："草地上真舒服，小猫们和妈妈一起坐下来休息一会儿，妈妈给你们讲一个故事。"

播放动画片《小兔迷路了》：从前，有一只可爱的小兔跟着妈妈一起到森林里去采蘑菇，它看到美丽的鲜花、漂亮的蝴蝶可开心了。它一会儿去闻闻鲜花，一会儿扑蝴蝶，结果找不到妈妈啦。走啊走，小兔来到一个山洞里，里面黑得什么也看不见，小兔害怕极了。太阳落山了，夜深了，小兔找不着妈妈多伤心呀，它大声地哭起来："妈妈，妈妈……"

2. 营救小动物，鼓励幼儿不怕黑

（1）发现情况。通过小动物的呼救声及教师对黑洞内发生情况的描述，让幼儿感知发生的事情，激起幼儿救小动物的欲望。

①（伴随着音乐及远处传来一阵阵小动物的呼救声）教师："咦？好像有什么人在哭，你们听，是谁在喊救命？小猫们，你们千万别动，妈妈去看看。"

②教师慢慢走到山洞口，仔细往山洞里看，说："呀，这里有个山洞，里面很黑，什么也看不见。对，声音就是从这里发出来的。哎呀，这个洞口这么小，我怎么也钻不进去。怎么办呢？里面到底发生了什么事情？这黑乎乎的山洞里到底是谁在哭呀？小猫们，你们谁愿意帮妈妈进去看看？"

（2）鼓励幼儿克服怕黑心理，勇敢地钻进山洞。

①请胆大的幼儿做示范（3~4人），并说说自己害怕不害怕，以及自己是怎样克服害怕的。

②交谈，了解害怕的幼儿的心理状况，教师对他们进行疏导。

讨论：怎么样才能让自己不害怕呢？归纳如下方法：

a. 先站在洞口往里看一看，等自己的眼睛渐渐习惯黑暗了，再慢慢走进去，一边走、一边摸，就不会摔跤，也不会害怕。

b. 进去的时候想想高兴的事，一边走、一边唱歌，就不会害怕。

c. 你就想里面的小动物多可怜，我一定要帮助它，其他什么也别想，就不会害怕了。

d. 里面虽然黑，但没有什么可怕的东西，慢慢走，就不会出危险，这样也不会害怕。

③请愿意去救小动物的幼儿一个一个爬进山洞，每人只救一只小动物。

④教师对不敢进去的幼儿再次进行疏导，启发他们找好朋友一同进去救小动物。

⑤请胆子特别小的幼儿借助一些器具（如木棍、玩具刀、手电筒等）和好朋友一同进山洞。

⑥教师亲亲每一个救小动物的幼儿，夸奖他们是勇敢的孩子。

3. 教师小结，结束活动

（1）教师帮助幼儿总结活动中所尝试的各种克服怕黑的方法，使幼儿明白我们无论遇到什么困难，都会有很多克服困难的方法，鼓励幼儿平时要积极动脑。

(2) 鼓励幼儿努力养成自己独睡的习惯。

教师："现在，老师要问你们一个问题，哪些小朋友在家是和爸爸妈妈睡在一个房间的？为什么不一个人睡？"

教师："今天，我们知道了，黑房间里并没有什么可怕的东西，我们有各种方法战胜黑暗。你们以后敢不敢一个人睡觉啦？敢的小朋友把手举起来！"

(3) 表扬敢于独睡或已经养成独睡习惯的幼儿，给每天独睡的幼儿贴一朵小红花。

评　析："怕黑"是我们童年期共同经历过的心理过程，也是制约幼儿夜晚行动的因素。此次活动的设计就是基于让幼儿形成科学的对"黑"的认知，并试图突破幼儿"怕黑"的心理。目标虽然制定得很切合实际，但做起来难度却非常大。活动结束后，幼儿能否真正克服这种共存于人类早期的问题还未可知，活动中教师尽力采取游戏、情景表演、榜样示范等多种方式和幼儿共同参与了此次活动，并设计了救助小动物的环节，利用幼儿的同情心激发他们的勇敢行为。

（资料来源：幼教网，http://www.youjiao.com.）

3. 个性发展方面的教育活动设计与评析

案例1

做个诚实的好孩子（小班）

【活动目标】

1. 了解"诚实"的含义，知道诚实是一种好品质。
2. 愿意做诚实的好孩子。

【活动准备】

1. 故事图片、投影。
2. 木偶表演。
3. 人手一张操作图片，笔、轻音乐等。

【活动过程】

1. 欣赏故事《狼来了》

(1) 教师结合图片讲述故事。

(2) 教师：你们喜欢放羊的孩子吗？为什么不喜欢他？放羊的孩子说谎以后造成了哪些不好的后果？

(3) 教师小结：小孩由于说谎，羊全被狼咬死了，自己也差点被狼吃掉。所以，我们大家不能说谎，要做个诚实的孩子。

2. 师幼讨论，了解诚实的行为表现

（1）教师：平时生活中我们应该怎么做才是诚实的表现呢？引导幼儿思考：做了错事怎么办？不是自己的东西能不能拿？能说谎吗？

（2）教师：你是个诚实的孩子吗？请你把自己诚实的表现跟旁边的小朋友说一说，如果你曾经有过不诚实的表现也可以和好朋友说一说，好吗？

（3）幼儿交流。

（4）教师有目的地请个别幼儿讲述自己的相关经历。

（5）教师小结：小朋友做错事时应该主动承认，及时改正，而不能说谎，大家同样会认为你是个诚实的好孩子。

3. 木偶表演

（1）木偶表演，边看边思考表演中的小朋友是不是一个诚实的孩子。

（2）看表演：红红在家打扫卫生，不小心把桌上的茶杯打碎了，爸爸听到声响过来问："怎么回事？"红红怕爸爸责怪她，连忙说："不是我弄的，是小猫打碎的。"

（3）教师提问：你觉得红红是个诚实的孩子吗？为什么？如果你是红红，你会怎么做？

4. 幼儿练习判别对错，讲述解决方法，明确诚实是好品质

（1）教师：其实在我们的生活周围经常发生这样的小故事。出示练习材料，引导幼儿观察了解画面内容。

（2）交代练习要求：如果认为画面上的小朋友是诚实的表现，就在他后面的格子里面画"√"，如果不是就画"×"。

（3）幼儿练习，判断对错。

（4）请个别幼儿介绍自己的练习结果。

5. 师幼共同总结

"大家都要做一个诚实的孩子，这样才会受欢迎。"

【活动延伸】

欣赏歌曲《好孩子要诚实》。

评　析：本活动中，教师运用了丰富多样的手段帮助幼儿理解"诚实是种好品质。"通过图片故事相结合，初步感受说假话就是不诚实，并体验到了不诚实的不良影响。通过之后设计的提问，帮助幼儿明确什么样的行为是诚实的行为，把抽象概念生活化，挖掘了幼儿有些情况下不诚实的"苦衷"，并给予正确解读，使幼儿敢于诚实。既发展了幼儿诚实的品质，也促进了幼儿思维的提升。木偶表演的设置，让幼儿处于道德判断主体地位进行道德评价，对幼儿的要求很高。此次活动非常完整，在小班进行，难能可贵。

（资料来源：浙江学前教育网，http://www.06abc.com/20090703/34525.html.）

案例2

输了也不哭（中班）

【活动目标】

1. 感受到生活中总会碰到“输”和“赢”，能够正确看待输赢问题。

2. 具有敢于拼搏的精神，产生遇到困难不灰心、努力争取胜利的意识。

【活动准备】

1.《输了也不哭》课件。

2. 活动用具：红旗、装有沙子的小桶、皮球、动物棋、塑料圈各若干。

【活动过程】

1. 开始部分

幼儿随音乐玩“猜拳游戏”。幼儿在音乐声中去邀请一名同伴，音乐停，两人通过“石头、剪子、布”猜拳，谁赢谁做邀请者。

2. 基本部分

(1) 教师提问：刚才游戏时，你是赢了还是输了？赢的感觉怎么样？输的感觉又怎么样？

(2) 幼儿讨论：生活中，你还遇到过哪些事情也有“输”和“赢”？

(3) 演示课件故事《输了也不哭》，请幼儿仔细观察，故事中讲了什么。

(4) 提问：

①妈妈为什么不和小明下棋了？小明这样做好不好？

②现在小明输了棋还会哭吗？

③如果你遇到这样的事情会哭吗？光哭能取得胜利吗？

④平时你遇到过这样的事情吗？你是怎么做的？

(5) 幼儿自由竞赛游戏：幼儿自由结伴开展活动，请几位幼儿担任活动裁判。

①插红旗：同时起跑，看谁最先插好红旗。

②拍皮球：比比同一时间内谁拍的个数最多。

③下棋：比比谁的棋艺高。

④跳圈：双脚并拢，依次跳圈，看谁先到达终点。

幼儿游戏时，教师观察、指导幼儿活动，看看他们是怎样对待输赢的。

(6) 游戏后，请幼儿讲一讲：刚才你和谁一起进行了什么比赛，你们的输赢怎样，你觉得输了应该怎么办，怎样才能取得胜利。

(7) 教师总结：在比赛中输了不要紧，如果今后能多多练习，锻炼本领，那么在以后的比赛中就会取得胜利，记住：要通过自己的努力去争取胜利。

3. 结束部分

齐唱歌曲《嘿哟，加把劲》，鼓励幼儿在生活中也能“加把劲”，通过自己的努力争取胜利，增强幼儿日常生活中的自信心。

【活动延伸】

1. 在日常生活、游戏活动中注意观察幼儿相处的情况，针对幼儿存在的问题，及时进行教育。

2. 与家长沟通，正确对待幼儿，避免对幼儿的迁就。

附：输了也不哭

小明和妈妈下棋，他赢了就笑得合不拢嘴，要是输了，就会跺着脚大哭。妈妈只好说：“我不玩了，你一个人下吧！”

小明摆好棋子，对自己说：“红的棋子是我的，黑的棋子是妈妈的。”红子儿遇见黑的就吃，追得黑子儿没处逃。如果黑子儿追上了红子儿，小明就悔棋，重走，反正不让红子儿吃亏。一会儿，小明就赢了。他又拍手又跳：“妈妈输喽！”这样连赢了三盘，小明再也不想一个人下了，他觉得这样赢真没意思。

小明去求妈妈：“还是我们一起来下吧！”“输了哭不哭？”妈妈问。“保证不哭！”小明真的不哭了。不过他要是输了棋，脸还是涨得红红的，还是想哭。他还嘟着嘴说：“再下一盘，反正我不哭！”

评　析：本活动首先通过幼儿的猜拳游戏、讨论，使幼儿初步对输与赢有了一定认识和体验。接着，运用课件演示故事，并引导幼儿就故事情节进行思考，使得幼儿对输与赢的问题有了比较清晰的认识。然后，采用游戏形式，让幼儿通过亲身体验，进一步澄清认识，巩固知识。最后，师幼齐唱歌曲《嘿哟，加把劲》，鼓励幼儿在生活中也能“加把劲”，通过自己的努力争取胜利，更激发了幼儿日常生活中的自信心，有效地达成了活动的目标。

在活动中，从幼儿游戏感受—课件演示故事—幼儿思考—幼儿游戏体验，活动过程十分自然，自始至终都围绕幼儿这一中心开展活动，幼儿不仅参与其中，并充满激情。

活动运用了课件，形象直观，符合幼儿特点，采用了游戏这一幼儿最喜欢的形式，调动了幼儿活动的积极性，活动气氛活跃。

在活动延伸部分安排了日常生活中的随机教育，有助于幼儿形成稳定的个性品质；与家长的沟通，能够使家园教育一致，达到共同教育的目的。

（资料来源：幼教网，http://www.youjiao.com.）

第二节　学前儿童社会教育区域活动的设计

一、区域活动的含义

区域活动也称区角活动、活动区活动，指教师从幼儿的需要、兴趣出发，结合教育目的和教育活动的要求，将活动场地划分为若干不同的区域，如阅读区、表演区、自然角、科学活动区、社会教育区、健康教育区等，向其中投放各种活动材料，指定相应的活动规则，让幼儿自由选择活动区，在不同区域内幼儿与材料、环境及其同伴的相互作用下，学习并获得知识。

二、幼儿社会教育区域活动的实施和指导

（一）为幼儿创造发展机会，提供发展的时间和空间

幼儿的社会学习离不开他的社会实践活动，实践需要一定条件，教师有责任为幼儿的社会发展创造条件，提供丰富的活动时间和空间，使他们的社会学习丰富多样，以获得实际效果。

当前幼儿园中留给幼儿自由选择活动内容、活动空间、活动伙伴的时间并不多，特别是在某些节假日前，教室早早地就开始组织幼儿“备战”节日或者评级、评奖的“迎检”活动，留给幼儿自由活动的时间就少之又少。幼儿园应合理地安排一日游活动的内容，每天给幼儿一定的自由活动时间，而且应该让幼儿的自由活动时间能持续半小时以上。

给幼儿活动的空间。活动区的活动要满足幼儿参加活动的需要，面积应该足够容纳数名幼儿一同活动，材料数量相当，才能减少他们在共同活动中产生的冲突。为了提高幼儿的交往能力和水平，有条件的幼儿园可以在活动区设置打破班级界限，使幼儿的交往活动能更加丰富，社会生活活动和游戏活动更加多样。幼儿的生活范围越大，内容越深化，越有利于幼儿社会性的充分发展。

（二）建立平等互动、积极的师幼关系

平等互动、积极有效的师幼关系是幼儿社会化的重要途径和教育内容。教师的社会角色行为，可以影响很多幼儿，使他们产生长大以后也去做一名教师的想法。教师和幼儿的互动水平，不仅会影响幼儿对教师的认识、信任，而且会影响他将来参与到更广阔的社会生活中时的社会情感和行为方式。从这个意义上说，教师和幼儿的互动，就是幼儿社会教育的重要内容之一。

教师与幼儿的关系决定了在建立平等互动、积极有效的师幼关系中，教师起着关键性的主导作用。这就要求教师真正地做到热爱和尊重幼儿，细致感受幼儿不同的个性差异等，做幼儿活动中的伙伴、合作者、支持者和引导者。重视与幼儿的积极情感交流，重视平日里的有效沟通，在班级中创立安全、宽松、愉快的精神环境。给予幼儿充分的信任和无条件的支持，使他们乐于接受教师、无条件地信任教师，这样教师就能不断引导幼儿向更高层次的目标发展，取得更好的教育效果。

（三）长期坚持

个体的社会化过程伴随着人的一生，可见社会学习是一个长期的过程。幼儿园社会领域的教育也是一个长期的过程，要求教师能始终不渝地坚持进行。特别是幼儿的自控能力较差，行为习惯的养成虽然比成人更容易，但也更容易出现反复，教师应给予充分的耐心和细心，坚持不懈地引导幼儿向社会要求的方向发展。

（四）教师发挥主观能动作用

区域活动毕竟不同于课堂教学，它更注重幼儿的个体发展。区域活动的创设必须是开放的，能够让幼儿自主选择的。让幼儿有选择地进区活动，并且要让他玩得充分，玩有所得。基于这几点认识，为了让区域活动在教育活动中发挥更大的作用。教师应该是一个材料的提供者、活动的点拨者、成果的点评者。为此应该做到：

1．开创一定数量的区域

各个区域提供的材料不要雷同，材料的提供要有层次，定期更新，符合幼儿的认知水平，能让孩子有比较大的选择余地。

材料是吸引幼儿选择区域的第一要素。材料的投放要注意几个问题：

（1）各个区域的材料各异。如果各个区域的材料是类似的，那么幼儿选择的兴趣也不会很大。在哪个区域活动都是一样的，就没有必要在区域之间流动了。

（2）一个区域的材料要定期更新。如果区域里的材料长时间一成不变。那么孩子们对这个区域也会渐渐失去兴趣，即使选择了这个区域，也是对操作的重复，到最后只能是对操作材料的把玩，而并不能有任何收获。

（3）材料的投放要符合幼儿的认知水平。孩子对于完全陌生的材料其实兴趣是不大的。但是这种材料有点熟悉，有点新鲜，会引起孩子的最大兴趣。大家都知道，孩子对于看到过的、别人有的玩具需求最强烈。同样，如果区域里的材料孩子是熟悉的，但又是和原来操作过的材料形式是不一样的，那就会吸引孩子去探究。在操作过程中也能够通过探索取得成就。

2．幼儿选择区域，教师要有一定的引导

区域活动虽然不是正式的教学活动，但是它是最能够让幼儿发展特性的活动。通常孩子们都能够按照自己的兴趣来选择区域，但是孩子们也会有盲从的心理。如果在一个区域里，这项活动是大多数孩子都喜欢的，那么可能大家都会选择这个区域。此时，如果没有足够的区域来分散孩子，或者说其他区域的材料不能够引起幼儿兴趣的话，那可能会形成“毛毛虫效应”，区域活动的作用也就荡然无存。

很多男孩子都喜欢搭积木，一到幼儿园就进入建构区。但是在建构区里，幼儿搭积木并不是创新的建构，而是都做成简易陀螺，争相在地板上玩。这样建构区每天都最热闹，而且由于争抢位置时有事端。对于幼儿本身来说，盲从的最后是什么都没有得到提高。针对这种情况，需要我们更多地开设棋类、阅读、剪纸、手工、数学等活动区域，并且强制性地限制建构区的人员。针对男孩子不善于剪纸的情况，要强行规定男孩子来园以后，必须先选择剪纸，完成一项任务后，才能够选择其他的区域。

幼儿园的主题活动往往多以集体式教学为主，它主要是让全班幼儿在主题活动时学习同样的主题内容，主要是通过教师来控制活动时间、场所和操作材料。这样的活动往往忽略了幼儿的个别差异，不能很好地兼顾到每个幼儿的不同特点。然而在区域活动中，幼儿应该是处于主动地位的，他们可以根据自己的需求去选择想要的活动场所、活动材料和活动对象，因此区域活动对于幼儿有着很大的帮助，它可以帮助幼儿认识社会，接触社会。正是因为区域活动的这种自由活动性，幼儿可以根据自己的意愿和兴趣去选取适合自己、自己感兴趣的活动进行开展。因此，在活动中，他们时常会偏离教师预设的活动方式，按照自己的想法与同伴进行活动。这个时候，在活动中就会存在许多预先没有考虑到的因素，就会生成新的活动方式，从而产生新的活动主题。然而，在区域活动中，教师为了达到预先设定好的教学目标，达到自己的教学效果，往往花费时间在材料的创设和改造上，而忽略幼儿新创设出的主题活动，错过一个好的教育机会。随着各种主题不断开展，区域活动的种类和形式会越来越多地呈现出来，其中大多数是教学活动的延伸，还有的是通过幼儿的独立创造新建构的。这些区域的产生，与主题相辅相成，促进了主题活动的更好开展，幼儿也通过区域活动更好地认识了主题的内容。

3．区域活动中，教师要适当介入

幼儿来自不同的家庭，受遗传、环境、教育因素的影响，幼儿个体差异构成多彩多样、互补的人群。就儿童而言，年龄越小，差异越大。教师在指导区域活动时观察了解在先，介入指导在后，通过观察理解不同幼儿的活动意图、思维方式，并对不同幼儿的活动水平做出正确的诊断，承认差异、认识差异、尊重差异是因人施教的基本前提，教师要最大限度地满足不同幼儿的不同需求，允许甚至鼓励他们与众不同，引导每个幼儿在发展方向、起点、速度及最终达到的水平上缩短差异的距离。耐心等待，善于引导是因人施教的根本保证。要给予适合个体差异的介入方式、指导行为。当幼儿确实遇到超出其能力范围的困难时，教师应给予直接的帮助和支持。

而当幼儿快失去信心时，要及时介入、帮助，重新焕发幼儿活动的兴趣，找到问题的突破点。教师应随时观察幼儿在活动中的表现，关注幼儿遇到的困难，根据幼儿的需要采用间接或直接的方式和幼儿一起解决困难，从而产生一个新的探索火花，使活动得以延续下去。

在区角活动时，教师要有意识地引导幼儿运用文明语言与同伴进行文明交往活动。如在图书区，请能力强的幼儿给同学讲书的故事内容，引导幼儿一起看书；在积木区，引导幼儿一起搭建房子，如果幼儿不小心碰到了别的幼儿搭的建筑，要会向同伴道歉；在美工区，引导幼儿把自己的作品展示给同伴看，并和同伴讲一讲自己的想法和做法；在"娃娃家"，除了引导幼儿能热情地接待客人外，还要使幼儿知道自己所扮演的角色，并与其他家庭成员之间有语言的交流和合作。在活动中，教师发现几个平时不爱与人交往的幼儿在里面各玩各的，同伴之间几乎没有交流。于是，教师以客人的身份给幼儿打起了电话。电话响了，"娃娃家"的幼儿没有来接，教师便用十分着急的神情和语调自言自语："怎么没人接电话呀？"幼儿小声地说："喂，你是谁呀？""我是李老师，一会儿我想到你家做客，欢迎吗？"孩子们听说教师要来做客，都兴高采烈地说："行！"教师以客人的身份来到娃娃家以后，有意识地和幼儿聊起来："你们都是娃娃家的什么人呀？"他们纷纷告诉了教师自己所扮演的角色。教师引导当"爸爸""妈妈"的幼儿："你们在家不说话，孩子多寂寞啊，你们跟你们的孩子聊会儿天或者给他讲故事听吧。"就这样，"娃娃家"的幼儿之间开始交流，"爸爸"忙着给"孩子"讲故事，"妈妈"忙着给他们做饭，并以关心的口吻问"孩子"："想吃什么，我给你们做胡萝卜炒肉吧。"于是，连平日不爱说话的幼儿在"娃娃家"中也变得活泼起来了。

延伸阅读

当前幼儿园社会领域教育活动存在的问题

——以两个社会活动为例

幼儿社会教育是教幼儿做人的教育，是形成和完善幼儿人格的教育，也是幼儿全面发展教育的重要组成部分。但长期以来，在我国幼儿园社会领域教育实践中，关于如何选择恰当的内容、适宜的方式，对儿童进行社会态度、社会情感和社会行为的培养，还存在一些亟待解决的问题。

请看下面两个活动案例。

●**活动一：无声的爱（大班）**

【活动目标】

1. 引导幼儿了解聋哑人的交流方式，学习简单的手语。

2. 引导幼儿平等地看待聋哑人，激发幼儿关爱残疾人的情感。

【活动过程】

1. 游戏：教师做手语，请幼儿猜。

2. 引导幼儿尝试用手势来表达（请个别幼儿展示）。

3. 提问：你们知道，生活中什么人主要依靠手语来和别人交流吗？

4. 观看关于聋哑学生学习的课件。

提问：画面中的学生在干什么？你们能听懂他们在说什么吗？为什么？他们用什么方式和老师、同学交流？

5. 教师小结。

6. 学习简单的手语：你好、早上好、我爱你、谢谢等。

7. 用学到的手语和客人、老师交流。

8. 看课件，引导幼儿进一步了解聋哑人的生活，激发幼儿关爱聋哑人的情感。

9. 提问：社会上这么多善良的人都在关心聋哑人，那我们小朋友想怎样关心他们呢？

10. 鼓励幼儿把自己的想法通过手工活动表现出来。

为什么要选择“无声的爱”这一活动主题，教师在文本设计和课后反思中谈到，现在的教育对象都是独生子女，在他们成长过程中总是过多地接受来自各方面的关爱，却缺乏对他人关爱的体验。而在一个和谐社会里，需要每个人在接受关爱的同时，更应关爱身边的人。因此，教师试图从引导幼儿了解聋哑人入手，通过了解聋哑人的交流方式，激发关爱残疾人的情感，平等地看待聋哑人。

应该说这个立意是好的，出发点也没错，但问题是，为什么一定要选择这个内容作为教育活动的主题。这个问题到底是从哪里来的？通过对此次活动的整个过程的了解，笔者发现，整个教育活动自始至终都是由教师自己“想”出来的。即该教育活动所要解决的问题是“教师”的问题，而不是幼儿的问题。

首先，从幼儿的学习来看，以聋哑人为切入点教幼儿学会关爱，学会关心，既不符合幼儿的需要，也未能关注到幼儿的兴趣。其一，聋哑人作为社会的特殊群体，他们的生活与幼儿的生活相去甚远，幼儿很少有机会接触他们。倡导一个弱势群体去关心另一个弱势群体其实是成人对幼儿不切实际的要求。成人一厢情愿地赋予幼儿过高的道德期望，而忽视了幼儿本身发展的特点和成长的需要；其二，就幼儿自身的生活经验而言，他们几乎没有与聋哑人亲密接触的机会，缺乏相关经验。而且，笔者通过对该班幼儿的观察与了解发现，这个主题也不在幼儿的兴趣范围之内。对于这样一个幼儿既没有相关经验又没有多少兴趣的主题来说，教师即便是用尽了心思，拼命地引导他们去学习，其结果又会怎样呢？

“幼儿园社会教育是一门关于人和社会、文化的课程，离开了社会现实，离开了幼儿熟悉的社会生活，远离了幼儿已有经验，这一课程也就失去了其存在的根基。”大量事实表明，与幼儿现实生活联系越紧密的内容越容易引起幼儿的兴趣，并容易为幼儿所理解和掌握。幼儿所拥有的生活经验非常有限，主要涉及家庭、幼儿园及常见社会机构的生活经验，因此，社会教育内容的选择应以幼儿的发展为依据，应建立在儿童已有的经验基础上，并以各种可感知的方式呈现以扩展幼儿的经验，使教育内容真正被幼儿所理解、接受并内化为自己的知识，继而产生特定的情感和行为。“活动一”中的教师尽管采用了看课件的方式展示聋哑人的困难，但当教师提问“你们想怎样帮助他们”时，幼儿面对这个远离自己生活的群体和课件中展示的不知所云的内容，很难理解教师的问题。

●活动二：爱心手语（大班）

【活动目标】

1. 了解聋哑人的困难，乐于去关爱聋哑人。

2. 通过手的不同动作表达多种情感，感知聋哑人的非语言交往和表达方式。

3. 初步学习简单的手语，并尝试用手语与聋哑人交流。

【活动过程】

1. 教师引导幼儿欣赏故事，引出活动。

2. 教师引导幼儿讨论聋哑人会遇到的困难及手语的作用并提问：

（1）聋哑人在生活中会遇到什么困难？他们是怎样进行交流的呢？

（2）手语有什么用？（使幼儿明白：聋哑人打手语，就和我们说话一样，能表达自己的意思，能互相交流。）

3. 幼儿尝试用手语交流，体验聋哑人不能用语言表达带来的困难，讨论如何关爱聋哑人。

（1）教师分别请几名幼儿单独看图片，用手语表达图片的内容，要求不能说话，只能用手势表达，其他幼儿猜一猜图片中画的是什么。

（2）教师引导幼儿讨论：你们觉得是说话交流方便还是用手语交流方便？聋哑人听不到声音也不能说话，会遇到很多的困难，我们应该怎样帮助他们？

4. 教师引导幼儿学习手语动作。

（1）教师做几个手语动作，请幼儿猜是什么意思。（我、你哭了、别着急）

（2）幼儿观看课件，学习简单的手语短句。（你好、对不起、我会一点点手语、你需要帮助吗、别着急，你家有电话吗）

5. 师幼观看舞蹈《千手观音》，感受聋哑人的自强不息。

6. 在手语歌《感恩的心》中结束活动。

“活动一”和“活动二”选择了相同的教育主题，都以关爱聋哑人为切入点，教学内容中都有手语的学习，教学形式都采用了多媒体教学。所不同的是，“活动一”通过展示聋哑学校学生的学习片断，试图引导幼儿进一步了解聋哑人的生活，激发幼儿关爱聋哑人的情感。“活动二”则通过幼儿看图片、做手势、猜意思—教师教手语—播放动画、学手语—观看舞蹈《千手观音》—欣赏 MTV《感恩的心》等多种形式达成活动目标。

直观的教学方法在幼儿园教学活动中占很重要的地位，该方法的使用有利于幼儿思维的发展。现代教学媒体的使用，为教学信息便捷、高效地传递提供了可能，为教学质量的提高奠定了物质基础。问题是，教学形式是为教学对象、教学目标和教学内容服务的，在选择媒体时除了考虑形式的恰当与否，更应考虑其中的内容是否符合学习对象的年龄特点和实际需要，是否有利于达成特定的教学目标，是否符合具体教学任务的实际需要，是否切合教学内容的性质和特点，从而最充分地利用媒体的优势激发儿童的学习兴趣，发展他们的学习潜能。舞蹈《千手观音》、MTV《感恩的心》确实很美，但在本活动中的播放完全游离了活动主题，缺乏与活动的内在联系，形式的翻新并不能弥补活动内容的先天不足。一味追求形式的多样化，却忽视潜移默化的教育特点；呆板的言语说教无法深入幼儿心灵，也难以起到润物细无声的效果。并非我们给予幼儿好的东西，幼儿就一定会有良性的感受反应，事实常常相反。因为“情感的本质就是一种感受，‘自我的感受’是情感的核心”。过分追求形式的丰富多样，常常使得观摩教学活动成为教师个人的才艺展示。从某种意义而言，幼儿更多情况下是教师手中的提线木偶，在活动过程中更多体现的是教师教的主动性、创造性，而不是幼儿的主动发现与主动学习。因此，许多教学活动常常表现出“内容是教师‘想’出来的，方法是教师‘做’出来的，结果是教师‘说’出来的”，而不是幼儿发展所需要的学习，必然会浪费幼儿许多美好的童年时光。

反思幼儿园社会领域的教育，应该认真思考：如何选择社会领域教育活动的内容？以何种形式呈现内容更加适合幼儿的学习？

首先，要选择适宜贴切的内容；第二，与目标无关或关系不大的内容必须删除；第三，所选内容应在幼儿的最近发展区内，既以幼儿的心理水平为基础，又有发展性；第四，所选内容要有启发性，能锻炼幼儿的思维，启迪幼儿的心灵。笔者认为，在组织内容时要把逻辑顺序和心理顺序相结合。逻辑顺序即知识系统的内在逻辑体系，心理顺序即幼儿学习活动内在的认知规律。因此，适合幼儿发展水平的课程内容应当以幼儿为中心，以幼儿的特点和需要为出发点来制定。“有效教学始于学习者的现有知识，他们的文化实践、他们的信仰以及他们对学科内容的掌握程度。”最后，以适宜幼儿发展的方式来呈现教学内容。

同样是关注残疾人，同样是爱的教育，请看瑞吉欧教育中的一个案例。一个盲孩子，因为自身的生理缺陷成为同班孩子的嘲讽和捉弄对象，教师没有简单地斥责和教训孩子，也没有苦口婆心地灌输大道理，而是请孩子们戴上眼罩生活一天。这些正常的孩子们在亲身体验的过程中，深刻体会到盲人的艰难和坚强，发自内心地感受到自己没有任何理由去嘲笑这个盲孩子。

在“活动一”和“活动二”中，教师强拉硬拽地让孩子们去关注聋哑人，要求他们学会关爱。社会学习是一个漫长的积累过程，不是一蹴而就的，应该特别珍视人通过体验获得的生活经验。正如前苏联心理学家鲁克所言：“个人的情绪经验愈是多样化，就愈容易体会、了解、想象别人的精神世界，甚至会有‘密切的情感交流’。”在教育中抓住一切社会教育的契机是对幼儿园教师的基本要求。“社会教育是与现实生活紧密关联的教育，通过真实的生活事件和生活情境，培养幼儿的基本社会生活能力和技能，并增进幼儿的相关知识，激发幼儿的社会情感。充分利用现实生活，在生活事件、生活活动中利用一切可以利用的机会，让幼儿练习、实践，只有这种结合现实生活的社会教育才能真正取得成效。社会教育强调幼儿在做中学，通过真实的体验来学习。”

[资料来源：王冬兰. 当前幼儿园社会领域教育活动存在的问题——以两个社会活动为例[J]. 当前课程研究，2007(2). 有删改]

案例分析

打开食品包装袋的秘密（大班）

【活动目标】

1. 引导幼儿在观察与记录中，掌握打开食品包装袋的方法。

2. 通过了解生活中包装袋的作用，提升幼儿的生活经验。

【活动准备】

食品包装袋及各种外出携带的食物，例如薯片、果冻、口香糖、菠力海苔、瓶装饮料等；记录表、记录笔人手一份。

【活动过程】

1. 出示幼儿搜集的各种包装袋，导入活动。

2. 认识包装袋。

（1）认识包装袋的外观。

（2）了解包装袋的用途。

3. 探索打开食品包装袋的方法。

（1）集体探索并记录打开上好佳食品包装袋的方法。

（2）幼儿分组探索并记录打开其他食品包装袋的方法。

（3）集体分享并记录打开食品包装袋的方法。

4. 学习打开火腿肠（包装袋上没有打开标志）。

（资料来源：张岩莉. 学前儿童社会教育［M］. 上海：复旦大学出版社，2014.）

从活动目标、活动内容、活动过程、活动效果四个方面评析该活动，并提出相应的改进建议。

拓展训练

从下面给出的目标中任选一条设计幼儿园社会性教育活动，要求目标明确、方法恰当、过程完整。

（1）愿意做个勇敢的孩子，增强自我克制和忍耐能力。（中班）

（2）学习使用“您好”“再见”等礼貌用语。（小班）

（3）知道资源再利用的道理，关注人们的活动方式与环境的关系。（大班）

第六章 学前儿童社会教育评价

学习目标

1. 理解学前儿童社会教育评价的内涵，了解学前儿童社会教育评价的意义，掌握学前儿童社会教育的类型和方法。

2. 了解学前儿童社会性发展评价的意义，掌握学前儿童社会性发展评价的原则和指标体系，掌握学前儿童社会教育活动评价的原则和内容。

3. 了解学前儿童社会教育评价的组织和实施，把握学前儿童社会教育评价中应注意的问题。

学前儿童社会教育评价是对学前儿童社会教育的社会价值和个人价值做出判断。它是指评价者根据学前儿童社会教育的目标以及与其相适应的学前儿童社会性发展目标，运用教育评价的理论和方法，对学前儿童的社会性发展和社会教育活动做出价值判断。学前儿童社会教育评价对幼儿园、教师、学前儿童、家长都具有重要的意义。

第一节 学前儿童社会教育评价概述

《纲要》指出："幼儿园教育评价是了解教育目的的适宜性、有效性，调整和改进工作，促进每一个幼儿发展，提高教育质量的必要手段。"学前儿童社会教育评价是指评价者依据学前儿童社会教育目标和社会性发展目标，运用科学的教育评价方法对学前儿童的社会性及社会教育进行价值判断。

一、学前儿童社会教育评价的内涵

评价指的是评定价值，即价值判断，是对客体满足主体需要程度的判断。评定某一人、事、物有无价值，实际上是在评定这一人、事、物对于某一主体需要的满足程度。

教育评价是评定教育的价值，是对教育的价值做出判断，是对教育满足个体需要和社会需要的程度做出判断。

学前教育评价是对学前教育的价值做出判断。它以学前教育为对象，对其效用给予价值上的判断。

学前儿童社会教育评价是学前教育评价的组成部分，是对学前儿童社会教育的社会价值和个人价值做出判断。它是指评价者根据学前儿童社会教育的目标以及与其相适应的学前儿童社会性发展目标，运用教育评价的理论和方法，对学前儿童的社会性发展和社会教育活动做出价值判断。其主要包括两个部分：学前儿童社会性发展评价和学前儿童社会教育活动评价。前者可以让我们了解学前儿童社会性发展的状况，后者则可以让我们了解当前学前儿童社会教育活动的现状，并帮助我们探索更为有效的学前儿童社会教育活动的方法、途径和形式，以便我们更好地开展学前儿童社会教育，促进学前儿童社会性的发展。

二、学前儿童社会教育评价的意义

《指导纲要（试行）》明确指出："教育评价是幼儿园教育工作的重要组成部分，是了解教育的适宜性、有效性，调整和改进工作，促进每一个幼儿发展，提高教育质量的必要手段。"由此可见，评价在学前教育活动中有着重要的意义。学前儿童社会教育评价对幼儿园、教师、学前儿童、家长都具有重要的意义。

（一）是调控学前儿童社会教育质量的手段

通过评价，教师可以对学前教育活动的整体质量、幼儿的发展情况、教育目标是否实现等教育活动的各个方面进行科学的鉴别，了解制定的社会教育目标、选择的内容是否符合学前儿童的年龄特点、已有知识经验和现有知识水平，幼儿园教师实施的教育是否达到了预期的效果等，同时，可以通过评价结果知道学前儿童社会教育的质量，教学过程中存在哪些问题，并对这些问题进行分析，使下一阶段的教育活动有的放矢，并加以改进，寻找科学的教育方法，选择最佳的社会教育方案和模式，从而提高学前儿童社会教育的质量。

（二）是了解幼儿社会发展水平需要和个别教育的依据

通过评价，教师可以了解幼儿在活动中的表现状况、社会性发展程度和水平，从而判断和分析社会性教育过程的不同影响因素的作用，从而对幼儿的兴趣、需要、能力、态度等方面的发展进行科学鉴别，了解幼儿在活动中掌握了哪些知识，发展了哪些能力，存在哪些长处和弱点等；同时，可以指导教师根据幼儿社会性发展特点有计划、有目的地观察了解幼儿，如哪些幼儿掌握得比较好，哪些幼儿掌握得不够好，从而为教师的个别辅导和有针对性的教育提供依据。

（三）是提升教师专业素养的重要途径

通过评价，教师可以反思自身教育效果，及时得到反馈信息，知道哪些社会教育活动比较好，哪些社会教育活动不够好，为什么不够好，从而帮助找到自己教育中的薄弱环节，做好补救工作，避免下次再出现；在评价的过程中，教师运用学前儿童发展理论、学前教育原理等专业知识审视教育活动中存在的问题，其自身专业化水平也会不断提高；同时，评价可以帮助教师了解幼儿的社会性发展状况，为其制定下一步教育活动计划提供依据；另外，评价的结果也为教师和家长更好地沟通做好了准备。

三、学前儿童社会教育评价的原则

学前儿童社会教育评价原则是人们对幼儿社会性发展评价客观规律的认识和反映，是指导、制约和规范评价行为的准则，以使评价活动顺利达到预期目的。

（一）目的性原则

目的性原则是指在进行幼儿社会性教育活动评价时要有明确的目的。思想指导行动，评价者的教育目的不同，则使用的评价体系、采用的评价方法、解释和处理评价结果就会不同，这将最终决定评价工作的实际效益。

学前儿童社会性教育活动评价的根本目的是为了全面了解幼儿社会性发展，为了制定和调整教育计划，使教育更符合幼儿社会性发展需要，最终促进幼儿社会性发展。因此，强调目的性原则，就是要树立正确的评价目的，避免为了评价而评价，为了其他目的而评价。

（二）客观性原则

客观性原则是指在进行社会教育评价时，秉承实事求是的科学态度，依据客观标准评价儿童。评价者要选择经过科学编制和反复验证的评价指标体系，确保评价结果真实、有效。此外，评价者不能凭借个人感情主观臆断，必须本着公平、公正、公开的原则，从多角度、多层面评价。

（三）全面性原则

全面性原则指评价幼儿社会教育活动目标的全面性，即幼儿社会认知、社会情感和社会行为技能的协调统一。在以往的评价中，人们只注重社会认知，只在意幼儿获得了哪些知识。事实上，社会认知只是社会教育的基础，是其中一部分，因此，评价的重点应放在上述三方面的协调统一上。同时，全面性原则也意味着对社会性教育活动各因素进行全面评价：不但对幼儿在活动过程中的社会性发展进行评价，还要对教师在教育活动中的组织进行评价；既要对教育活动过程的教具、学具的选择和利用进行评价，又要对教师与儿童之间的言语和情感互动情况进行评价；既要对静态的活动因素进行评价，又要对动态的活动过程进行评价。

（四）发展性原则

发展性原则指评价幼儿社会性发展时，既要评价幼儿已达到的社会性发展水平，进行横向比较，发现幼儿在某一阶段是否达到了对该年龄幼儿发展的一般要求；也要评价幼儿的发展、变化状态，进行纵向比较，发现幼儿当前的发展较之过去的进步情况，及今后的发展和趋势。发展性原则就是避免静态地评价幼儿，而应用动态的眼光看待幼儿的社会性发展水平。

（五）肯定性原则

在对幼儿进行评价时要以精神奖励为主、物质奖励为辅，使幼儿具有良好的行为动机。虽然频繁使用物质奖励存在诸多弊病，这并不意味着一概不能采用，关键在于使用的“度”。其实，一句鼓励的话语、一个温暖的微笑、一个肯定的眼神、一个简单的动作（如竖起大拇指在幼儿的额头上点一下，摸摸幼儿的头、脸蛋儿，拥抱一下等）都可以起到很好的激励作用，关键在于在恰当的时机用恰当的肯定性评价来实施激励。

（六）定量评价与定性评价相结合

多元评价不仅使用量化评价方法，更多以质性评价为基础。定量评价是用数据对评价结果量化说明；定性评价使用描述性语言总结反馈信息或制订评价标准。这两种评价方式各有优缺点，只有结合起来使用才能保证对学前儿童社会教育的发展水平做出科学、准确、客观、全面的评价。

（七）静态评价和动态评价相结合

静态评价只是评价儿童的个人表现，以此来说明其实际发展，它关注儿童已经学到的知识；动态评价是评价儿童在学习过程中的表现。动态评价把评价看成是一个持续的过程，包含对儿童过去、现在和未来的分析。

（八）评价要注重个体差异性与适量性相结合

应注重个体差异，根据个体的气质类型、性格特点把握表扬的方式与分寸。对一贯表现好的行为，或者已经养成的良好习惯，给予一般性的表扬；对于长期存在的问题，不感兴趣的或能力较弱的方面，哪怕只是很小的、偶尔的进步，教师都应该特别表扬。

第二节　学前儿童社会教育评价的内容与方法

学前儿童社会教育评价包括对学前儿童社会性发展的评价和社会教育活动的评价两个部分，前者是为了了解儿童的社会性发展状况，以便为学前社会教育活动的下一步开展提供依据，后者是为了了解监督实施的社会领域教育活动的科学性、有效性等。

一、学前儿童社会性发展评价的内容

学前儿童社会性发展评价的评价内容，其实就是“评幼儿什么的问题”。同样应该从儿童的认知、情感、社会行为三方面发展来看，既要有对自我认知发展的评价，如自我意识、自主性、自信心、独立性等，也要有对情绪情感发展水平的评价，如表达情感、控制和调节情绪、爱他人、爱集体等，还要有对各种社会行为的评价，如交往行为、社会适应技能等。

学前儿童社会性发展评价的内容是根据学前儿童社会性发展目标来制定的。《纲要》中提出的学前儿童社会教育的目标缺乏具体和细化，使得学前儿童社会性发展评价的内容也充满了弹性。不少学者依据不同的理论和教育价值观，从不同角度对学前儿童社会性发展的目标进行了研究，对学前儿童社会性发展的内容做了不同的分解。下面从《幼儿发展评价手册》中选取社会性发展评价量表的内容供大家参考（见表6－1），本量表在等级划分上有三个等级标准，分别对应幼儿园小、中、大班三个年龄段，由抽象到具体，层层细

化。教师或家长可以根据本量表的各项指标来考察幼儿达到的标准的情况。教师在使用本量表时，可以根据本园的实际情况、本班教育计划和幼儿的实际情况进行选择和修改。

表6－1 幼儿社会性发展评价量表

项目	内容	等级标准		
		一	二	三
自我系统	自我认识	知道自己的姓名、性别、年龄	知道自己的爱好	知道自己的优缺点
	自信心	完成简单事情或任务时有信心	完成稍有难度的任务时有信心	完成没有做过或有较大难度的任务时有信心
	独立性	在教师鼓励和要求下能独立做事	自己能做的事情不请求帮助	喜欢独立做事情和独立思考问题
	坚持性	能有始有终地做完一件简单的事	能坚持一段时间完成稍有难度的任务	经常能在较长时间内主动克服困难，实现活动目的
	好胜心	在感兴趣的活动中努力做好	在竞赛情景及与他人同时进行的活动中，努力争取好成绩	做任何事都努力争取好结果
情绪情感	表达与控制情绪情感	情绪一般较稳定，经劝说能控制消极情绪	一般情绪状态较好，能用较平和的方式表达情绪；一般能自己调节与控制消极情绪	一般情绪状态良好，能用恰当的方式对不同情景做出适宜的情绪反应
	爱周围人	热爱、尊敬父母	亲近班里的老师和小朋友	关心父母、老师和小朋友，喜欢帮助他们做力所能及的事
	爱集体	喜欢幼儿园，愿意参加集体活动	在教师引导下，能关心班里的事，为集体做好事	能主动关心班里的事，为集体做好事，维护集体荣誉
文明礼貌	礼貌	在成人的提醒下能使用礼貌用语	能主动使用礼貌用语	能在不同情景下主动使用礼貌用语，举止文明
	诚实	不说谎话，不随便拿别人东西	做错事能承认，拾到物品主动交还	做错事能承认，并努力改正，不背着成人做被禁止的事
	合作	能与小朋友一起游戏	喜欢与小朋友合作游戏和做事	能成功地与小朋友合作游戏和做事
	遵守规则	经提醒能遵守规则	能自觉遵守规则	能自觉遵守并维护规则

续表

项目	内容	等级标准		
		一	二	三
交往行为	与教师交往	对教师的主动交往能做出积极反应	有时能主动与教师交往	常主动发起与教师的交往
	与小朋友交往	对小朋友的主动交往能做出积极反应	有时能主动与小朋友交往	经常主动发起与小朋友的交往
	与客人交往	见到客人不害怕、不回避	对客人的主动交往有积极反应	能主动与客人交往
	解决冲突	与小朋友发生冲突时，经教师帮助能和解	能用适宜的方式自己解决与小朋友的冲突	能帮助解决其他小朋友之间的冲突

二、学前儿童社会教育活动评价

学前儿童社会教育活动评价就是对社会教育活动各个要素进行价值判断。从宏观角度看，无论是哪个领域的教育活动，其活动都应该包括教育目标、教育内容、教育环境和材料、教育过程、教育结果和价值等方面。如教育目标是否体现发展性、全面性；教育内容是否符合学前儿童的兴趣和需要；物质环境和材料是否具有启发性和暗示性；教育过程是否具有探究性；教育结果是否具有经验性；教育价值是否具有可持续性和多样性等。同时对教师和幼儿在活动中的情况，很多时候都是在教育过程和教育结果中来评价的。因此，学前儿童社会教育活动效果的具体评价应从活动本身、教师“教”、幼儿“学”三个方面来着手。

（一）教育活动本身的评价

1．评价活动名称

活动名称不可缺少，提法可以多种多样，主要看是否能引起幼儿的兴趣，是否能反映活动内容等。

2．评价活动目标

社会教育活动的目标应该包括知识、情感、能力三个维度，在面面俱到中做到重难点突出，同一条目标可以包含几个维度的内容，目标的表述应该清晰、准确，具有可操作性。目标的难度适中，目标的数量合适，目标表述的行为主体应该一致。活动结束时要逐条对照，目标是否落实在活动内容和活动过程中，是否都实现了。

在评价活动目标满足上述要求的同时，还应考虑：社会教育活动目标的制定是否依据

《纲要》和《指南》精神；是否遵循本班幼儿年龄特点、现有发展水平，结合幼儿的经验、兴趣及需要；是否能从本地区、本园实际出发的理念；是否注重长远的教育价值，有利于幼儿的终身学习和发展，特别是注重发展幼儿的各种能力，培养幼儿良好的行为习惯、有益兴趣及良好心理品质；是否体现全面发展幼儿社会性的要求。

例如，在大班社会教育活动“少数民族”的设计中，可将活动目标设计为：①让幼儿知道我国是一个多民族的国家，各族人民勤劳勇敢，他们都是中国人；②让幼儿从服装上尝试辨认蒙古族、藏族、维吾尔族、朝鲜族四个民族，了解他们的主要生活习惯及居住地；③培养幼儿热爱少数民族的情感，进行爱国主义教育。

这一活动目标的设计，包含了知识、情感、能力三方面，目标具体、难度适中，同时我们可以知道：大班幼儿对中国地图已有认识，设计“少数民族”体现了从幼儿已有经验出发的理念；从热爱少数民族进行爱国主义教育符合《纲要》和《指南》的要求，具有长远的教育价值。教师将认识少数民族、进行爱国主义教育设计为此次教育活动的方向，重点让幼儿知道除了汉族外，其他的各个民族都是少数民族，使幼儿理解民族大团结。在符合上述要求的同时，教师在评价一个活动目标是否合理完善时，还有非常重要的一点，就是看目标是否真正在具体的活动过程中得以实现，所谓“说得好，不如做得好”。

3. 评价活动准备

评价教育活动的准备包括评价教师的物质、环境创设准备和学前儿童的物质、知识经验准备，因此，评价者主要评价活动开展前教师的教育材料是否准备充分，种类丰富，并且材料的利用率是否很高；教育活动环境的创设是否完善，是否具有暗示性，是否能引起幼儿学习的兴趣；教师对于社会教育活动的知识结构的准备是否到位，以及幼儿该方面社会性知识的掌握情况是否达到一定水平。

教育活动的物质准备是一个社会教育活动能否顺利进行的关键因素，因此教师在进行教育活动之前要认真、细致地将活动材料准备充分丰富并考虑利用率。例如在大班社会教育活动“十二生肖”的活动中，教师提前为幼儿准备的教具有：自制生肖钟，山洞、大山、脚印、标尺等标记小图片；学具有：蛋糕盒制作的钟面、十二生肖动物图片、固体胶若干，同时创设具有暗示性的教育活动环境：十二生肖的儿歌或生肖图。同时，教师还要具备相应如“生肖排序”“属相”“轮回”等知识，以便在活动中对幼儿进行清晰的讲解。此外，幼儿应具有一定知识准备，如认识时钟及基本的制作技能。只有这些准备都做好了，才能保证该活动各个环节的顺利进行。

4. 评价活动过程

活动过程的评价是学前儿童社会教育活动评价的最重要内容，也是活动质量和教师教育能力的体现。评价者在评价活动过程时首先考虑活动过程是否完整，包括：开始部分（导入）、基本过程、结束部分三个环节。

在具有以上三点要求后，再逐一评价。其中导入部分要最先出现，可评价导入的形式是否合理新颖，吸引幼儿的注意。在基本过程中，评价主要看：教育过程中是否面向全体幼儿，是否尊重幼儿的个别差异；是否尊重和考虑了幼儿的意愿，是否得到幼儿的信任和依恋；教育方法是否生动多样；教师教育的基本技能及社会教育的能力如何；幼儿在整个活动中是否处于主体地位，是否有机会自主考察、体验、表达和操作；是否寓教于游戏；整个活动的开展是否有层次性和条理性，基本遵循由易到难、循序渐进的规律。在结束部分的评价中，首先看教师是否进行总结，再看教师是否引导幼儿总结，引导得如何。

如大班社会教育活动“生活中的标志”的活动过程：

导入部分通过游戏“开汽车”的形式，引发幼儿的思考，激发幼儿的学习兴趣。引导幼儿思考：“老师没有说话，你们为什么一会儿停车，一会儿开车呢？红绿灯告诉我们什么？”

基本过程：首先组织幼儿自由交流，认识标志。教师采用小小解说员的形式对幼儿进行教学。先引导幼儿观看《标志图片展览》，让幼儿说出自己不认识的标志：“请收集此图片的幼儿当小小解说员，讲解收集的标志上面画的是什么？表示什么意思？你在什么地方见过这种标志？”接下来，组织幼儿自由讨论：“你还在哪儿见过这些标志？为什么设这些标志呢？”（鼓励和支持幼儿自由讨论，发表自己的见解）幼儿通过观察、讨论，对标志的意义和在生活中的作用有了进一步的了解，丰富幼儿已有的社会经验。

其次，激发幼儿为幼儿园设计标志的愿望。幼儿园是幼儿生活中特别熟悉的地方，借助幼儿已有的生活经验让他们为幼儿园设计标志，既巩固了幼儿对标志的认识和理解，又发展了幼儿动手动脑及创造想象的能力。教师采用讨论法，并逐一出示幼儿生活的一些场景，如幼儿的寝室、盥洗室等，引导幼儿观察这些图片，并提问幼儿这是什么地方？应该设计什么标志？引导幼儿发现自己身边存在的问题，激发幼儿的想象力及设计标志的意愿，为幼儿下一步学习做好铺垫。

最后，组织幼儿当设计师，为幼儿园设计标志：“小朋友们，今天老师请你们当设计师，给咱们的幼儿园设计标志，为我们幼儿园的小朋友和老师提供方便。”然后让幼儿用水彩笔和画纸设计标志。活动结束时，请个别幼儿讲一讲自己设计的是什么标志，要把它贴在哪里。

在该活动过程中，教师把幼儿放在活动的主体地位，以提问的方式引发幼儿思考，通过角色扮演的方法让幼儿了解标志的意义和作用，调动了幼儿参与的积极性，并创造平等、宽松的讨论气氛，请幼儿找出幼儿园中需要做标志的地方，鼓励他们动手设计标志来规范自己和同伴的社会行为，在看、听、画、讲中发展了幼儿的观察力，同时也培养了幼儿发现问题、解决问题的能力。

5．评价活动延伸

活动结束后，首先要评价教师是否想到了还需要活动延伸，再评价教师使用的活动延伸的方法是否具有可操作性，是否对该活动长期的发展起到积极的作用（需要提醒的是，并不是每个活动都必须有延伸部分，要根据活动本身的需要而定）。

6．评价活动效果

社会教育活动的优劣关键在活动效果如何。评价者可以对活动的总体印象进行分析、总结：目标是否达成，幼儿参与活动的程度如何，是否有积极愉快的情感体验，其行为习惯、社会性品质是否符合目标要求等。评价者也可以具体地对活动设计和组织中的不足及其原因进行分析，提出更好的改进建议，为教师以后的活动设计和组织提供参考。

（二）对教师“教”的评价

在教育活动中，关注幼儿的学习方式也就是关注教师的教学方式，关注教师的教育活动设计、设置的教学内容和创设的环境以及采用的组织指导策略等。因此，在社会教育活动中，还应对教师的“教”进行评价。幼儿园教师专业标准对幼儿教师作了明确的要求，我们可以以此为依据，从教师指导行为（专业能力）和教师素质（专业理念和专业知识）两方面来评价。

1．指导行为评价

教师指导行为的评价指直接针对教师教学过程的各个步骤进行评价，即教师专业能力的评价。如教师的活动组织是否有序，层次清晰，重点突出，时间安排合理；是否能在活动中引导幼儿积极思考，给予幼儿充分发挥主动性、参与性和操作性的机会；是否能顾及并尊重全体幼儿又注重个体差异；是否注意观察幼儿，并根据实际情况做出恰当的反馈；方法手段是否合理、恰当有效，是否能针对教学目标，确保幼儿的主体性，有较高的效益；课堂气氛是否活跃，幼儿学得是否轻松愉悦等。

2．教师素质评价

这是指对教师专业发展所需的相关素质进行评价，包括专业理念和专业知识。专业理念体现在对幼儿的态度与行为、幼儿保育和教育的态度与行为、个人修养与行为；专业知识体现在幼儿发展知识、幼儿保育和教育知识、通识性知识。

在具体的社会教育活动组织中评价教师所需的素质，如是否具有社会教育相关知识的储备；是否具有一定的自然科学和人文社会科学知识；是否掌握幼儿园社会领域教育的特点与基本知识教育活动组织的能力；是否尊重幼儿人格，维护幼儿合法权益，平等对待每一个幼儿，不讽刺、挖苦、歧视幼儿，不体罚或变相体罚幼儿，信任幼儿，尊重个体差异，主动了解和满足有益于幼儿身心发展的不同需求等；是否注重保教结合，培育幼儿良好的意志品质，帮助幼儿形成良好的社会行为习惯；是否富有爱心、责任心、耐心和细心，乐观向上有亲和力，善于自我调节情绪，语言具有亲和力，简练规范、生动，易于幼儿理解，举止文明礼貌；是否掌握不同年龄幼儿身心发展特点、规律和促进幼儿全面发展的策略与方法，了解幼儿在社会发展水平方面的个体差异，掌握对应的策略与方法；是否熟悉幼儿园社会教育的目标、任务、内容、要求和基本原则，掌握幼儿社会环境创设、一日生活安排、游戏与教育活动、保育和班级管理的知识与方法；教态是否自然大方；教具制作是否恰当、实用，演示操作是否准确熟练；是否有较强的沟通能力与教学机智等。

（三）对幼儿“学”的评价

教育活动的最终目的是促进幼儿的发展和提高，而幼儿作为教育活动中的一个个活生生的，带有自主意识和愿望的个体才是最需要关注的，“从幼儿出发”“以幼儿发展为本”正是教育实践者需要在教育活动的设计、实施以及评价等方面用真真切切的理念和活动去付诸实践的。教师与幼儿的双主体角色是教育活动评价要素中的一个重要方面，教师是教育活动过程中的实施主体，从教师出发的评价只是一个方面，幼儿是教育活动过程中的学习主体，因此，评价必须关注幼儿如何“学”，关注幼儿在学习活动中多方面潜能的发展过程，体现“以学评教”。因此社会性教育活动中，幼儿参与程度的状况、认知、情感和行为的发展，是构成对幼儿评价的基本要素。主要包括以下三个方面。

（1）幼儿参与程度的评价。这是在活动进行过程中，教师或评价者及时了解幼儿参与活动状况的评价，有利于教师及时发现组织教学活动时幼儿的自主性发挥情况，及时改进教育方法，激发幼儿的活动积极性、主动性。幼儿参与程度的评价包括幼儿的积极性、主动性，注意力集中情况、思维活跃程度等。

（2）幼儿活动效果情况的评价。对幼儿在活动过程中社会认知、社会情感、社会行为技能等方面的发展情况进行评价。包括是否掌握相关社会知识、是否与同伴积极友好互动及产生积极情感。这种活动目标的实现与否成为评价指标体系中的重要组成部分。

（3）幼儿整体社会性发展状况的评价。这是在一个阶段的社会教育后，对幼儿的社会性发展总体水平进行评价，有利于教师整体把握幼儿的发展水平，对活动的效果有明确的了解，并对下一阶段的社会教育教学做出调整和计划。

三、学前儿童社会教育评价的方法

（一）观察法

观察法是指评价者在自然的状态下，有目的、有计划地对学前儿童的社会性行为进行直接观察，从而获得学前儿童社会性发展信息的方法。其主要特点是幼儿处于自然的环境中，观察者能够观察到幼儿最真实、最典型、最一般的行为。但要使观察有实效，评价者就要具备一定的理论知识，能够从多角度看问题，敏锐地捕捉幼儿在日常生活中的表现，仔细、准确地观察幼儿。

根据观察目的的不同，观察法可以分为不同的种类。

1. 直接观察与间接观察

直接观察是指不借助于仪器和设备，靠自身的感觉器官进行观察；间接观察是指借助于一定的仪器和设备来进行观察。直接观察比较简便，但由于人的视野有限，记录难以精确、全面；间接观察借助于仪器和设备，使得记录比较准确，但如果引起被观察者的察觉，容易导致观察的不真实。

2. 参与性观察与非参与性观察

参与性观察是指观察者参与被观察者的活动，在共同活动中进行观察；非参与性观察是指观察者不参与被观察者的活动，作为一名旁观者来进行观察。

3. 全面观察与取样观察

全面观察是对一定场景中发生和出现的各种现象进行观察和记录。它涉及的范围比较广，容易把握各种现象之间的关系，但由于观察的视野有限，对观察者的观察能力要求较高。取样观察是对观察现象的各种因素进行取样，对样本进行观察。它涉及的范围较小，容易使观察深入细致，操作比较容易，但要求选取的样本有一定的代表性，否则会影响观察结果的客观性。在取样观察中，比较常用的是时间取样观察和事件取样观察。时间取样观察是指以一定的时间间隔为取样标准来观察和记录预选行为是否出现及出现次数的观察方法。该法比较适合于观察出现频率比较高的外显行为和事件，观察结果具有一定的客观性，并能反映一个整体在某一行为领域的发展状况，但无法获取有关行为因果关系的资料。事件取样观察是抽样观察并记录某种特定的事件的方法。事件取样观察法既注意了行为，也注意了行为发生的情境，使评价人员可以进行因果分析。该法能够研究任何一种行为或事件，搜集资料花费时间不多，但难以进行定量分析。

4. 定期观察与追踪观察

定期观察是按一定的时间间隔进行观察，如对某班幼儿合作能力的观察，规定每周观察三次，这就是定期观察。追踪观察是对观察对象进行比较长时期的观察，从而获得发展性的资料，如对一个幼儿语言发展能力的观察，可能要持续几个月甚至几年。

5. 定量取向的观察和定性取向的观察

定量取向的观察是期望在观察的过程中，通过对数量关系的关注，从而为判断被观察对象在团体中所处的位置、数量关系等提供相关信息。定性取向的观察通常是以粗线条的观察提纲，对评价对象做尽可能详尽的多方面的记录，观察结果的形式是非数字化的。由于只有一个粗线条的观察提纲，所以观察者如何进行记录就非常重要。常用的定性取向的观察有日记描述、轶事描述、田野笔记等。

运用观察法应注意以下四点。

（1）要创造自然的观察环境和气氛。评价者不应对幼儿的行为进行干预、限制。此外，还要避免幼儿注意或发觉评价者的观察意图，以防止幼儿出现紧张及其他非自然的行为，确保观察结果的真实性。

（2）要有明确的观察目的。评价者应始终明确每次观察的任务和目的，选择与观察目的有关的行为和重要事实进行记录。

（3）要做好观察记录，精确记下反映幼儿行为的事实及其发生的条件、环境，以便对幼儿的发展做出正确的判断。

（4）要对幼儿的行为进行多次观察。为使观察结果具有可靠性，必须对同一行为保持足够的观察次数和观察时间。幼儿行为易受环境和其他主客观因素的影响，而在不同时间、不同地点、不同条件下则表现出不同的特点。在某一具体情景中，幼儿所表现出来的行为可能具有偶然性，不一定是其典型的、一般的行为。所以，在运用观察法对幼儿进行评价时，一定要注意进行多次观察。

（二）谈话法

谈话法是指评价者通过与幼儿面对面的交谈来收集幼儿社会性发展信息的方法。运用谈话法，评价者要对谈话的内容进行记录，再对记录进行分析。谈话法的优点是能便捷地了解幼儿发展中那些难以用行为表现出来的认识方面的问题，丰富已有的研究资料。谈话也是教师与幼儿互动的过程，有助于教师更深入地了解幼儿。此方法常用于搜集学前儿童动机、态度、自我认识等方面的信息。例如：评价者想了解幼儿人际交往的发展情况，就可以在交谈时问："你在班里的好朋友多吗？""你喜欢与哪些小朋友玩？为什么？"从而了解幼儿的人际交往情况。

运用谈话法进行学前儿童社会教育评价，要注意以下四个问题。

（1）谈话要有明确的目的。教师应围绕着谈话的目的来展开谈话的内容，必要时可以预先拟定一个谈话的提纲，以使谈话的内容不"跑题"。

（2）谈话要选择恰当的时机。在自然的状态下与幼儿交谈，以免幼儿紧张，从而影响谈话的效果。

（3）谈话要用儿童听得懂的语言。对幼儿的提问要尽量简单，语气要亲切，要有耐心，并善于倾听。

（4）谈话结束后，要妥善保管谈话记录，并及时对谈话记录进行分析和整理。

（三）问卷调查法

问卷调查法是评价者根据评价的目的，向被调查对象发放调查表，广泛收集幼儿社会性发展信息的一种方法。在学前儿童社会教育评价中，通过向家长和教师问卷调查，可以进一步了解幼儿在不同场合、不同情境中的社会性发展情况，从而真实地、全方位地了解幼儿的社会性发展状况。

问卷调查法比较简便易行，能在较短的时间内收集到许多被评者较为广泛的材料，而且往往便于整理和统计分析。但问卷的设计和编制是一项技术性要求较高的工作，问卷题目设计的科学性、合理性和针对性如何，直接影响到问卷调查的质量。另外，问卷调查由于受到被调查者的文化水平及态度的影响，被调查者有可能在回答的时候并非是其真实的情况或意愿，容易造成调查结果的可信度低。

使用问卷调查法时应注意以下五点。

（1）让家长了解问卷的意图和目的，建立与评价者互相信赖的态度，以获得真实的调查信息。

（2）针对调查对象选用适宜的词汇，简单明了，避免出现专用术语和多重否定，对问题的陈述方式必须有利于调查对象的回答，便于被调查者正确领会问题的内容。

（3）题目的数量要恰当，要考虑所列项目是否覆盖调查内容，是否有遗漏，还要考虑答卷时间。

（4）问题的排列顺序要由易到难，将同一类型题目放在一起，间隔要清楚，要有答题说明。

（5）回答方式要简便，既减轻了家长答题的负担，又便于日后统计调查结果。

家长问卷调查：

可以请家长在表6－2中，在符合实际情况的答案上画“√”。

表6－2　幼儿责任感调查表

1. 玩完玩具后能自己主动收好。		
A. 很少	B. 有时	C. 经常
2. 家长让幼儿做的事情，如帮助扫地、收碗等，能认真做好。		
A. 很少	B. 有时	C. 经常
3. 幼儿园教师布置幼儿回家做的事能认真做好。		
A. 很少	B. 有时	C. 经常
4. 如果幼儿无意中弄坏了家里的东西，如碰翻桌椅、弄脏家具等，会感到不安而尽力弥补。		
A. 很少	B. 有时	C. 经常

（四）情景测验法

情景测验法是评价者按照评价目的的要求，通过控制和改变某些条件，设计好一定的教育情景，将幼儿置于与现实生活场景类似的情景中，由评价者观察在该情景中幼儿的社会性行为的方法。这种方法既可以控制和改变某些条件，又使幼儿处于一种自然的生活情景中，可以观察到幼儿的自然表现，应用起来比较方便。但是，测验获得的结果往往是幼儿在特定情景下的反应，不能以此作为对幼儿在其他情况下的行为的精确预测，所以，不能以一次测验结果就对幼儿社会性发展的某些方面做出评价。

应用情景测验法时应注意以下三点。

（1）预先拟订好测验的方案，包括测验的目的、内容、形式、步骤、记录表格、评分标准等。

（2）要围绕评价目的设计测验的情景，所创设的情景能引发幼儿表现出评价者要测验的行为。

（3）测验中认真做好记录，以方便日后进行整理和分析。

第三节　学前儿童社会教育评价的组织与实施

评价是一项计划性和科学性都很强的工作，评价的组织和实施过程是否科学，直接决定了评价结果是否真实、可靠。所以，为了提高评价的质量，必须按照科学、合理的程序来组织和实施整个评价过程。

一、评价的准备

（一）确定评价的目的

评价的目的决定着整个评价的实施，所以，从一开始，评价者就要有一个清晰、明确的评价目的，明白评价是为了衡量教育效果还是为了向家长提供幼儿的发展情况。目的不同，评价的实施也会有所不同。

（二）确定评价的主体

评价的目的不同，评价的主体也不同。比如：如果仅仅是为了向家长报告幼儿的发展情况，则完全可以由教师作为主体来对幼儿进行评价；如果是为了发现问题和改进教学，则可以由幼儿园的管理人员来进行评价；如果是为了改进教育的质量，则可以由上级教育行政部门或者教育专家来进行评价。

（三）设计或选择评价体系

评价体系是评价的主要工具，对评价的成败起着重要的作用。评价体系的设计和选择要注意以下几个问题。

（1）评价体系要全面。完整的评价体系应包括评价的指导思想、评价指标体系的分类、评价标准、评价信息的收集方法、评价结果的解释、评价的操作说明等。

(2) 评价指标体系要科学、合理。评价指标体系要全面，要涵盖学前儿童的社会认知、社会情感、社会态度和社会技能等。评价指标要具体，要具有可测量的特点，不可太过繁杂。

(3) 评价体系的编制过程要科学，单凭个人的主观认识而不经过科学论证的评价体系，会因其不够严密而影响评价的结果。

(四) 物质准备

评价工作需要准备多种物品，如记录的表格、测量的工具、计量用品和办公用品等。

二、评价的实施

评价的实施阶段是整个学前儿童社会教育评价的中心环节，其一般的程序如下。

(一) 宣传发动

宣传发动的目的是让评价者和被评价者做好思想准备，以一个良好的心态积极地参与到评价工作中。评价的组织者应该向教师、幼儿、家长等相关人员做必要的解释，让他们理解评价的目的和意义，积极配合相应的评价工作，以避免一些人为因素影响评价的结果。宣传发动工作可以通过多种形式进行，可以召开座谈会和讨论会，也可以请评价的组织者做专题报告。

(二) 收集评价信息

评价信息的收集是评价实施过程中最为费时费力但也是最有实质性的工作。评价者应综合运用多种方式，尽量全面、客观地收集相关的评价信息。在收集信息的过程中，教师应避免带有主观色彩。信息的形式要丰富，既可以是有文字的，也可以是有图片的，还可以是有录音录像的视频信息。信息收集后，要注意完整地保存。

(三) 分析、整理评价信息

在掌握大量相关信息的基础上，评价者应对信息进行及时的汇总、分析、统计和整理。这一阶段的工作量很大也很烦琐，需要评价者认真、细致地对待，对相关信息进行精确的分析和统计，必要时可以借助一些辅助工具，如计算机等。对信息进行汇总、整理后，还要请专门人员依据整理、分析的结果写出评价工作的总结报告。

三、评价结果的处理和反馈

在得出评价结果后，评价者可以据此分析和诊断学前儿童社会教育工作中的问题和不足，总结经验和教训，并对今后的教育工作提出意见和建议。另外，评价者还要将评价结果以恰当的方式反馈给有关人员，使其能根据评价结果改进自己的工作。

四、学前儿童社会教育评价应注意的问题

（一）树立正确的评价观

评价的作用是什么？目的何在？对这些问题的认识制约着人们的评价观。现代教育评价的发展，要求人们树立发展性评价的观点，即评价的目的是促进发展。在学前儿童社会教育评价中，树立发展性评价的观点，一方面是要通过评价促进学前儿童社会性的发展，这就要人们正确认识儿童的社会性发展问题。首先，儿童的社会性发展包括身体素质、认识能力、情绪情感、社会能力、生活能力、社会适应、行为习惯等多个方面，在实践过程中，应该对学前儿童社会性各个方面的发展都给予重视，不能厚此薄彼。其次，学前儿童社会性的发展是一个渐进的过程。在这个过程中，幼儿的发展速度存在着个体差异。评价时，不能因为幼儿某一方面发展慢或出现了问题而对其整体发展全盘否定，也不能因其某一方面表现突出而忽略其发展的不足之处。总之，应该以一种动态、辩证的眼光看待幼儿的社会性发展。另一方面，也要通过学前儿童社会教育评价促进教师不断进步和发展。在评价过程中，通过对教师社会教育活动的评价，发现其教学中存在的不足，总结其教育的经验，以更好地改进教师的社会教育活动，促进教师教育能力的不断提高和进步。

（二）评价与日常的教育工作相结合

学前儿童社会性的发展有个显著的特点，即儿童的社会性是在日常生活中发展的。因此，学前儿童社会性发展的评价，也必须结合日常生活进行。在日常生活中，教师有目的、有计划地根据评价工作的总目标对幼儿的发展情况进行观察，及时发现儿童社会性发展中存在的问题，采取正确的措施给予纠正，既可以促进学前儿童社会性的发展，也可以提高幼儿园日常教育工作的质量。

将评价与日常的教育工作相结合，也可保证评价信息的真实、可靠。集中进行一次观察和测量，看到的只是学前儿童在某一种特定情景下的行为，若仅以此作为对幼儿发展性评判的依据，往往会导致评价结果的片面性。

（三）正确运用评价结果

结合学前儿童社会性发展的评价结果，教师应对每个幼儿的发展特点进行分析和把握，在此基础上因材施教，促进每个儿童在自身发展的基础上获得更进一步的发展，而不是根据评价结果给幼儿排队、贴标签，以此区分所谓的“好”孩子和“坏”孩子。另外，还要根据评价结果分析影响学前儿童社会性发展的因素，改善幼儿园和家庭的社会教育质量。在幼儿园教育实践中，还要反对将幼儿的社会性发展水平作为对教师进行奖惩的依据，这样只会误导教师用评价的内容去训练孩子，以求获得短期的教育效果而忽略了幼儿的长期发展。

延伸阅读

幼儿教师日常评价行为及其类型特征

一、幼儿教师的日常评价行为及其特征

幼儿教师的日常评价行为是指在幼儿园日常活动中，幼儿教师对幼儿行为所做的即时性的言语和非言语的评价行为。其特征如下。

1. 自然而即时

一些正式的、有目的、有计划进行的评价，如过程评价、结果评价、发展性评价、档案袋评价等，往往需要系统地收集资料并进行深入的分析判断，最终进行教学和发展的监控和调节。与这些专门的、正式的评价活动不同，幼儿教师的日常教学评价行为是在真实自然的情境中进行的，它没有周密的计划，没有预先的控制设定，也不必进行客观的资料收集，教师凭着自我的感觉和经验，下意识或有目的地对幼儿进行评价，“你真行!”“怎么又是你!”这样的评价自然、随意、即时，是教师的主观判断，也受到教师当时心态、情绪的影响。因此，这种评价又称为非正式评价或即时评价。

2. 融于教学

这种评价是师幼互动的方式，来自教学双方中的教师，属于内部评价，教师的评价语言是教学语言也是班级管理语言。首先，幼儿教师的日常评价行为不是一套孤立于教学之外的评价“工具”，其本身就是教学的一部分，是一种发生在师幼之间的“内部评价”，通过这种内部评价达成教学目的。其次，这种内部评价所用的语言均为教学语言，评价与教学是同步发生的，对幼儿的言语和非言语评价，如点头摇头、赞赏批评皆是教学不可分割的一部分。再次，幼儿教师的日常教学评价行为也是班级管理的方式，通过这种评价，维持正常的教学秩序，帮助幼儿建立规则意识进行个人管理。最后，幼儿教师的日常评价行为也是师幼互动的方式，幼儿的表现引起幼儿教师的关注和反馈，这些关注和反馈又反过来影响幼儿的反应和发展，然后再作用于教师的评价行为，这种师幼之间的互动推动着教学过程也影响着幼儿的发展，其间的情感性、互动性贯穿整个教学过程。

3. 言语与非言语兼备

已有研究多从言语评价行为方面进行研究，但非言语评价行为对幼儿的影响可能更大。有研究表明，互动双方的互动效果有55%来自于非言语行为。所以，常被忽视的非言语评价行为也许对幼儿产生着巨大和决定性的影响。教师的举手投足、一颦一笑、一个抚摸、一个摇头都可能激励或摧残着幼儿。因此，在认识幼儿教师的评价行为时，必须从言语和非言语两个方面去认识，单纯关注言语性评价是片面而难以奏效的。已有研究认为，教师日常评价行为的特点是非正式性、主观性、即时性、真实性、个人性和波动性，在方法方面具有去规范性，在标准方面具有多重性等。笔者认为，这种描述是有失妥当的，因为像“结论的模糊性”等并非这种评价行为的必然特点，如果能够着力改善教师的日常评价行为，结论的模糊性是可以避免的。

二、幼儿教师日常评价行为类型分析及问题探究

将积极—消极、具体—泛泛作为幼儿教师日常评价行为划分的主要维度，将幼儿教师日常教学评价行为划分为具体—肯定型（具肯型）、泛泛—肯定型（泛肯型）、具体—否定型（具否型）、泛泛—否定型（泛否型）四种类型。发现：(1) 幼儿教师日常评价行为尽管表现各异，但仍存在着四种不同类型：“具肯型”“具否型”“泛肯型”“泛否型”；(2) 幼儿教师的评价类型是以泛泛评价为主流的，“泛否型”评价行为最多，“泛肯型”评价行为其次，“具肯型”和“具否型”评价行为比较少见；(3) 除类型差别以外，幼儿教师日常评价行为具有一些共性：以言语评价为主，评价是当众、远离评价对象进行的，评价时情感投入严重不足。这些研究表明，幼儿教师的日常评价行为存在诸多问题，值得警醒和改善。

第一，“泛否型”评价居多。泛泛评价成为主流并不意外，例如，提及幼儿教师的日常评价，熟悉幼教实践的人都会回想“你最棒!”“嘿嘿，你真行!”的声音，浮现出教师像天女散花一样分发贴纸和小红花的情景。但意外的结果是，“泛否型”评价远远多于“泛肯型”评价。如果说泛泛评价对幼儿发展的利弊尚可讨论，泛泛再加上否定，其利弊关系却是毋庸置疑的。其一，泛泛评价看起来可以增强幼儿的自信，表现教师的关注，但容易让幼儿感到困惑，“我棒在哪里?”“老师是不是在敷衍我?”研究表明，具体评价比泛泛评价更有利于幼儿的发展。同时，程式化的泛泛评价会逐渐变成口号，失去其反馈调节的应有效力。像“谁最聪明?”“谁最能干?”之类的横向比较型泛泛评价还经常会伤及大多数幼儿。其二，否定性评价对幼儿的危害更大，由于幼儿自我概念尚未得到很好发展，其自我概念的建立需要外界尤其是幼儿教师的反馈。如果他们经常接收到的是否定之类的负面评价，这不仅会影响他们的发展和幼儿园适应，还会给他们的自信和积极自我概念的发展带来负面影响。其三，泛泛而否定的评价兼具泛泛评价和否定评价的弊端，两者结合更可能放大两种评价的缺陷。

第二，情感投入严重不足。研究表明，幼儿教师的日常教学评价行为大多是不投入感情的。其原因很多，比如，幼教工作压力大、任务重、收入低，师幼比不合理，教师疲于应付秩序和管理成为教学关注的重点等。但是，这种情感淡漠的评价行为却具有诸多危害。

第三，评价的程式化。幼儿教师的日常教育行为呈现出单调、程式化的共同特点。其程式化表现有二：其一，评价语言的程式化。幼儿教师日常教学的评价行为频繁发生于幼儿在园的一日生活，但其评价的言语和非言语行为却单调重复，教师有“以不变应万变”

的评价倾向，表现为整齐划一、单调僵化的程式化特点。其二，评价场合的程式化。观察发现，所有观察对象均是以当众评价的方式进行评价的，大部分教师的评价是远距离进行的。如此一致的评价特点，说明教师还没有走进幼儿的心灵，评价的主要目的不是发展而是控制。其实，同样的泛泛评价，当众的“你真棒!”和私下给幼儿说的“你真棒!”对幼儿是截然不同的感觉，私下近距离的评价更能体现教师的真诚和实实在在的关注。

（资料来源：叶平枝，陈立秋. 幼儿教师日常评价行为及其类型特征[J]，教育导刊：下半月，2011[8].）

案例分析

大班社会领域教案——我是从哪里来的

【活动目标】

1. 通过活动，让幼儿初步了解“我是从哪里来的”。

2. 鼓励幼儿大胆提问和回答。

重点：通过活动，让幼儿初步了解“我是从哪里来的”。

难点：了解“我是从哪里来的”，大胆表达自己的想法。

【活动准备】

自编故事《小天使的故事》、相关图片。

【活动过程实录】

1. 教师讲述《小天使的故事》（附后），并提问——小朋友知道自己是从哪里来的吗？(是妈妈生出来的，是妈妈和爸爸的种子长大的，是从子宫里来的。）宝宝在子宫里是什么样的？(用管子吸收营养，还听音乐。）爸爸妈妈在做什么？（每天说“长大一点，再长大一点儿”，给我讲故事、放音乐。）

教师引导：爸爸妈妈非常爱你，说你是他们的小天使。你应该怎样做？（更爱爸爸妈妈。）（活动前，我们曾通过个别谈话的形式了解幼儿对于“我是从哪里来的”认识，答案有以下几种：不知道、妈妈生的、石头缝里蹦出来的、妈妈不让问。因此，我们把“精子”“卵子”和“子宫”等词汇编到了故事当中，也增加了对爸爸在幼儿成长过程中的重要性的描写，让孩子们从正面了解了“我是从哪里来的”。在讲述故事的过程中，幼儿的情绪感染了我，消除了我开始还有的一些顾虑。幼儿听得很认真，就像听一个普通的故事一样，而且比听普通故事更感兴趣，更认真。)

2. 教师出示图片“怀孕的阿姨”，请幼儿观察。孩子们很高兴地说，阿姨怀孕了，阿姨的肚子里有小宝宝了。

3. 教师请幼儿说一说自己是从哪里来的。幼儿完成主题绘画“我从哪里来”。

4. 幼儿向大家介绍自己的画，教师逐一记录。

【活动延伸】

幼儿作品展览。

（我们将幼儿的作品向家长展出，引起了强烈的反响，陆续有家长写出了自己的感受。家园联系栏也开辟了“老问题新回答”等栏目，增强了家园互动作用。）

附：小天使的故事

妈妈的肚子里有一颗小种子，我们叫它“卵子”，小卵子渐渐长大了，这时爸爸觉得妈妈的这颗小卵子太孤单了，就送给了妈妈一颗小种子，我们叫它“精子”。小卵子碰到了小精子特别高兴，就决定生活在一起。于是，它们开始寻找一个家，找呀找呀，终于找到了一个温暖的地方——子宫。它们在子宫里安了家，快乐地成长着。后来，它们渐渐地长大了，变成了一个有眼睛、有嘴巴、有小脚、有小手的小天使。这个小天使每天都从妈妈那里用一根吸管吸取营养，爸爸也特别关心这个小天使，每天和妈妈一起让他听音乐，给他讲故事。爸爸还经常呼唤他、抚摸他，关注他的成长……“长大点儿，再长大点儿!”爸爸妈妈每天都这么说。就这样，这个小天使过了十个月的幸福生活。这时，小天使觉得子宫太小了，决定离开这里，找一个更广阔、更美丽的地方。于是，他经历了许多的磨难，终于来到了我们中间。

小朋友们，和小天使一样，你们都是这样来到这个世界上的，你们就是爸爸妈妈疼爱的那个小天使!

（资料来源：幼教网，http：//www. youjiao. com.）

根据所学知识，请试着评析这一活动案例。

拓展训练

幼儿园观摩一节社会活动课，试着从社会教育活动本身、教师“教”、幼儿“学”三个方面来进行评价。

第七章 学前儿童问题行为及指导

学习目标

1. 了解问题行为的涵义，掌握学前儿童常见社会性问题行为的表现特征及其成因。

2. 掌握学前儿童问题行为的指导方法，并能够掌握它们具体的操作程序和操作原则。

3. 学习设计学前儿童问题行为的校正方案，并能运用到具体的案例分析和教育实践中。

社会性发展是幼儿心理发展的重要方面，然而，很多幼儿在社会性发展方面存在着问题。尤其是在同情心、责任感、自制力、交往主动性、自信心、独立自主性，以及面对困难和挫折的勇气等方面，问题相当普遍、突出。这些问题如果不能及时受到重视和矫正，不仅会阻碍他们正常的心理发育和发展，影响他们的生活和学习，而且也有可能是成年期心理障碍和社会适应不良的先兆，所以正确看待学前儿童出现的问题行为，并对其行为的根源做出正确的判断，从而进行教育或行为纠正，对幼儿今后的成长有着十分重要的意义。

第一节 学前儿童常见社会性问题行为的表现与成因

一、学前儿童问题行为的界定

学前儿童的问题行为指妨碍学前儿童身心健康发展和良好品德的形成，给家庭、幼儿园乃至社会带来麻烦的行为。它具有一定的常见性和扰乱性，同该年龄阶段儿童的正常行为表现差距较大。

问题行为包含了以下三个基本特征：①行为表现，在频率和强度上或高或低地偏离同龄儿童的表现；②行为效果，不利于自己的身心发展或对他人产生不利影响；③行为发展，不符合社会规范和教育的期望，不为人们所接受。

（一）正常行为的一般标准

一般说来，正常行为的标准主要有以下几方面。

（1）儿童的行为必须与年龄相符。儿童是一个正在发展中的个体，对于儿童行为正常与否的判断，必须要考虑到儿童的年龄因素。如一个1岁儿童尿床是正常现象，而一个10岁的孩子还尿床就是有问题了。

（2）儿童的行为要与社会文化背景相适应。不同的社会文化背景对于儿童的行为评价各异。如在中国传统的社会文化中，多认为女孩应该文静、内向、被动，男孩应该粗犷、外向、主动。这些性别期望观念反映出社会成员的比较一致的看法。哪位女孩从小显得粗犷、主动，或是男孩表现的太柔弱、被动，就会被认为是发展的异常。

（3）情绪反应适度。积极的情绪是学前儿童心理健康的核心和重要的表现形式。良好的情绪和情绪反应适度表现为学前儿童能够在不同的情境中表现出适当的情绪；能够经常有积极的情绪体验；能够准确识别自己和他人的表情和情绪，有恰当的移情反应；能够开始逐步调控自己的情绪；能逐渐控制自己的情绪，其情绪表现与环境是较为一致的。例如，当幼儿发现自己处于陌生环境中时，会大哭大叫，妈妈一出现，很快就会平静。如果此时仍惊恐不已，或完全相反，对陌生环境毫无反应，无动于衷，都是不正常的表现。

（4）同伴关系和谐。健康的学前儿童乐于与他人交往，并在与同伴的交往中表现出愉快的情绪，能恰当地处理与同伴发生的矛盾，对同伴表现出更多的亲社会行为，避免在与同伴发生纠纷时出现攻击性行为；虽然偶尔与同伴有矛盾，但能很快在教师、家长、其他同伴的劝说下恢复良好的同伴关系。不健康的学前儿童在同伴中表现得冷漠，漠不关心；在群体活动中往往独自一人游戏，不参与其他同伴的活动，甚至在同伴和教师的邀请下也不愿意参与；当与同伴发生争执时容易冲动，表现出攻击性行为。

学前儿童问题行为是相对于学前儿童的正常行为而言的，两者处于一个连续体的两端。而绝大多数儿童行为都居于两者之间，因此，大部分学前儿童都不同程度地存在一些行为问题，只是严重的程度不同而已，如正常幼儿刚入园时都有哭闹现象，但2～3周便好了，而问题行为是指一直哭闹不止，从早哭到晚，甚至影响身体健康。有些问题行为的幼儿在许多方面的行为是正常的，而只是在一两个方面存在问题行为。

（二）问题行为的一般表现

（1）行为不足：指人们所期望的行为很少发生或从不发生。如平时很少讲话或不愿和同伴接触、交往，不会自己吃饭和穿衣服等，都是行为不足的表现。

（2）行为过度：指某一类行为发生次数太多或持续时间过长，反应过于强烈。如上课时经常思想不集中，做小动作，随便走动；常为一点小事就大喊大叫，吵闹不休。

（3）不适当行为：指期望的行为在不适宜的情景中产生，但在适宜的条件下却不发生。如将玩具放在垃圾堆里；或在悲伤时大笑，在欢乐时大哭等。

二、学前儿童常见社会性问题行为的表现与成因

学前儿童在社会性发展方面的问题行为有多种表现形式，其成因也复杂多样。

（一）认知性的不成熟行为

认知性的不成熟行为主要是由于儿童认知发展不成熟引起的。主要有以下几种表现。

1．违规

在儿童的社会化过程中，违规行为是一种常见的现象，因为儿童生活经验比较缺乏，还未形成稳定的规则意识，其遵守规则的行为也未能很好地表现出来，同时，他们自我控制能力较差，有时候也可能出现无意违反社会规则的现象。

儿童的违规行为可以相应地概括为以下三种：道德违规、社会习俗违规和谨慎违规。道德违规是指违反文化价值观或对他人有害的行为（如偷别人的玩具、攻击、说谎等）；社会习俗违规，即违反社会习俗规则或社会习俗准则的行为（如对客人粗鲁、用手抓饭等）；谨慎违规是指对儿童的安全构成威胁的行为（如玩火柴、闯红灯等）或对儿童自身

健康有害的行为（如拒绝吃药等）。

皮亚杰对幼儿实践规则的研究表明，处于学前期的儿童还没有形成对规则的较稳定的理解，多数时候他们会认为规则怎么样都行。帮助幼儿建立规则意识需要通过自然的后果体验来慢慢建立。

【案例】 在开汽车游戏中，一些小司机车速太快违反了交通规则，幼儿提出超速会有电子警察拍照，处以罚款或吊销驾驶执照的处分；严重的交通事故还要被拘留、赔偿钱物给对方等。在开始游戏前教师和幼儿共同回忆了这个规则，提醒幼儿在游戏中必须自觉遵守。在游戏进行过程中，个别司机仍然超速行驶撞倒了同伴，教师就和一些幼儿扮演交通警察，将他扣留押送到拘留所进行交通学习，剥夺他自由游戏活动的权利。

（资料来源：张岩莉. 学前儿童社会教育[M]. 上海：复旦大学出版社，2014.）

当孩子们有了不遵守游戏规则给自己带来不愉快的亲身体验之后，他们才会理解什么是规则，为什么要遵守规则。

2. 自私

自私是幼儿常见的问题行为。自私的幼儿除了具有“食物不肯给别人吃”“玩具或学习用品不愿借给别人用”的最直接特点外，还具有如下主要特征：占有欲强，不仅极力保护自己的物品，还常抢夺、拿走不属于自己的物品；缺乏同情心和集体意识；不善交际，不太合群，孤僻、多疑等。

幼儿思维的自我中心特点，使他们不会站在别人的角度思考，意识不到别人的感受，常常不愿与他人分享，从而经常表现出自私或无理行为。这种行为特点是孩子发展中的一个自然阶段，它和成人的自私是不一样的。当幼儿理解他人观点的智力得到发展以后，他们的社会性发展也会提高。

【案例】 “老师！杭杭抢我积木。”“老师，杭杭又抢我的娃娃了。”短短一会儿时间，馨怡的“告状声”接连不断。很快，老师就走向他们，了解争吵的情况，老师先问了告状的孩子馨怡：“你们怎么了？”她皱着眉头，指着旁边的杭杭，苦恼地说：“他抢我的积木。”而一旁的杭杭也不甘示弱：“她先抢我的。”此时，老师拿起他们手中争吵的玩具问其他的孩子：“这些玩具是谁的呀？”“幼儿园的。”可渝小朋友还大声说道，“我们不能抢的。”“可渝真懂事，这些玩具是我们幼儿园的，我们应该一起玩。抢玩具的小朋友不是个乖宝宝哦。你们看，可渝和佳佳她们玩得真不错，她们一个拎篮子，一个跟在后面，一起去买菜，本领真大。”杭杭先看了看老师，又看了看馨怡。然后老师问杭杭：“应该怎么办呀？”他低着头不情愿地说了句：“那我们一起玩吧。”“我们一起玩吧。”馨怡接受了这个建议。之后，“娃娃家”内不再有争吵声，大家一起玩得很开心。

（资料来源：http://www.docin.com/p-433302317.html.）

学前阶段的儿童，对外界事物的最初认识，基本都是从“自我”出发，所以都是以自我为中心去认识他所接触的外界事物。因而，他们经常会出现“争抢玩具”这样的情况。

当问题发生时，老师没有马上去批评被告状争抢玩具的孩子，而是利用同伴的影响，引导幼儿懂得互相谦让。

3．说谎

幼儿说谎原因很多，一般有以下三种情况。

（1）他人的影响

有些幼儿说谎，往往与他人的影响有关，特别是幼儿家长的说谎行为，常是造成幼儿说谎的直接原因。

教师对幼儿说的话不兑现，也往往被幼儿视为“骗人”。父母和教师是幼儿心目中的权威人物，如果在孩子面前说谎，就会使孩子产生“说谎不为错”的错觉。如老师带领幼儿布置室内环境时，看到孩子们很积极，老师高兴地说：“下一节我们搞评小红花活动，看哪些小朋友最能干!”可是，老师只是一时高兴说说而已，下一节却在室外组织起了游戏活动，这使很多孩子认为老师在“骗人”。

（2）幼儿自身心理发展的特点

幼儿的记忆不精确，在回忆时往往歪曲事实，还经常把想象和现实混淆起来，把想象的东西当作现实中已经发生的事进行描述。如，圆圆看见爸爸开车，到了幼儿园就兴高采烈地告诉小朋友自己会开车。其实，圆圆并不理解开车的真正含义，只不过是模仿大人开车的样子，想象自己非常能干。

（3）害怕指责批评、逃避惩罚

幼儿做了错事，怕受到惩罚，于是编造谎言，以掩盖自己的过失，这时，说谎成了幼儿免遭惩罚的自卫手段。如，游戏活动中，有两个幼儿在“医院”当“医生”，有一个“病人”去看病，两个“医生”都想给“病人”诊断病情，为了这件事，两个当“医生”的幼儿发生了争吵，在争吵的过程中不小心把“听诊器”扯断了。老师知道这件事后，过去询问是谁把“听诊器”扯断的，可是问了半天，那两个幼儿都不肯承认是自己扯断的，还说是对方扯坏的。

教育幼儿不说谎，教师要对幼儿进行诚实教育。教师在进行诚实教育的时候，要根据幼儿的年龄特点，逐步加深。小、中班重在教育幼儿分清自己的、别人的或幼儿园的东西，不经别人允许不去拿，学会自我控制，不说谎话。一旦发现幼儿说谎，教师要在不损害孩子自尊心的前提下进行个别教育，帮助他分辨是非。到了大班则重在教育“做错了事要勇于承认”，并向其说明“做错事不要紧，重要的是如何改正”，让幼儿感到改正了说谎的缺点依然能得到成人的信任。同时成人要做好表率，在孩子面前不要轻易许诺，一旦许诺就要兑现。如果成人因事不能履行对孩子的诺言，就要及时跟孩子解释原因并道歉，以挽回不良的影响。

教育幼儿不说谎，教师要从实际出发，运用榜样的力量，以讲故事、做游戏的形式贯穿于一日活动之中。如故事《诚实的列宁》，让幼儿懂得知错能改就是好孩子；故事《狼来了》，重在教育幼儿不要说谎，说谎骗人，于人于己都无益。

4. 偷拿

有的幼儿到亲戚朋友家里玩，回家时总爱悄悄把自己喜欢吃的东西藏到口袋里，或者从幼儿园把喜欢的玩具带回家。儿童偷拿行为的背后有以下四方面原因。

(1) 强烈的占有欲

有些幼儿对某一物品产生了强烈的占有欲望，但是通过正当的手段满足不了这种强烈的心理需要。比如，看到别人有令人羡慕的新玩具或其他物品，自己想向别人索取遭到拒绝，家长也不能满足自己的要求，于是就采取了这种令人不能接受的手段，以达到心理的满足。

(2) 缺乏关注

有的幼儿由于平时缺乏别人的关注和感情，为了取得别人的注意，便拿了不属于自己的东西，以此向其他人炫耀、吹嘘，或送给别人，以换取感情或注意。

(3) 自制力差

四五岁的幼儿之所以把不属于自己的东西归为己有，是因为他们还不懂得什么是自己的，什么是别人的，还不懂得别人的东西未经许可不能随便拿的道理。即使他们已经意识到了这样做是不对的，但还不能很好地控制自己的欲望。

(4) 成人教育不当

家长教育不当也是导致幼儿产生偷拿行为的原因之一。其主要表现在以下两个方面。一是放任自流。有些父母把幼儿拿别人的东西看作是小孩还不懂事，认为没有必要大惊小怪，等将来长大了以后自然会好的。还有些父母在家里往往将钱随意乱放，当幼儿发现后未征得父母的同意就拿去买好吃的、好玩的，事后也没有告诉父母。父母发现钱少了以后并没有去追究，幼儿就自以为这是被允许的行为，并不属于偷窃行为，最终发展到随便拿别人的东西。二是管教过严。有些家长一旦发现幼儿出现了偷拿东西的行为，就大动肝火，责备、羞辱、体罚。这种过于严厉的态度和反应，给幼儿心理上带来了难以承受的压力，使幼儿的自尊心受到严重的伤害，结果往往产生怨恨、自卑甚至反抗的心理，反而有意通过偷窃来发泄内心的不满。

对待幼儿的偷拿行为，首先应该听听幼儿对事情的解释，了解他们偷拿行为的原因，并根据具体的原因选择相应的对策。如，幼儿是属于由于“自我中心”导致物权概念不清楚，从而产生“偷窃”行为时，就应该帮助幼儿培养物权意识。

当幼儿出现“偷拿”行为，并分析出该行为的原因以后，最重要的就是选择合理的处理方法。成人必须讲究教育策略，既不能大动肝火、责骂、羞辱、体罚，也不能放任自流，不了了之。而必须根据产生该行为的原因，采取正面教育，既让幼儿感觉到这种行为不对的同时，也要让他们感觉到温暖，有改正错误的机会。

归还幼儿所拿的物品。通过对幼儿进行合理教育后，使他们明白没有经过别人的允许而私自拿别人的东西是不对的，所以应该主动把东西还给别人。要注意的是，在归还之前成人应该先和失主沟通，使双方保持一致的态度。当幼儿把东西还给失主时，失主必须表现出宽容并原谅幼儿的过失，并且告诉他，知错能改仍然是好孩子。这样既可以使孩子受到教育，又可以使幼儿免受羞辱，使孩子认识到自己错误的同时，又有力量积极地去改正错误。

对待幼儿的“偷拿”行为，成人必须有足够的耐心与爱心来引导，使幼儿从“自我为中心”以及缺乏是非判断的世界良好地过渡到一个成熟的有是非观念的世界。切记不要过早地给儿童贴上“小偷”的标签。

【案例】 有一段时间，班里的橡皮泥经常失踪，而孩子们也多次告诉老师“飞飞把橡皮泥拿回了家”。飞飞是一个男孩，最喜欢橡皮泥了，他用橡皮泥捏的小鸭小鸡非常逼真。老师经过多次“侦察”，并没发现“可疑”情况。那天离园时间已过，有几个孩子没有被接走，飞飞也在其中，老师就和他们整理美工区域。老师拿着几个分量很轻的橡皮泥盒子说：“盒子妈妈好难过，因为它的橡皮泥宝宝不见了。”观察飞飞的表情，发现他脸上掠过一丝不安。于是老师继续说道：“就像你们的妈妈一样，如果找不到你们，妈妈是多么伤心啊。”飞飞一听，马上从口袋里掏出一大团橡皮泥说：“老师，我把它送回家吧。”老师激动地抱住他说：“好孩子，谢谢你。”第二天，老师当着全班孩子表扬了飞飞，没有说橡皮泥是飞飞拿了，而说是飞飞帮助盒子妈妈找到了它的宝宝。事后，老师和飞飞约定：如果想把橡皮泥带回家玩，就和老师说一声，第二天再带来。从此以后，班里的橡皮泥再也没有失踪过。

（二）焦虑

焦虑是人在面临当前的或可能出现的某种威胁、危险时产生的紧张、不安、焦急、忧虑、痛苦的情绪体验。许多人以为焦虑是成人的“专利”，其实不然，幼儿也有焦虑的时候。儿童虽然具有单纯的独立思维能力，但因年龄小，遇到突然发生的挫折和打击，往往会承受不了，使幼小的心灵失去平衡，由此极易产生焦虑情绪。

1. 焦虑的分类

（1）素质性焦虑

这类儿童的神经系统往往发育不健全，对外界细微的变化过于敏感。有的则是父母本身具有焦虑表现，使幼儿受到影响。如果父母对幼儿出现的焦虑情绪不能正确引导，反而自己亦产生焦虑感，就可能使幼儿沉溺于低谷情绪中不得解脱，逐步恶化。

（2）境遇性焦虑

对突发事件，儿童的心理难以承受，因此整天担心灾害再次降临，惶惶不可终日。但这一类儿童的症状随着时间的推移会逐渐自然消失。

（3）分离性焦虑

当幼儿与亲属特别是父母分离时，会出现明显的焦虑情绪，甚至多数幼儿常无根据地担心亲人会离开自己发生危险，将会发生意外的事故，会有大祸临头使自己与亲人失散，或自己被拐骗等，因此不愿意去幼儿园，即使勉强送去，也表现哭闹、挣扎。

【案例】　早晨，妈妈送楠楠来上幼儿园，她站在门口不肯进来。老师走过去从妈妈手中接过楠楠时，她就立刻哭了起来："我不要上幼儿园，我要回家去！"妈妈看着孩子哭，觉得心疼，又抱着孩子在门口说了一会儿悄悄话："妈妈保证第一个接你回家，乖。"可是楠楠还是哭得很厉害，紧紧勾着妈妈不放。

妈妈没办法，就决定先陪她一会儿，并带她进活动室玩玩具。这时楠楠不哭闹了，还能愉快地玩，不过她会经常回头看看妈妈是否还在。看到妈妈还在，又放心地继续玩。妈妈趁她玩得正起劲，悄悄地走了。没过多久，楠楠发现妈妈不在了，就立即哭喊起来，并把手里的玩具全都扔了。接下来的一天，楠楠都一直郁郁寡欢，不愿和同伴做游戏。

（资料来源：http://www.jysedu.com/html/s/c109/2012/12/07/101628746－39291.html.）

（4）期待性焦虑

家长对孩子期望过高，孩子怕达不到家长预期的要求，担心受到父母的责备而焦虑不安。

（5）环境性焦虑

有的家庭经常爆发争吵甚至大打出手，使孩子生活在矛盾重重的环境中，失去了他们应有的欢乐，由此便产生胆小、孤僻、不合群、易紧张等焦虑现象。

焦虑往往严重影响儿童的智力发展，并且容易诱发抑郁、孤僻、自卑等心理疾病。因此，成人发现孩子的不良情绪后，应分析原因，予以科学引导，以尽早让孩子摆脱困扰。

2．焦虑的原因

引起焦虑的刺激多数是外在的，但也有内在的，幼儿焦虑产生的影响因素更是多种多样。下面，主要从家庭因素、幼儿园教育和教养因素、幼儿自身因素等方面来分析幼儿焦虑形成的原因。

（1）家庭不良的教养方式

现在有很多家庭溺爱孩子，对孩子一味迁就、满足、百依百顺，只注重满足孩子的物质需求，而忽略孩子的情感需要。在这种环境下长大的孩子往往比较自私、任性、依赖性强，他们的情绪不稳定、过度自傲或自卑、意志薄弱、缺乏自信、交际困难以及软弱无能。这些孩子进入幼儿园后容易出现焦虑情绪，因为从家庭进入幼儿园，他们的中心地位丧失，心理上就会产生一种失落感，会感到恐惧和不安。而他们的自私或者自卑的性格，使得他们不容易融入其他幼儿中间，由于缺少朋友，加上生活自理能力的缺乏，容易产生挫折感。在这些内外因素的刺激下，焦虑情绪自然产生。

（2）幼儿教师焦虑情绪的影响

幼儿教师的焦虑问题正日益受到人们的关注。幼儿教师的焦虑水平对幼儿焦虑的产生有着直接的影响。如果幼儿教师焦虑水平过高，他们对幼儿可能表现出不耐烦、攻击性强的行为，如讽刺、谩骂幼儿、缺乏宽容等。有时候，教师为了减轻心理压力，避免焦虑，往往会对幼儿要求过分严厉，严格限制他们的活动，不允许幼儿有丝毫的过失和错误。这些容易造成幼儿情绪低落和急躁，形成对他人的敌意、逆反、自卑、反抗，最终影响幼儿的人际交往。教师的焦虑情绪还容易传染给幼儿，使幼儿同样也出现焦虑状况。

（3）家园教育不一致导致幼儿规则混乱

一方面，由于家园教育不一致，会使幼儿感到无所适从，从而产生焦虑。例如，小、中班的孩子在经历了一个假期之后，对幼儿园也有了陌生感，许多行为习惯又恢复到上幼儿园以前的状态，甚至在家中又养成一些新的坏习惯。而一旦回到幼儿园，他们又必须重新遵守幼儿园的规则，改掉不良的行为习惯，这对他们来说本身就是一项挑战。另一方面，升班之后，很多教师会调换，幼儿要面对陌生的老师。这样，教师和幼儿之间又需要经历新的磨合和适应过程。这样，各年龄班的孩子不同程度上都会存在焦虑，教师也会产生不同程度的紧张。

（4）幼儿自身因素

幼儿的先天气质、认知水平等都会影响幼儿焦虑的形成。这里，我们着重探讨幼儿认知因素对其焦虑的影响。幼儿离开亲人，进入到幼儿园中，开始集体生活。表面看来，这只是日常生活环境的简单变迁，可是对幼儿而言，却非同小可。幼儿从小在家庭中长大，家庭是幼儿可以依赖的、安全的、自由的生活环境，幼儿在家中可以毫无心理负担地很投入地玩游戏。在家中，幼儿与环境是融为一体的，他能够感受到自己是环境的主人。可是，幼儿园是一个全然陌生的环境，幼儿在这里缺乏熟悉的人和熟悉的玩具，难以迅速融入这个新环境。有些比较敏感的幼儿很容易认为这些陌生的环境是不安全的，是存在危险的。如此一来，他们就会拒绝这样的环境，并企图逃离，寻求父母亲人的保护。这种对新环境的恐惧感，通常存在于刚入园的幼儿身上，有些刚升班或者转园的孩子也同样会存在这样的现象。

幼儿自理能力的欠缺是导致焦虑的又一个原因，例如：午睡时不能自己穿、脱外套，不能独立用餐，盥洗、如厕时不能自己整理衣裤等，所有这些，使幼儿难以面对当前的许多行为。此时，幼儿往往会表现出无奈和焦虑。而幼儿自身内向的性格也是造成焦虑的另一个原因。性格内向的幼儿，不太愿意亲近教师和同伴，不愿参与各类活动，这样，依恋的情绪情感就更强烈，幼儿会变得沉默寡言，偶尔还会出现攻击性行为，其社会性焦虑表现得更为剧烈。

3. 焦虑行为的指导

（1）重视家庭教养方式

父母对待孩子的态度和行为，会影响儿童对父母的依恋关系。如果父母总是对孩子的需求非常敏感、反应迅速，能够给儿童一种“无条件的爱”，就会让孩子产生一种安全感。幼儿知道，如果自己有了困扰或危险，父母一定会及时地给予帮助。对父母有安全感的幼儿，大多不会惧怕陌生的环境和人。即使遇到必须和父母分离的情况，他们也只是会出现适度的、短暂的分离焦虑，经过旁人的安抚，他们很快就会安静下来，把注意力转移到其他事情上。同时，他们比较容易信任别人，接受别人，乐于帮助别人，容易获得他人的喜爱，形成良好的人际关系。而对父母有不安全感的孩子往往害怕陌生人，到了新环境会显得很胆怯、畏缩。这些孩子在必须要和妈妈分离的时候，会表现出过度的焦虑不安和气恼，长时间大哭大闹，胆小、怯弱或攻击，自残等。

（2）积极评价和悦纳幼儿

儿童有积极关系的需要，即儿童有对诸如温暖、爱、同情、关怀、尊重以及被人承认、接纳的需要。只有在给予儿童积极关注的基础上，儿童才会产生安全感，才会产生“自我关注”。也就是说，儿童只有得到别人的肯定之后，才会肯定自己。而父母的陪伴，老师的关爱和亲近，小伙伴的主动交往，都会让幼儿感到温暖和支持。用体态语言可以向孩子提供积极的信息支持，比如，时常对幼儿进行拥抱、爱抚、拍拍他的背，摸摸他的手等。幼儿能从爱抚中感受到爱和力量。作为父母和教师，在评价孩子的时候注意多用肯定语句，比如，“你真行”“你真能干”“我相信你”之类的话，让孩子真正感受到支持与肯定，尊重和爱护，这样，孩子就会变得自信和有安全感，容易克服焦虑。

（3）保持家园教育一致性

家庭和幼儿园是幼儿生活的主要场所，幼儿许多焦虑问题的产生与二者密切相关。比如，幼儿从家庭到幼儿园，周围的环境和交往对象都发生了变化，幼儿对此容易产生恐慌；幼儿园与家庭不同的规则让幼儿感到不适应；家园教育的不一致让幼儿感到困惑等等。解决这些问题的关键在于家庭和幼儿园必须加强交流和合作，两者之间形成良好的合作关系。家长和老师应该就幼儿的教育问题达成共识。为此，老师应该及时向家长传递自己的教育目标、教育思想和教育行为，并就某些问题征求家长的意见，同时对家长提出要求。家长也应该积极配合幼儿教师的活动，在家庭中进一步巩固教师的教育成果。

（4）提高幼儿的认知水平

幼儿的焦虑有时是源于错误的认知。为了提高幼儿的认知水平，父母和老师在日常的生活中应多教给幼儿一些科学的知识，帮助他们正确认识自然界的各种现象，不断积累生活经验。有的幼儿经常被自己的想象给吓着，如鬼、死亡、闪电等。通常，孩子会对自己的想法感到忧虑。他们担忧自己的想象可能变为现实。父母应告诉幼儿，这只是一种奇怪的想法，没有什么可怕的。成人应对幼儿表示深刻的同情与理解，要设身处地去聆听幼儿。如果幼儿仍旧无法消除忧虑的情绪，可以用事实消除恐惧，即用事实来证明，幼儿的担心根本是不必要的，很多事情并不像他想象的那样。

（三）攻击性行为

【案例】　佳佳和莎莎正在画画，佳佳缺一支红色的蜡笔，看见莎莎笔盒里正好有一支红蜡笔，伸手就去拿，嘴里还说：“这是我的。”莎莎也正想要，不肯给佳佳，佳佳气得把莎莎画画的东西全扔掉，并把莎莎推倒在地上，还用小脚去踢莎莎。

佳佳表现出来的行为在儿童心理学上被称为攻击性行为。攻击行为也称侵犯行为，是指个体有意伤害他人身体与精神、且不为社会规范所许可的行为。对于学前儿童来说，它主要表现在两个方面：一是身体侵犯，即利用身体的一些部位或武器踢、打他人；二是言语攻击，如通过讥笑、讽刺、诽谤、谩骂等方式对他人进行欺侮。儿童的攻击行为容易造成人际冲突，不利于形成良好的人际关系，阻碍儿童个性和社会化的顺利形成。

1. 攻击性行为的分类

（1）根据攻击性行为的表现形式分类

根据攻击性行为的表现形式，研究者通常将其分为三种类型：直接身体攻击、直接言语攻击和间接攻击。直接身体攻击指攻击者一方利用身体动作直接对受攻击者实施的攻击，如打、踢、推搡、碰撞、抓、咬他人，或损坏、抢夺他人财物等；直接言语攻击指攻击者一方通过口头言语形式直接对受攻击者实施的攻击，如骂人、羞辱、讽刺、起外号等；间接攻击指攻击者一方借助于第三方对受攻击者实施的攻击，如造谣离间或聚集他人排斥对方等。

（2）根据攻击性行为的目的分类

根据攻击性行为的目的不同，攻击行为可以分为敌意性攻击和工具性攻击。敌意性攻击指攻击目的是为了打击、报复或伤害他人，又称以人为指向的攻击；而工具性攻击是为达到一定的非攻击性目的而伤害他人的行为，把攻击行为作为一种到达目的的手段，又称以物为指向的攻击。在幼儿园里，一个男孩子故意打一个女孩子，惹她哭，这是敌意攻击；但如果男孩子只是为了争夺女孩子手中的玩具而打她，则属于工具性攻击。

（3）根据攻击性行为的功能分类

根据攻击性行为的功能不同，攻击行为可以分为反应性攻击和主动性攻击。反应性攻击是由于个体感知到他人的敌意挑衅引起的，是对外界威胁性刺激的一种防御反应，旨在缓解来自外界的威胁感受，因而带有强烈的情绪因素，如愤怒、发脾气或失去控制等；主动性攻击是个体并没有受到直接的挑衅或怂恿，而将攻击作为达到理想目标的有效办法，如通过强制、控制、威吓同伴以达目的。反应性攻击与主动性攻击可出现于同一个体，通常是以一种为主，另一种为辅。

2. 攻击性行为产生的原因

（1）生物因素

研究表明，攻击性行为倾向与雄性激素的水平有关。雄性动物在受到威胁或被激怒时，比雌性更容易发生攻击性反应。这可以在一定程度上解释男女儿童在攻击性上的性别差异。另外，儿童的气质对攻击性行为的表现有一定的影响，某些气质特点，如活跃、易被激怒等，要比相对安静的气质特点更容易产生攻击性行为。

（2）环境因素

①家庭

多数研究发现，儿童早期的依恋模式与攻击性行为有密切关系。儿童的养育者，特别是母亲，对儿童的基本情感态度与儿童的行为发展有重要影响。负面的情感态度，如缺乏温暖、对儿童的需要和要求漠不关心等，将增加儿童发展成为对他人具有攻击性和敌意的可能性。

有研究表明，儿童的攻击性与家庭教育方式有关。攻击性儿童大多数来自专制型和溺爱型的家庭，这两类家庭的共同特征是对儿童限制的失当。专制型的父母过于控制儿童的自主性，容易使其产生逆反心理，产生对抗的要求，并常常从父母的言行中学会攻击。溺爱型父母则完全放弃对幼儿的限制，当儿童对同伴和亲友甚至成人表现出攻击行为时不予以明确的制止，则有可能增加儿童的攻击性水平。有些父母对儿童经常采用体罚的教育方式，在这种环境下成长的儿童极易具有攻击性。

②同伴关系

具有攻击行为的儿童往往会遭到同伴的拒绝，长此以往，同伴会很难改变对他们的看法，而且有时被攻击的儿童对攻击性的儿童持躲避、畏缩的态度，这就更加强化了儿童的攻击性。

③媒体影响

电视、互联网等现代传媒以直观形象的方式教给儿童一些攻击行为方式，使儿童放松了对攻击性行为的抑制，因此常观看具有暴力性质电视节目的儿童表现出更多的攻击性行为。调查发现，看电视时间长、喜欢看奥特曼或怪兽等动画片是学龄前儿童攻击性行为的危险因素。

（3）社会认知因素

幼儿攻击性行为多与其认知水平较低有着直接的关系，幼儿往往对来自同伴的信息以自我为中心做出判断。如果一个儿童对别人的行为判断是敌意的，他的行为就会表现出攻击性，如果他把别人的行为判断为善意的，他的攻击性行为就不会产生。攻击性儿童容易把他人行为判断为具有攻击性意图，即使是别人无意的过失行为，他们仍更多地解释为具有敌意，并据此进行反应，表现出攻击性行为。而非攻击性儿童则能做出较客观的判断。

攻击性儿童的问题解决策略水平偏低。与非攻击性儿童相比，在涉及物品的归属和获得友谊的问题上，他们所能提出的策略数量较少，且多是通过贿赂或发动攻击来解决社交问题。在面临与同伴的冲突问题时，攻击性儿童立即想到的是采取攻击行为而不是通过协商、寻求帮助等方法去解决问题。攻击性儿童由于问题解决能力的限制，找不到有效的正常解决问题的策略，在一些问题情境中，易做出攻击性行为而不是通过其他方式来解决问题。

3．攻击性行为的指导

（1）创设良好的生活环境

美国心理学家的研究表明了游戏室中儿童人数增多会导致儿童攻击性行为的增加，因此为孩子创设一个适宜的空间就显得十分重要。在室内设置活动区域时应考虑幼儿的机动空间，将活动区域间隔摆放，尽可能为幼儿创设更多的空间，在指导时也有意引导有攻击性行为的孩子到人数较少的区域去活动。如：提供给幼儿足够的活动材料，避免提供有攻击性倾向的玩具（如刀枪、棍棒等），选择富有教育意义的健康的影视节目。在投放材料时数量要充足，以减少孩子彼此为争抢同一个玩具而产生的矛盾。

（2）提高幼儿的认知水平

幼儿中很多攻击现象的产生都是因为彼此间没有搞清楚对方行为的动机是什么，而一个攻击性强的儿童往往用敌意的动机去判断别人的动机，这样他攻击的次数和被攻击的次数就增加。另外，同伴间也产生行为上的相互模仿，一个不善攻击的幼儿在一个相互攻击的群体中，很快也会以攻击的形式对付其他幼儿。因此，我们必须帮助幼儿正确认识和同伴的关系，教育幼儿学会用宽容的态度对待同伴。在儿童出现攻击行为后，可以心平气和地让他说出事情发生的全过程，这样会避免全盘否定他而导致其心里不服，因为儿童在攻击他人时总是自认为有理的。我们可以肯定其合理的部分，然后及时分析纠正其不合理部分。

幼儿辨别是非的能力差，教师应教会幼儿识别好与坏，知道哪些行为是对的，受人欢迎的，哪些行为是错的，被人讨厌的。如看到幼儿抢玩具，就可以在班内开展讨论该行为的对与错，当玩具被抢后该怎么办等。在此基础上，引导幼儿掌握正确的行为规范，当发生纠纷和矛盾时，要注意培养幼儿解决问题的多元性思维能力，学会用协商、转换等多种形式来解决纠纷和矛盾。

（3）培养移情能力

移情能力是指在人际交往中，个体感受、理解和体验他人需求与情绪的能力。移情能力与攻击性行为之间存在负相关，即移情能力越高，攻击性越低。家长和教师可针对儿童的心理特点，加大对幼儿的移情能力培养，培养移情能力可以采取以下几种方法：①情绪追忆，让幼儿回忆自己亲身经历过的情绪情感体验，可以向别人描述自己当时的感受；②情感换位，为幼儿设定一个情感事件，让幼儿转换到别人的位置去体验这些事件，可以鼓励幼儿展开讨论，让他们认识到“如果是我，我会……”；③通过讲述故事或角色扮演，比如浩浩常攻击宝宝，而宝宝常被吓哭，我们就可以通过一个作品“狼和小羊”让宝宝扮演“狼”让浩浩扮演“小羊”，当狼扑向小羊时，小羊害怕极了，一动也不动，这样，浩浩也体会到宝宝在受到欺负时是怎样的心情了，从而产生怜悯同情。

（4）给予榜样示范

社会学习理论认为，儿童攻击性行为主要是通过观察性的学习和模仿形成的。父母、教师是幼儿直接模仿学习的榜样，这就要求，成人一方面要加强自身修养，尽量避免在孩子面前吵架或恶意攻击；另一方面，应及时对孩子的攻击行为进行矫正。矫正的重点不在于训斥、批评幼儿的攻击性行为，而在于及时使幼儿明确非攻击性行为的方式和方法。因为成人的呵斥或一怒之下的简单体罚本身就具有较强的攻击性倾向，有可能强化幼儿的不良模仿，而且最终也不可能使幼儿明白正确的方法是什么。

幼儿有可能以攻击性行为来引起他人的注意，因此，成人可以用不予理睬其攻击性行为和言语的方法使其达不到目的，同时用温柔、亲切的态度去安抚被攻击对象，成人这种一冷一热的不同态度，实际上也为有攻击性行为的幼儿提供了非攻击性行为的榜样。

（5）适时奖惩

对儿童的攻击性行为，如打骂别人、无理取闹等，应及时制止并给予批评教育。使儿童认识到攻击行为是不能被接受的，客观地指出其错误，让他懂得自己的过失带来的后果。容忍实际上是一种强化。研究表明，当周围的人采取容忍态度时，儿童做出攻击行为的次数和强度都明显增多，因此，惩罚必须要及时。必要时可以采取某些强制手段，比如取消他们的某些权利或适当地给予某些限制，如限制他们参加某项活动等，但这个力度一定要掌握好，而且不应该一味采取这种手段。对儿童进行惩罚要注意两点：一是惩罚要与说理教育相结合。其次，禁用体罚，如果采用体罚方法，就给孩子树立了一个攻击性的榜样。

儿童一旦做出了亲社会行为如谦让、帮助、分享、合作等，教师、家长都应及时予以肯定。这种正面强化能使儿童的亲社会行为逐渐巩固形成。鼓励儿童的亲社会行为，是从更积极的角度防范和矫正儿童攻击行为的好办法。成人对儿童的一般性攻击性行为“视而不见”，有意予以忽略和不加惩罚，而只奖励那些亲社会行为，有效地减少了儿童之间的身体攻击和语言攻击行为，降低了攻击行为发生的频率。奖励形式可多种多样，最主要的是口头表扬。

第二节　学前儿童问题行为的指导

学前儿童的问题行为会不同程度地影响到他们今后在社会交往等各方面的正常发展，严重的还可能引发违法犯罪，所以，必须选择恰当有效的方法进行干预和指导，以促进儿童健康地成长。下面介绍几种常用的指导方法。

一、自然后果法

幼儿是在体验中长大的，当幼儿在行为上发生过失或者犯了错误时，成人不给幼儿过多的批评，而是让幼儿自己承受行为过失或者错误直接造成的后果，使他们在承受后果的同时感受到不愉快甚至是痛苦的心理惩罚，从而引起他们的自我悔恨，自觉弥补过失，纠正错误。这是法国教育家卢梭提出的一种教育方法，卢梭说："我们不能为了惩罚孩子而惩罚孩子，应当使他们觉得这些惩罚正是他们不良行为的自然后果。"

【案例】 小敏在户外活动时总喜欢把体育玩具从楼上往下扔，老师常常一边顺手再给她一样玩具，一边对她说："你应该爱护玩具，不然的话玩具就不愿意和你做朋友了。"可教育往往不见效。一天，她又一次把玩具扔到楼下后，老师不给她玩具，小敏只能一个人眼睁睁地在旁边看其他幼儿玩。过了一会儿，小敏走过来满脸诚恳地说："老师，我再也不往下扔玩具了。"看来她已经意识到扔玩具所造成的后果了。

（资料来源：张岩莉.学前儿童社会教育[M].上海：复旦大学出版社，2014.）

在运用自然后果法的过程中，需注意：

（1）让儿童对自己的行为负责。学会对自己的行为负责，是每个幼儿成长过程中重要的一步。"自然后果法"的目的是让幼儿体会到他们的行为所带来的自然后果，从而知道要对自己的行为负责任。在这种方法运用的过程中，成人要尽量减少对幼儿行为的干涉，让他们自己选择，他会在实践中尝到自己选择的后果。成人要避免唠叨、埋怨。

（2）成人可以提醒幼儿，但不要教训幼儿。成人可以和幼儿讲清道理，让幼儿懂得某种行为可能带来的后果。当幼儿出现某种不良行为的时候，成人可以提醒他，但不要教训他，因为过失所造成的后果将会给孩子适当的教训。

（3）成人要态度坚决，同时又要充满爱心。有的父母和老师在运用这种方法的时候，只记得要惩罚幼儿，因此常常放弃了爱心。当幼儿没有按照事先说好的去做时，成人不是让自然后果去惩罚幼儿，而是过于严厉，对孩子大声斥骂。这样的教育，不再是自然惩罚法，而变成了成人对幼儿的惩罚行为。

（4）"自然后果法"并不是对幼儿的所有行为都适用。一般来说，只有当过失后果不会损害幼儿身心健康的时候，成人才可以让幼儿尝尝这种后果带来的惩罚，如幼儿挑食，父母可以让他尝尝挨饿的滋味；幼儿不好好穿衣服，父母可以让他尝尝受冻的滋味。如果过失造成的后果可能给他带来心理上的折磨，成人最好不要用，因为幼儿的自尊、自信比什么都重要。

二、强化法

强化是指有机体做出某一行为反应的结果提高了该行为以后发生概率的过程。强化可以分为正强化和负强化，正强化与负强化的目的都是提高反应发生的概率，但正强化是通过呈现愉快刺激的方式来达到这一目的，而负强化则是通过撤销厌恶刺激的方式达到这一目的。

1．正强化

正强化法是每当儿童出现所期望的心理与目标行为，或者在一种符合要求的良好行为之后，采取奖励办法，立刻强化，以增强此种行为出现的频率，故又称奖励强化法。

2. 负强化

负强化法是指当个体表现出所期望的良好行为时，减少或消除他不喜欢的刺激或情境，以促进他以后此种良好行为的出现。例如，对于回家后不认真完成老师布置任务的儿童，家长可以先剥夺儿童观看他所喜欢的电视节目的权利，一旦儿童能够认真完成了，就允许他观看有关电视节目。

【案例】 强强一家人正在吃晚饭。强强不好好吃饭，妈妈命令他到一边站着，不许吃饭。全家人没有过多地关注他，继续吃饭。一会儿，强强说："妈妈我不闹了，以后好好吃饭还不行吗？"于是，妈妈答应了他，让他重新坐回到原来的座位吃饭。这里，强强站在一边看全家人吃饭是负强化物，强强的正确表态是认可的行为，于是，撤去负强化物——不让站着了。

（资料来源：http://www.wiki8.com/fuqianghuafa_116909/.）

3. 强化物

在强化法中，作为产生行为后果的强化物具有重要作用，它能满足儿童的需要，并能使某种行为产生的概率升高。强化物种类多样，大致可分为以下几类：

（1）消费性强化物，如糖果、糕点、饮料、水果等。

（2）活动性强化物，如室内外的活动，看电影、电视，看画册，郊游等。

（3）操作性强化物，如拍球、跳绳、骑车、画画、玩彩泥、游戏、剪纸、小制作等幼儿自己爱反复玩弄的物品。

（4）拥有性强化物，如小狗、小猫、漂亮的衣服等孩子在一段时间内可以拥有享受的物品。

（5）社会性强化物，如拥抱、抚摸、微笑、奖状、注视、讲故事、口头夸奖等属于精神层面的奖赏。

4. 运用强化法的注意事项

强化对于幼儿的社会性教育是非常重要的。我们都知道，幼儿的整个心理发展都处于较低的发展阶段，成人、外界对他们言行的态度直接影响他们的行为。幼儿常常通过他人的评价来评价、修正自己的行为，他人的评价直接影响他们的行为动机。在他们做出某种行为之后，如得到成人或同伴的肯定、赞赏，则幼儿随后更愿发出相应行为，该行为也会因积极、愉快的情感体验和结果而得到巩固、保持；如他们做出一定行为后，受到他人的否定、批评、甚至惩罚，则幼儿随后就会减弱、甚至失去该行为动机，减少甚至抑制发出该行为。

强化对幼儿行为影响很大，但不一定都能起到应有的、积极的效果，关键在于恰当运用。

第一，要针对幼儿不同性质的行为，采取明确、适宜的强化方式。对幼儿良好的行为，教师需要明确地表明自己的赞许、肯定和高兴；而对那些不适宜的行为，教师应明显地表示出自己的不满意与不认可；对消极、不良的行为，更应明确表示自己的很不满意甚至很生气。需要指出的是强化的效果或力度不在于言辞的激烈或情绪的强度，而在于其隐含的内在效力。强化时，教师的态度必须鲜明，是非对错，肯定否定，必须明确，不可含糊，以使幼儿接受到明确、适宜的或赞许或否定的信息，以达到所期望的调控其行为（或增强或削弱之）的目的。但表面形式不见得激烈。有时，亲切、温柔的目光与抚摸比大声表扬更使幼儿感到愉快与强化；而伤心、无声的目光、摇头比厉声训斥更使幼儿感到愧疚。

第二，强化应重在促进幼儿发出积极社会行为的内在动机。强化不是为了让幼儿偶尔做出某种特定行为，更要注意避免将幼儿行为动机化。为此，教师不宜经常采用物质奖励等外部强化的方式（例如奖励小红花、小红旗，让孩子有玩某种新玩具的特殊权力等），因为这容易造成幼儿为了得到某种外部的、物质的奖励而去做出某种特定行为，而非为了某种行为本身或行为所带来的积极愉快情感，不利于强化其内在的行为动机。教师应注意更多地动用自己的言语、表情、动作等来表示对儿童行为的赞许、肯定、鼓励、欣赏，或者批评、否定、遗憾、难过，从而强化、塑造幼儿的行为。在这其中，教师尤其要注意多采用适宜的身体语言动作的强化方式，如微笑、点头、拥抱、抚摸其头，或摇头、叹息、威严的目光、难过的面孔等，其效果往往比直接的言语或物质的强化更为持久、深刻，更能打动幼儿的情感。

第三，强化应着重在行为而非幼儿本身。教师一定要注意针对幼儿的行为而不是幼儿本人来进行强化。例如，当幼儿 A 在幼儿 B 难过时去安慰他，假如教师说：“你们看，A 真会关心、帮助人，他知道 B 难过，把自己的手绢给她擦眼泪，还陪她说话！”这样的强化较仅仅表扬 A 这个人“你真是个好孩子！”更能使幼儿明白教师所肯定、鼓励的是什么，更有助于幼儿学到正确的行为方式，明确自己应该怎么做；同时，这样做既激励了做出该行为的幼儿本人，也激励了其他幼儿更愿意去发出该行为，因为是该行为使 A 得到老师的赞赏，老师赞赏的是该行为。与此相关的是，教师要注意不要在表扬某个幼儿的同时，暗含或明指其他幼儿如何不好，令别的幼儿难堪、自责。这样做，往往是强化了一个，却挫伤了更多幼儿的积极性。特别是在对不适宜行为进行强化时，教师更应注意指向行为，而非幼儿本身。这样做，一来有助于幼儿明确什么行为是不受欢迎的，不为社会所许可、接纳，自己今后不该做；二来也利于保护而非伤害做出这种行为的幼儿的自尊心，因为是这种行为而非做出这种行为的幼儿是不受欢迎的。这样，才有利于全体幼儿获得正确、适宜的行为方式，社会性才可能得到积极、健康的发展。

第四，要注意强化的及时性，即善于抓住强化的时机。当幼儿做出某种适宜的社会行为之后，教师应及时注意到，并适时给予赞许、褒扬等反应；而当幼儿表现出不良行为时，教师也应马上表达出自己不允许或不高兴的态度。如，不吭声，表情由喜悦转为严肃，不悦的目光等。已有研究表明，如果幼儿行为与教师反应间的过程太长，则其强化的效果就会降低，甚至对幼儿无太大影响；幼儿也会面对久隔后的强化不知为何。研究也发现，强化并非越多越好，关键在于抓住恰当的时机，予以恰当的强化，强化才能收到最大、最有效的效果；反之，如果时机抓得不恰当，又使用不恰当的方式，那么，强化再多，幼儿也很难从教师的态度中巩固、增强正确的行为方式，甚至会使一些消极行为方式变得更加顽固。

三、代币法

（一）代币法的概念

代币法又称标记奖励法，是在儿童出现目标行为（期望行为）时，立刻给予一种“标记”或代币加以强化，然后再将累积起来一定数量的“标记”或代币换取各种奖赏的方法。所谓代币就是指可以积累起来交换别的强化物的东西，如五角星、小红旗等有明确单位的东西。例如，教师对儿童在幼儿园的良好行为以贴五角星来记载，当五角星积累到10个时，就给一支笔作为奖励。这里，五角星就是代币，而笔是强化物。代币可以用来换取儿童感兴趣的强化物（如糖果、玩具、去游乐园等）。

（二）代币法的操作程序

1．确定目标行为

确定幼儿要达到的目标行为状态，把总目标分为由易到难的一个一个的小目标。由于幼儿的思维是具体形象的，因此对目标的描述尽量具体、可操作。如：

恬恬，6岁，聪明活泼、性格外向，喜欢动手操作，如画画、手工，尤其喜欢阅读，家里玩具很多，图书更多。她的房间经常凌乱不堪，家长虽经常提醒，但收效甚微。

通过和恬恬协商讨论，制定以下目标：

（1）分类摆放（按文具、玩具、书籍、衣物、食品分类）；

（2）物归原处（物品和整理箱都有固定的位置）；

（3）摆放整齐（按照大小层次整齐摆放）；

（4）垃圾入筐（按可回收、不可回收分类放垃圾）；

（5）每天打扫（每天倒垃圾、擦桌椅、扫地）；

（6）主动做到（开始时经提醒做到）。

2．确定代币

代币是具有象征意义的实物，儿童明白代币所代表的价值，而且确实对其有吸引力。代币要用起来方便、及时，并且是儿童不容易复制的。

采用小花片作为“代币”，并共同商量分值。

表7－1　代币分值例举

指标	分值	指标	分值
分类摆放	1	垃圾入筐	1
物归原处	1	每天打扫	1
摆放整齐	1	主动做到	2（经提醒做到给1分）

3. 确定支持强化物

个体在某一情境下做某种事情（即行为），如果获得满意结果，下次遇到相同情况时，再做这件事的概率就会提高，这种令个体满意的东西，不管是物质的，还是精神的，都称之为强化物。

通过谈话、调查问卷，得出恬恬的有效强化物有：

消费性强化物：超市购物、吃肯德基；

活动性强化物：拍大头贴、玩装扮游戏、去儿童乐园、外出旅游；

拥有性强化物：小贴纸、橡皮、笔、书、小玩具；

社会性强化物：微笑、拥抱。

按照强化刺激的强弱，依次为：微笑、拥抱—小贴纸—橡皮—笔—书—小玩具—超市购物—玩装扮游戏—拍大头贴—吃肯德基—去儿童乐园—外出旅游。

4. 拟定代币交换系统

代币交换系统应指出某种行为可以获得几个代币，多少代币才能换得相应的支持强化物，并且规定交换时间、地点。

表7－2　代币交换系统例举

时间	分值	累计	奖励
第1天	7片小花片	1朵花	微笑
第2天	7片小花片	2朵花	微笑＋拥抱
第3天	7片小花片	3朵花	小贴纸
第4天	7片小花片	4朵花	橡皮
第5天	7片小花片	5朵花	笔
第6天	7片小花片	6朵花	书
第7天	7片小花片	7朵花	小玩具
第8－9天	14片小花片	9朵花	超市购物

续表

时间	分值	累计	奖励
第 10 – 11 天	14 片小花片	11 朵花	玩装扮游戏
第 12 – 14 天	21 片小花片	14 朵花	拍大头贴
第三周	49 片小花片	21 朵花	吃肯德基
第四周	49 片小花片	28 朵花	去儿童乐园
第五周	49 片小花片	35 朵花	外出旅游

5. 严格执行

当儿童出现目标行为时，立即以代币强化，适时兑换其需要的奖赏，否则代币奖酬价值将很快失效。

6. 逐步消除代币

当幼儿目标行为的反应达到满意程度后，教师应适时把代币制泛化到自然环境中去。对幼儿而言，可采用继续逐步延长获得代币和兑换支持强化物之间的时间来实现。例如，从每周兑换一次，延长到每两周兑换一次，每月兑换一次……逐步降低代币价值，淡化代币作用，使之逐步进入自然状态。

四、模仿法

模仿法又称示范法，它是儿童通过对模仿对象行为的观察学习，达到增强正常行为，消除问题行为的方法。模仿法的心理学原理是社会学习理论。班杜拉指出，模仿学习可以在没有模型也没有奖励的情况下发生，个体仅仅通过观察其他人的行为反应，就可以达到模仿学习的目的。人的大量行为都是通过模仿而习得的。

模仿的发展趋势是：从无意识模仿到有意识模仿；由自发模仿到自觉模仿；从游戏模仿到生活实践的模仿；从作为学习目的的模仿到作为学习手段的模仿；从模仿近距离的人到模仿远距离的人；从模仿榜样的行为到模仿榜样的内心世界。模仿好的榜样会起积极作用，模仿坏的榜样则起消极作用，成人应当引导幼儿去模仿那些好的榜样。如：

为预防患传染病，教师要给每位幼儿一粒苦中药丸。一位有经验的教师自己先吃了一粒，又让一位平时吃中药不怕苦的幼儿站在小朋友面前吃。全班幼儿看着他俩“有滋有味”地咀嚼，似乎很香甜，便纷纷喊着：“我也要吃！我也要吃！”不大工夫，全班幼儿都吃完了苦药丸。

模仿法在运用时需注意以下两点。

1. 选好榜样

幼儿模仿能力强但分辨是非的能力差，因此，为孩子们选好榜样十分重要。教师宜选择幼儿身边的人做榜样，也可选择文学作品中的人物作为榜样，他们的行为必须是幼儿有能力模仿的，以避免由于过难而造成挫折感。

2. 综合运用多种模仿方法

起始阶段可用媒介模仿，即通过电影、电视、网络、广播、报纸、杂志等大众传媒手段，指导幼儿注意观察，学习其中榜样的行为；经过一段时间的学习观察后，可以将幼儿引入现场模仿，即让学习者不是观察录像中人物的行为，而是在现实环境中观察榜样的表现，以增强真实性和直观性，对幼儿产生更大的吸引力和感染力。

延伸阅读

日本幼儿社会性教育的特点与启示

众所周知，日本经济发达，科技先进。于是，我们便理所当然地认为其幼稚园的硬件也会是最好的。但是，参观了他们的幼稚园之后，我们感到反差极大。其幼稚园的环境和硬件设施极为简朴，看不到一点“豪华”和“现代化”的影子，幼儿的玩具是各种各样的废旧物和自然物，如绳子、席子、纸盒、瓶子、旧轮胎等应有尽有，只见孩子们乐在其中。户外是一个小院子，院子的地是泥地，种有多种植物，在这样的环境中，没有塑胶地散发的气味，也没有水泥地反射的刺眼的光线，站在树荫下使人感到很平静、很舒适。在幼稚园看不到现代化的设备和琳琅满目的高档玩具，这与日本先进发达的科技社会似乎形成强烈的反差。但这正体现人与社会、人与自然的和谐发展，以人为本、以孩子为中心的教育理念。在参观的过程中，我们发现在洗手间门口，摆放着一个大塑料箱，用来存放圆筒卫生纸的内芯，供幼儿创造性地玩耍。这些本来是“垃圾”的物品却让孩子们构建了变化多端的玩具饰品。教室里有一排小椅子是纸盒做的，而且很结实，椅子外面套上布套，非常温馨。每个活动室都有一个类似储藏室的空间，专门用来存放废旧物。在这样的环境中成长的孩子，还有什么理由不珍惜资源、不关心环境呢？

在立中之町幼稚园发给我们的简介中，我们看到了日本的幼稚园平日组织的各种社会体验活动，如与中、小学生们一起玩耍、亲子野餐露营、参加社区活动等。在幼稚园组织的欢迎会上，不像我国幼儿园那样精心挑选部分“演员”，经过反复训练，机械化地动作表演，而是面向幼稚园的全体幼儿。三岁组、四岁组的孩子分别表演儿歌“井、剪子、布”“宇宙船的歌”，五岁组的孩子与参观者一起跳邀请舞，虽然语言不通，但欢快的音乐早已使大家忘记了国籍。从孩子们稚嫩的脸上表现出来的是大方、友好的表情，气氛异常热烈。对于这样的机会，日本的幼稚园不是把它看成是表演节目给客人看，而是充分利用这种“人力资源”，因为难得有这么多的客人，这正是一个培养幼儿与人交往的大好时机。宽松、融洽的互动过程，锻炼了幼儿的胆量，增强了其自信。

作为东方文化的共同产物，在幼儿社会性教育目标上，我们和日本大同小异。如在日本的《幼稚园教育要领》人际目标中提到：“主动与周围的人相互交往，培养对他人的友爱之情和信赖感。”我国的《幼儿园教育指导纲要（试行）》中社会领域目标也提到“乐意与人交往，学习互助、合作与分享，有同情心”。但活动的理念及设计、操作却相距甚远。作为幼儿社会性教育的一部分，我们许多幼儿园都设计了大量的集体教学活动，通过说教进行社会性教育，但这种临时性的角色体验是浅显、短暂的，孩子们的角色意识随着活动的结束而结束，效果自然很难持久。儿童社会性教育是建立在成人与儿童交往的基础上的，而儿童与成人的交往又是建立在成人对儿童的理解的基础上的。

立中之町幼稚园的老师们为我们上了非常生动的一课。在参观的过程中，我们和园长及其他老师一样，穿着袜子走在木地板上。参观一圈回到进口处时，我们发现，进去时随脚脱下的还算摆放整齐的鞋子，正像我们平时要求幼儿做的那样，一律鞋头朝外整齐地排列在门口，一位老师静静地站在一旁微笑着恭候我们，当时我们心里真有一种说不出的感觉。

日本《幼稚园教育要领》提出“积极和朋友交往，和朋友共同感受快乐和悲伤”“看到伙伴的优点，感受到一起活动的快乐”。教师向幼儿传授人际关系经验时，首先要求幼儿尊重别人、理解别人，在幼儿期就培养他们彼此之间的信赖关系；在与其他幼儿的共同生活和联系中，学会如何相互合作，如何解决纠纷，让幼儿逐步体验到与人共鸣的愉快感觉。因此，我们要加强对幼儿的社会性教育，就应将与某种生活内容或生活方式相应的社会性教育目标结合进去，挖掘日常生活中不同活动的内容和方式的教育价值，培养幼儿的规则意识。

（资料来源：林炎琴．日本幼儿社会性教育的特点与启示[J]．学前教育研究，2008(7)：57－59.）

案例分析

1. 一天早上，小谦特别霸道地对待他的邻座同伴，命令她不能坐在他的旁边，并抢她的玩具玩。到了室外活动时间，很多幼儿都躲开他，不让他参加他们的游戏。他开始抱怨：“为什么不要我玩？”小沙直率地回答：“因为你总是想当头！”

试分析小谦在这一情景中会体验到什么？教育者如何引导小谦从中有所学习？

2. 中班的蒙蒙聪明活泼，人见人爱，可最近总有小朋友告状，说蒙蒙把班里的玩具拿回家。这天，当蒙蒙准备离园时，凯凯对老师说，蒙蒙又拿了班里的玩具。老师果然在他怀里发现了一把小手枪。蒙蒙妈妈见状，厉声责问蒙蒙："你怎么可以偷班里的玩具?"

如果你是老师，你将怎样处理这件事呢?

拓展训练

请分析下面案例中孩子行为产生的主要原因，并制定一个指导计划。

案例：今天，下雨了，小朋友陆续离开幼儿园了，活动室里还有五六个孩子坐在一起玩雪花片。小雨刚用雪花片插了一把"宝剑"，他的妈妈来了。我摸摸小雨的头说："看，妈妈来接你了。"小雨抬起头，看着妈妈说："我还要玩一会儿。"妈妈站在门口说："不行，赶快走!"小雨大喊："我要玩。"妈妈生气地说："你再不走，我走了。""不，我还要玩一会儿。"我见状立即对小雨说："妈妈回去还要做饭，我们就玩一小会儿，好吗?"小雨高兴地答应了。于是，我示意让小雨的妈妈到活动室里等他一会儿，小雨的妈妈一脸不高兴地坐在顾雨蘅的边上。小雨拿着他插的宝剑在赵孜纯身边走来走去，说："我是奥特曼，打死你这个怪兽。"说完，他用"宝剑"刺向赵孜纯的胸口。"宝剑"断了，于是小雨用手当宝剑，在赵孜纯身上乱打，赵孜纯哭着喊："老师，他打我。"小雨的妈妈看见赵孜纯哭了，站起身来，"啪啪"给了小雨两个耳光，气愤地说："打呀，你再打打看。"小雨嘴巴一咧，大哭起来……小雨的妈妈生气地拉起小雨的手，一边朝活动室门口走去，一边说："看我回家怎么治你!"

（资料来源：http://www.51yey.com/yey/news_detail.aspx? aid=446556.）

附　录

《幼儿园教育指导纲要(试行)》社会领域部分

(一)目标

1. 能主动地参与各项活动,有自信心。

2. 乐意与人交往,学习互助、合作和分享,有同情心。

3. 理解并遵守日常生活中基本的社会行为规则。

4. 能努力做好力所能及的事,不怕困难,有初步的责任感。

5. 爱父母长辈、老师和同伴,爱集体、爱家乡、爱祖国。

(二)内容与要求

1. 引导幼儿参加各种集体活动,体验与教师、同伴等共同生活的乐趣,帮助他们正确认识自己和他人,养成对他人、社会亲近、合作的态度,学习初步的人际交往技能。

2. 为每个幼儿提供表现自己长处和获得成功的机会,增强其自尊心和自信心。

3. 提供自由活动的机会,支持幼儿自主地选择、计划活动,鼓励他们通过多方面的努力解决问题,不轻易放弃克服困难的尝试。

4. 在共同的生活和活动中,以多种方式引导幼儿认识、体验并理解基本的社会行为规则,学习自律和尊重他人。

5. 教育幼儿爱护玩具和其他物品,爱护公物和公共环境。

6. 与家庭、社区合作,引导幼儿了解自己的亲人以及与自己生活有关的各行各业人们的劳动,培养其对劳动者的热爱和对劳动成果的尊重。

7. 充分利用社会资源,引导幼儿实际感受祖国文化的丰富与优秀,感受家乡的变化和发展,激发幼儿爱家乡、爱祖国的情感。

8. 适当向幼儿介绍我国各民族和世界其他国家、民族的文化,使其感知人类文化的多样性和差异性,培养理解、尊重、平等的态度。

(三)指导要点

1. 社会领域的教育具有潜移默化的特点。幼儿社会态度和社会情感的培养尤应渗透在多种活动和一日生活的各个环节之中,要创设一个能使幼儿感受到接纳、关爱和支持的良好环境,避免单一呆板的言语说教。

2. 幼儿与成人、同伴之间的共同生活、交往、探索、游戏等,是其社会学习的重要途径。应为幼儿提供人际间相互交往和共同活动的机会和条件,并加以指导。

3. 社会学习是一个漫长的积累过程,需要幼儿园、家庭和社会密切合作,协调一致,共同促进幼儿良好社会性品质的形成。

《3—6 岁儿童学习与发展指南》社会领域部分

幼儿社会领域的学习与发展过程是其社会性不断完善并奠定健全人格基础的过程。人际交往和社会适应是幼儿社会学习的主要内容,也是其社会性发展的基本途径。幼儿在与成人和同伴交往的过程中,不仅学习如何与人友好相处,也在学习如何看待自己、对待他人,不断发展适应社会生活的能力。良好的社会性发展对幼儿身心健康和其他各方面的发展都具有重要影响。

家庭、幼儿园和社会应共同努力,为幼儿创设温暖、关爱、平等的家庭和集体生活氛围,建立良好的亲子关系、师生关系和同伴关系,让幼儿在积极健康的人际关系中获得安全感和信任感,发展自信和自尊,在良好的社会环境及文化的熏陶中学会遵守规则,形成基本的认同感和归属感。

幼儿的社会性主要是在日常生活和游戏中通过观察和模仿潜移默化地发展起来的。成人应注重自己言行的榜样作用,避免简单生硬的说教。

(一)人际交往

目标1　愿意与人交往

3~4 岁	4~5 岁	5~6 岁
1. 愿意和小朋友一起游戏。 2. 愿意与熟悉的长辈一起活动。	1. 喜欢和小朋友一起游戏,有经常一起玩的小伙伴。 2. 喜欢和长辈交谈,有事愿意告诉长辈。	1. 有自己的好朋友,也喜欢结交新朋友。 2. 有问题愿意向别人请教。 3. 有高兴的或有趣的事愿意与大家分享。

教育建议:

1. 主动亲近和关心幼儿,经常和他一起游戏或活动,让幼儿感受到与成人交往的快乐,建立亲密的亲子关系和师生关系。

2. 创造交往的机会,让幼儿体会交往的乐趣。如:

● 利用走亲戚、到朋友家做客或有客人来访的时机,鼓励幼儿与他人接触和交谈。

● 鼓励幼儿参加小朋友的游戏,邀请小朋友到家里玩,感受有朋友一起玩的快乐。

● 幼儿园应多为幼儿提供自由交往和游戏的机会,鼓励他们自主选择、自由结伴开展活动。

目标2 能与同伴友好相处

3~4岁	4~5岁	5~6岁
1. 想加入同伴的游戏时，能友好地提出请求。 2. 在成人指导下，不争抢、不独霸玩具。 3. 与同伴发生冲突时，能听从成人的劝解。	1. 会运用介绍自己、交换玩具等简单技巧加入同伴游戏。 2. 对大家都喜欢的东西能轮流、分享。 3. 与同伴发生冲突时，能在他人帮助下和平解决。 4. 活动时愿意接受同伴的意见和建议。 5. 不欺负弱小。	1. 能想办法吸引同伴和自己一起游戏。 2. 活动时能与同伴分工合作，遇到困难能一起克服。 3. 与同伴发生冲突时能自己协商解决。 4. 知道别人的想法有时和自己不一样，能倾听和接受别人的意见，不能接受时会说明理由。 5. 不欺负别人，也不允许别人欺负自己。

教育建议：

1. 结合具体情境，指导幼儿学习交往的基本规则和技能。如：

● 当幼儿不知怎样加入同伴游戏，或提出请求不被接受时，建议他拿出玩具邀请大家一起玩；或者扮成某个角色加入同伴的游戏。

● 对幼儿与别人分享玩具、图书等行为给予肯定，让他对自己的表现感到高兴和满足。

● 当幼儿与同伴发生矛盾或冲突时，指导他尝试用协商、交换、轮流玩、合作等方式解决冲突。

● 利用相关的图书、故事，结合幼儿的交往经验，和他讨论什么样的行为受大家欢迎，想要得到别人的接纳应该怎样做。

● 幼儿园应多为幼儿提供需要大家齐心协力才能完成的活动，让幼儿在具体活动中体会合作的重要性，学习分工合作。

2. 结合具体情境，引导幼儿换位思考，学习理解别人。如：

● 幼儿有争抢玩具等不友好行为时，引导他们想想“假如你是那个小朋友，你有什么感受？”让幼儿学习理解别人的想法和感受。

3. 和幼儿一起谈谈他的好朋友，说说喜欢这个朋友的原因，引导他多发现同伴的优点、长处。

目标3 具有自尊、自信、自主的表现

3~4岁	4~5岁	5~6岁
1. 能根据自己的兴趣选择游戏或其他活动。 2. 为自己的好行为或活动成果感到高兴。 3. 自己能做的事情愿意自己做。 4. 喜欢承担一些小任务。	1. 能按自己的想法进行游戏或其他活动。 2. 知道自己的一些优点和长处，并对此感到满意。 3. 自己的事情尽量自己做，不愿意依赖别人。 4. 敢于尝试有一定难度的活动和任务。	1. 能主动发起活动或在活动中出主意、想办法。 2. 做了好事或取得了成功后还想做得更好。 3. 自己的事情自己做，不会的愿意学。 4. 主动承担任务，遇到困难能够坚持而不轻易求助。 5. 与别人的看法不同时，敢于坚持自己的意见并说出理由。

教育建议：

1. 关注幼儿的感受，保护其自尊心和自信心。如：

● 能以平等的态度对待幼儿，使幼儿切实感受到自己被尊重。

● 对幼儿好的行为表现多给予具体、有针对性的肯定和表扬，让他对自己优点和长处有所认识并感到满足和自豪。不要拿幼儿的不足与其他幼儿的优点作比较。

2. 鼓励幼儿自主决定，独立做事，增强其自尊心和自信心。如：

● 与幼儿有关的事情要征求他的意见，即使他的意见与成人不同，也要认真倾听，接受他的合理要求。

● 在保证安全的情况下，支持幼儿按自己的想法做事；或提供必要的条件，帮助他实现自己的想法。

● 幼儿自己的事情尽量放手让他自己做，即使做得不够好，也应鼓励并给予一定的指导，让他在做事中树立自尊和自信。

● 鼓励幼儿尝试有一定难度的任务，并注意调整难度，让他感受经过努力获得的成就感。

目标4　关心尊重他人

3~4岁	4~5岁	5~6岁
1. 长辈讲话时能认真听，并能听从长辈的要求。 2. 身边的人生病或不开心时表示同情。 3. 在提醒下能做到不打扰别人。	1. 会用礼貌的方式向长辈表达自己的要求和想法。 2. 能注意到别人的情绪，并有关心、体贴的表现。 3. 知道父母的职业，能体会到父母为养育自己所付出的辛劳。	1. 能有礼貌地与人交往。 2. 能关注别人的情绪和需要，并能给予力所能及的帮助。 3. 尊重为大家提供服务的人，珍惜他们的劳动成果。 4. 接纳、尊重与自己的生活方式或习惯不同的人。

教育建议：

1. 成人以身作则，以尊重、关心的态度对待自己的父母、长辈和其他人。如：

● 经常问候父母，主动做家务。

● 礼貌地对待老年人，如坐车时主动为老人让座。

● 看到别人有困难能主动关心并给予一定的帮助。

2. 引导幼儿尊重、关心长辈和身边的人，尊重他人劳动及成果。如：

● 提醒幼儿关心身边的人，如妈妈累了，知道让她安静休息一会儿。

● 借助故事、图书等给幼儿讲讲父母抚育孩子成长的经历，让幼儿理解和体会父爱与母爱。

● 结合实际情境，提醒幼儿注意别人的情绪，了解他们的需要，给予适当的关心和帮助。

● 利用生活机会和角色游戏,帮助幼儿了解与自己关系密切的社会服务机构及其工作,如商场、邮局、医院等,体会这些机构给大家提供的便利和服务,懂得尊重工作人员的劳动,珍惜劳动成果。

3. 引导幼儿学习用平等、接纳和尊重的态度对待差异。如:

● 了解每个人都有自己的兴趣、爱好和特长,可以相互学习。

● 利用民间游戏、传统节日等,适当向幼儿介绍我国主要民族和世界其他国家和民族的文化,帮助幼儿感知文化的多样性和差异性,理解人们之间是平等的,应该互相尊重,友好相处。

(二)社会适应

目标1 喜欢并适应群体生活

3~4岁	4~5岁	5~6岁
1. 对群体活动有兴趣。 2. 对幼儿园的生活好奇,喜欢上幼儿园。	1. 愿意并主动参加群体活动。 2. 愿意与家长一起参加社区的一些群体活动。	1. 在群体活动中积极、快乐。 2. 对小学生活有好奇和向往。

教育建议:

1. 经常和幼儿一起参加一些群体性的活动,让幼儿体会群体活动的乐趣。如:参加亲戚、朋友和同事间的聚会以及适合幼儿参加的社区活动等,支持幼儿和不同群体的同伴一起游戏,丰富其群体活动的经验。

2. 幼儿园组织活动时,可以经常打破班级的界限,让幼儿有更多机会参加不同群体的活动。

3. 带领大班幼儿参观小学,讲讲小学有趣的活动,唤起他们对小学生活的好奇和向往,为入学做好心理准备。

目标2 遵守基本的行为规范

3~4岁	4~5岁	5~6岁
1. 在提醒下,能遵守游戏和公共场所的规则。 2. 知道不经允许不能拿别人的东西,借别人的东西要归还。 3. 在成人提醒下,爱护玩具和其他物品。	1. 感受规则的意义,并能基本遵守规则。 2. 不私自拿不属于自己的东西。 3. 知道说谎是不对的。 4. 知道接受了的任务要努力完成。 5. 在提醒下,能节约粮食、水电等。	1. 理解规则的意义,能与同伴协商制定游戏和活动规则。 2. 爱惜物品,用别人的东西时也知道爱护。 3. 做了错事敢于承认,不说谎。 4. 能认真负责地完成自己所接受的任务。 5. 爱护身边的环境,注意节约资源。

教育建议:

1. 成人要遵守社会行为规则,为幼儿树立良好的榜样。如:答应幼儿的事一定要做到、尊老爱幼、爱护公共环境、节约水电等。

2. 结合社会生活实际,帮助幼儿了解基本行为规则或其他游戏规则,体会规则的重要性,学习自觉遵守规则。如:

● 经常和幼儿玩带有规则的游戏,遵守共同约定的游戏规则。

● 利用实际生活情境和图书故事,向幼儿介绍一些必要的社会行为规则,以及为什么要遵守这些规则。

在幼儿园的区域活动中,创设情境,让幼儿体会没有规则的不方便,鼓励他们讨论制定规则并自觉遵守。

对幼儿表现出的遵守规则的行为要及时肯定,对违规行为给予纠正。如:幼儿主动为老人让座时要表扬;幼儿损害别人的物品或公共物品时要及时制止并主动赔偿。

3. 教育幼儿要诚实守信。如:

● 对幼儿诚实守信的行为要及时肯定。

● 允许幼儿犯错误,告诉他改了就好。不要打骂幼儿,以免他因害怕惩罚而说谎。

● 小年龄幼儿经常分不清想象和现实,成人不要误认为他是在说谎。

● 发现幼儿说谎时,要反思是否是因自己对幼儿的要求过高过严造成的。如果是,要及时调整自己的行为,同时要严肃地告诉幼儿说谎是不对的。

● 经常给幼儿分配一些力所能及的任务,要求他完成并及时给予表扬,培养他的责任感和认真负责的态度。

目标3 具有初步的归属感

3~4岁	4~5岁	5~6岁
1. 知道和自己一起生活的家庭成员及与自己的关系,体会到自己是家庭的一员。 2. 能感受到家庭生活的温暖,爱父母,亲近与信赖长辈。 3. 能说出自己家所在街道、小区(乡镇、村)的名称。 4. 认识国旗,知道国歌。	1. 喜欢自己所在的幼儿园和班级,积极参加集体活动。 2. 能说出自己家所在地的省、市、县(区)名称,知道当地有代表性的物产或景观。 3. 知道自己是中国人。 4. 奏国歌、升国旗时能自动站好。	1. 愿意为集体做事,为集体的成绩感到高兴。 2. 能感受到家乡的发展变化并为此感到高兴。 3. 知道自己的民族,知道中国是一个多民族的大家庭,各民族之间要互相尊重,团结友爱。 4. 知道国家一些重大成就,爱祖国,为自己是中国人感到自豪。

教育建议:

1. 亲切地对待幼儿,关心幼儿,让他感到长辈是可亲、可近、可信赖的,家庭和幼儿园是温暖的。如:

● 多和孩子一起游戏、谈笑，尽量在家庭和班级中营造温馨的氛围。

● 通过和幼儿一起翻阅照片、讲幼儿成长的故事等，让幼儿感受到家庭和幼儿园的温暖，老师的和蔼可亲，对养育自己的人产生感激之情。

2. 吸引和鼓励幼儿参加集体活动，萌发集体意识。如：

● 幼儿园和班级里的重大事情和计划，请幼儿集体讨论决定。

● 幼儿园应经常组织多种形式的集体活动，萌发幼儿的集体荣誉感。

3. 运用幼儿喜闻乐见和能够理解的方式激发幼儿爱家乡、爱祖国的情感。如：

● 和幼儿说一说或在地图上找一找自己家所在的省、市、县（区）名称。

● 和幼儿一起外出游玩，一起看有关的电视节目或画报等；和他们一起收集有关家乡、祖国各地的风景名胜、著名的建筑、独特物产的图片等，在观看和欣赏的过程中激发幼儿的自豪感和热爱之情。

● 利用电视节目或参加升旗等活动，向幼儿介绍国旗、国歌以及观看升旗、奏国歌的礼仪。

● 向幼儿介绍反映中国人聪明才智的发明和创造，激发幼儿的民族自豪感。

参考文献

[1]525心理网.三个心理实验五个心理规律[EB/OL].(2010-08-02)[2015-5-18].http://www.psy525.cn/art/6356.html.

[2]白爱宝.幼儿发展评价手册[M].北京:教育科学出版社,1999.

[3]多萝西·劳·诺特,蕾切尔·哈里.孩子从生活中学到什么[M].李耘,译.海口:南海出版社,2003.

[4]甘剑梅.学前儿童社会教育[M].北京:中央广播电视大学出版社,2007.

[5]甘剑梅.学前儿童社会教育的内涵、性质与课程地位[J].学前教育研究,2011(1):53-59.

[6]霍力岩.学前教育评价[M].北京:北京师范大学出版社,1999.

[7]李莉.新中国幼儿园社会领域课程的发展历程[J].学前教育研究,2006(2):11-13.

[8]李生兰.学前教育学[M].上海:华东师范大学出版社,2006.

[9]廖莉.20世纪80年代以来我国幼儿园社会领域课程沿革[M].早期教育:教师版,2006(6):10-11.

[10]刘晓红.学前儿童社会教育[M].郑州:郑州大学出版社,2014.

[11]刘雅琴.我国幼儿园社会教育的进展、问题及改进策略[J].教育研究,2008(2):100-105.

[12]彭海蕾.学前儿童社会教育与活动指导[M].北京:科学教育出版社,2012.

[13]王冬兰.当前幼儿园社会领域教育活动存在的问题——以两个社会活动为例[J].学前课程研究,2007(2):19-22.

[14]徐明.幼儿社会教育[M].北京:中国劳动社会保障出版社,2999.

[15]杨丽珠,吴文菊.幼儿社会性发展与教育[M].沈阳:辽宁师范大学出版社,2000.

[16]叶平枝,陈立秋.幼儿教师日常评价行为及其类型特征[J].教育导刊:下半月,2011(8):11-14.

[17]佚名.学前儿童社会教育的途径与方法[EB/OL].(2009-7-26)[2015-5-15].http://www.jysls.com/thread-593268-1-1.html.

[18]佚名.学前儿童社会性发展概述[EB/OL].[2015-5-15].http://www.btdcw.com/btd_1sqzk0uyq64mg6283wb7_1.html.

[19]于开莲.幼儿园社会领域课程目标的国际比较[J].学前教育研究,2012(3):

48 - 51.

[20]李季湄,冯晓霞.《3—6 岁儿童学习与发展指南》解读. 北京:人民教育出版社,2013.

[21]张岩莉. 学前儿童社会教育[M]. 上海:复旦大学出版社,2014.

[22]郑静,曹家正,邵慧玲. 幼儿问题行为及矫正[M]. 上海:华东师范大学出版社,1996.

[23]中国学前教育史编写组. 中国学前教育史资料选[M]. 北京:人民教育出版社,2002.

[24]中华人民共和国教育部. 3—6 岁儿童学习与发展指南[Z]. 2012.

[25]中华人民共和国教育部. 幼儿园教育指导纲要(试行)[M]. 北京:北京师范大学出版社,2001.

[26]周梅林. 学前儿童社会教育活动指导[M]. 上海:复旦大学出版社,2005.

[27]周世华,耿志涛. 学前儿童社会教育[M]. 2 版. 北京:高等教育出版社,2014.

[28]林炎琴. 日本幼儿社会性教育的特点与启示[J]. 学前教育研究,2008(7):57 - 59.